Дональд Уитни

ДУХОВНЫЕ УПРАЖНЕНИЯ ДЛЯ ЖИЗНИ ХРИСТИАНИНА

Перевод с английского

Благая весть
Самара, 2023

УДК 252
ББК 86.367
У 39

Donald S. Whitney

Spiritual Disciplines for The Christian Life

NavPress

Переводчик: В. Савянкова

Научный редактор: А. Аубакиров

Верстка и дизайн обложки: М. Литвинова

Уитни Д.

У 39 Духовные упражнения для жизни христианина: пер. с англ. / Дональд Уитни; Самара : Благая Весть, 2023. — 448 с.

The Master's Academy International
TMAI Edition ISBN: 978-1-967358-31-1

УДК 252
ББК 86.367

Цитаты из Библии, если не указано иное, даны по Синодальному переводу. Цитаты по изданию «Новый Завет Господа нашего Иисуса Христа» (пер. с греч. под ред. епископа Кассиана. М.: Рос. библ. о-во, 2001) помечены «Кассиан». Цитаты по изданию «Библия: Новый перевод на русский язык» (4-е изд. Б. м.: Международ. библ. о-во, 2014) помечены «НРП».

© Donald S. Whitney, 1991, 2014.
© Благая Весть, издание на русском языке, перевод на русский язык, оформление, 2023.

СОДЕРЖАНИЕ

БЛАГОДАРНОСТИ

Я благодарен всем пасторам, учителям, лидерам групп по изучению Библии, тем, кто занимается служением среди тех, кто не в браке, студентов и молодежи, а также всем другим духовным наставникам, которые применяют в своей работе первое издание настоящей книги. Я благодарю всех семинаристов, которые прошли мой курс лекций по духовным упражнениям и прочли книгу «Духовные упражнения для жизни христианина» в рамках этого курса.

Благодарю всех студентов колледжей, университетов, семинарий и других учебных заведений, которые изучали мою книгу в качестве учебного пособия.

Благодарю тех, кто прочитал книгу в переводе на другие языки.

Благодарю всех тех, кто прочитал цифровую копию первого издания.

Благодарю тех, кто прослушал аудиоверсию книги.

Я также признателен всем, кто читает или слушает это исправленное и обновленное издание.

Благодарю многих своих друзей из издательства «Навпресс» и за его пределами за их помощь в работе над первоначальным изданием и в доработке настоящей книги. Вы знаете, о ком идет речь. Главное, что об этом знает Господь (Евр. 6:10).

Я благодарен своей жене Кэффи, которая терпеливо переносила многочисленные неудобства ради того, чтобы эта книга вышла в свет. Я благодарю Кэффи и мою дочь Лорелен (которая еще не родилась, когда я написал книгу), которые переносили многочисленные неудобства в процессе доработки книги.

Я глубоко тронут и польщен вашим участием.

Пусть Господь производит неувядающий плод в жизни каждого из вас через эту книгу.

ПРЕДИСЛОВИЕ

Меня попросили написать предисловие к этой книге прежде, чем ее увидел. Теперь, когда я уже сделал это, я понимаю, что в любом случае вызвался бы сделать эту работу. Я бы публично заявил, что советую всем христианам прочитать книгу Дональда Уитни. И не просто прочитать ее, а прочитать трижды, с перерывом в месяц (во всяком случае, не меньше, а в идеале, думаю, и небольше) после каждого прочтения. С одной стороны, это поможет вам вникнуть в суть книги, а с другой — понять, насколько вы серьезны в своем решении следовать за Христом. После первого прочтения вы усвоите несколько конкретных уроков, которые вам следует применить в своей жизни. А когда вы прочтете книгу во второй и третий раз (вы определяете дату каждого последующего прочтения книги в тот день, когда заканчиваете читать книгу в предыдущий раз), вы будете анализировать изменения, которые вы совершили в жизни, и оценивать проделанную работу. Это будет очень полезно для вас, даже если выводы поначалу вас немного шокируют. С тех пор, как в свет вышла знаменитая книга Ричарда Фостера «Прославление дисциплины» (1978 г.), в консервативных христианских кругах в Северной Америке тема духовных упражнений приобрела популярность. Это прекрасно. Учение о духовных упражнениях, или дисциплинах (от лат. disciplinae, что означает «обучение, наука») на самом деле является переформулированными расширенным вариантом классического протестантского учения о средствах благодати (Божье Слово, молитва, общение, вечеря Господня).

Духовные стопы Дональда Уитни благословенно утверждены на библейской мудрости, переданной нам пуританскими и старыми евангельскими учителями, и он уверенно прокладывает путь дисциплины. Уитни строит не на законническом, а на евангельском основании. Иначе говоря, Дональд Уитни призывает нас стремиться к благочестию при помощи духовных упражнений из благодарности Богу за благодать, которой Он нас спас, а не ради того, чтобы оправдать или усовершенствовать самих себя. То, что Уитни строит на этом основании, столь же полезно, сколь прочно. Он поистине указывает нам путь жизни.

Итак, если вы, будучи христианином, хотите быть по-настоящему искренним с Богом и перестать играть в игры с самим собой и с Ним, эта книга поможет вам сделать это на практике. Полтора века назад шотландский профессор Джон Дункан по прозвищу «раввин» отправил своих студентов читать книгу пуританина Джона Оуэна о пребывающем грехе с таким напутствием: «Но, господа, готовьтесь к ножу». Препоручаю вас Дональду Уитни со словами напутствия: «А теперь, друзья, готовьтесь к тренировке». И вы обретете здоровье для своей души.

Джеймс Пакер

ГЛАВА 1

Духовные упражнения для укрепления в благочестии

В нашу эпоху не принято упражнять себя в благочестии: практика духовных упражнений приходит в упадок <...> Прежде всего высмеивается упражнение в Божьей благодати, которое считается проявлением законничества и абсолютно неизвестно нынешнему поколению, большей частью несведущему в Писаниях. Нам необходимо воспитать в своем христианском характере крепость, которую мы можем обрести только посредством упражнений.

Рэймонд Эдман

Дисциплинабезопределеннойцели — этотяжелаяи нудная работа. Представьте себешестилетнегомальчика Марка, которого родители записали на уроки музыки. Каждый день после школы он сидит в гостиной и неохотно бренчит на гитаре песни, которые ему нужно репетировать, но которые ему не нравятся. В это время он наблюдает за тем, как его друзья играют в баскетбол в парке напротив. Это как раз и есть бесцельное, упражнение без определенной цели или безо всякого осмысления. Это тяжелая и нудная работа.

А теперь представьте себе, что однажды во время репетиции Марка посетил ангел и перенес его в видении в Карнеги-холл. Там мальчик увидел, как один виртуозный гитарист давал концерт. Марк, на которого классическая музыка обычно наводила скуку, был поражен тем, что видит и слышит. Пальцы музыканта плавно и грациозно перебирают струны. Марк думает о том, как глупо и неуклюже его руки сбиваются и ошибаются в аккордах. Из-под пальцев виртуоза вылетают чистые, парящие ноты, которые сплетаются в волшебные аккорды. А Марк вспоминает свое невыразительное, нестройное и раздражающее бренчание на гитаре.

Но Марк зачарован. Он слушает, и его голова медленно склоняется в сторону. Он внимает с упоением. Он даже не мог себе представить, что на гитаре можно так играть.

— Ну что скажешь, Марк? — спрашивает ангел. Шестилетка медленно и тихо отвечает:

— Ух ты!

Видение заканчивается, но ангел все еще стоит перед Марком в его гостиной.

— Марк, — говорит ангел, — тот блестящий музыкант, которого ты видел, — это ты несколько лет спустя. Затем, указывая на гитару, ангел объявляет:

— Но тебе нужно упражняться!

Внезапно ангел исчезает, и Марк обнаруживает, что остался наедине со своей гитарой. Как вы думаете, изменится ли теперь его отношение к урокам игры на гитаре? Пока Марк будет помнить, кем он станет, он будет упражняться, чтобы достичь цели, которая устремляет его в будущее. Конечно же, для этого потребуются усилия, но нудной работой это уже вряд ли назовешь.

Если говорить о духовных упражнениях в христианской жизни, у многих христиан к ним такое же отношение, как у Марка к его занятиям. Это упражнения без цели и осмысления. В этом случае молитва может стать изнурительной. Мы можем не осознавать всей практической ценности размышления над Писанием. Нам непонятна истинная цель такого духовного упражнения, как пост.

Прежде всего мы должны понять, кем мы должны стать. В Библии о Божьих избранных говорится так: «Ибо, кого Он предузнал, тем и предопределил быть подобными образу Сына Своего» (Рим. 8:29). Согласно Своему предвечному замыслу, Бог гарантирует, что каждый христианин в конечном итоге уподобится образу Христа. Мы изменимся, когда Он придет, и будем подобны Ему (1 Ин. 3:2). Если мы пережили рождение свыше (см. Ин. 3:3–8), это не видение для нас. Мы, христиане, станем такими, когда «Он придет» (НРП).

Итак, зачем же говорить о духовных упражнениях? Если Бог уже предопределил, что мы уподобимся Христу, то зачем нам духовные упражнения? Почему бы нам просто не ожидать момента, когда мы уподобимся Христу, и забыть про упражнения?

Хотя Бог и сделает нас подобными Христу после Его пришествия, Он желает, чтобы до тех пор мы возрастали и стремились к этой цели. Мы не должны просто ожидать святости — мы должны стремиться к ней. «Старайтесь иметь мир со всеми и святость, без которой никто не увидит Господа», — такое повеление мы находим в Послании к Евреям 12:14. Обратите внимание: здесь говорится о том, что без святости, то есть христоподобия или благочестия, никто не увидит Господа, независимо от того, как много раз человек посетил церковь, как часто он участвовал в церковных мероприятиях и насколько духовным он себя считает.

Важно, крайне важно понимать, что мы увидим Христа не потому, что мы стремимся к святости. Мы увидим Господа потому, что Сам Господь дал нам Себя увидеть, а не потому, что мы совершаем добрые дела. Мы не можем стать настолько праведными, чтобы впечатлить Бога и попасть на небеса. Мы можем предстать перед Богом только с той праведностью, которую приобрел для нас другой человек — Иисус Христос. Только Христос Своей жизнью заслужил Божье принятие и право попасть на небеса. Он смог это сделать, потому что Он Бог во плоти. Благодаря Своей совершенной жизни Христос стал жертвой, которую Отец принимает от лица тех, кто своим грехом лишает себя права на небеса и отношения с Богом. В доказательство того, что Бог принял жизнь и жертву Христа, Он воскресил Его из мертвых. Иначе говоря, Христос прожил совершенно праведную жизнь и полностью исполнил Божьи заповеди. Он сделал это ради того, чтобы засчитать Свое послушание и праведность тем, кто не исполнил всего Божьего Закона. Христос умер за них на кресте от рук римлян и понес наказание, которое они заслужили за все свои преступления против Божьего Закона.

В результате все, кто приходит к Богу с верой в то, что он становится праведными перед Богом благодаря жертве Богочеловека Иисуса Христа, получают Святого Духа (см. Еф. 1:13–14). Под действием Святого Духа все, в ком Он пребывает, обретают новые, святые желания, которых у них не было раньше. К примеру, они желают познавать святое Божье Слово — Библию, которая раньше казалась им скучной или неактуальной. У них появляются новые святые стремления, например, желание жить в безгрешном теле и иметь разум, не искушаемый более грехом. Они жаждут жить в святом и совершенном мире со святыми и совершенными людьми и наконец увидеть Того, Кого ангелы непрестанно превозносят со словами «свят, свят, свят» (Откр. 4:8). Подобные благочестивые устремления появляются у всех тех, в ком пребывает Святой Дух. Следовательно, когда в человеке обитает Святой Дух, человек начинает осознавать важность святости и стремиться к ней. Таким образом, как мы увидели в Послании к Евреям 12:14, всякий, кто не стремится к святости, не увидит Господа. Этот человек не увидит Господа в вечности потому, что он не познал Господа сейчас, ведь тем, кто познал Его, Он даровал Святого Духа, а все, в ком обитает Святой Дух, испытывает побуждение стремиться к святости.

В связи с этим каждый христианин должен задать себе насущный вопрос: «Как же мне стремится к святости — святости, без которой я не увижу Господа? Как мне уподобляться Иисусу Христу, Божьему Сыну?»

Мы находим ясный ответ на этот вопрос в 1 Тимофею 4:7: «Упражняй себя в благочестии». Другими словами, если вы стремитесь к благочестию (а вы будете к нему стремиться, если в вас обитает Святой Дух, потому что Он побуждает вас к этому), как вам достигать этой цели? Согласно этому стиху, вы должны «упражнять себя в благочестии».

Этот стих является темой всей книги. В данной главе я попытаюсь раскрыть его значение, а остальная часть книги посвящена тому, как применять его на практике. Я буду опираться на места Писания, в которых говорится, как христиане должны упражнять себя в соответствии с этим библейским принципом. Я утверждаю, что единственный путь к христианской зрелости и благочестию (этот библейский термин является синонимом святости и подобия Христу) — это выполнение Духовных Упражнений. Я подчеркиваю, что цель Упражнений — это благочестие, и, если мы помним это, Духовные Упражнения будут нам не в тягость, а в радость.

В ЧЕМ СУТЬ ДУХОВНЫХ УПРАЖНЕНИЙ?

Духовные Упражнения[1] — это практические действия, которые отражены в Писании и которые способствуют духовному росту верующих в Евангелие Иисуса Христа. Это привычки, связанные с поклонением Богу и практической христианской жизнью, которым следовали многие Божьи люди еще с библейских времен. Духовные Упражнения можно описать несколькими способами.

Во-первых, Библия предписывает нам выполнять как индивидуальные, так и коллективные Духовные Упражнения. Настоящая книга посвящена индивидуальным Духовным Упражнениям, но коллективные Духовные Упражнения не менее важны, хотя в большинстве книг о духовном росте особое внимание уделяется именно индивидуальным Духовным

---

[1] На страницах этой книги я пишу термин «Духовные Упражнения» с большой буквы, чтобы подчеркнуть, что данный термин описывает тему книги, а также показать читателю, что речь идет о целом наборе практических действий, описанных в Библии.

Упражнениям[2]. Итак, с одной стороны, некоторые Духовные Упражнения предназначены для того, чтобы верующие их выполняли наедине, а другие — для того, чтобы все верующие выполняли их вместе. Первая группа Упражнений — это индивидуальные Духовные Упражнения, а вторая — коллективные Духовные Упражнения. Например, христиане должны читать и изучать Божье Слово самостоятельно (индивидуальное Духовное Упражнение). Однако они также должны слушать чтение Библии и изучать ее вместе с другими членами церкви (коллективное Духовное Упражнение). Христиане должны поклоняться Богу лично, но они также должны поклоняться Ему публично вместе с Божьим народом. Некоторые Духовные Упражнения в силу своей природы должны практиковаться в частном порядке, например, ведение дневника, уединение и пост (хотя некоторые постятся во время общецерковного поста). Другие Упражнения, например, общение, слушание проповеди Божьего Слова и участие в Вечере Господней, по своей природе являются коллективными и предполагают участие широкого круга людей.

Как индивидуальные, так и коллективные Духовные Упражнения являются средством, при помощи которого ученики Христа получают благословения и возрастают в благочестии: Библия предписывает нам совершать и те, и другие действия. Более того, Сам Христос совершал оба вида Упражнений, а целью всех Духовных Упражнений является уподобление Христу. Так, например, в Библии мы находим как минимум четыре упоминания о том, что Христос

---

[2] Описанию коллективных Духовных Упражнений я посвятил отдельную книгу — «Духовные упражнения в контексте церкви: полноценное участие в жизни Тела Христова» (Donald Whitney, *Spiritual Disciplines Within the Church: Participating Fully in the Body of Christ* (Chicago: Moody, 1996)).

уединялся для молитвы (Мф. 4:1; 14:3; Мк. 1:35; Лк. 4:42), то есть Он выполнял индивидуальные Духовные Упражнения. С другой стороны, в Евангелии от Луки 4:16 мы читаем о том, что Иисус «вошел, по обыкновению Своему, в день субботний в синагогу». Это показывает, что Он также выполнял коллективные Духовные Упражнения.

Наверное, каждый из нас больше склонен либо к Духовным Упражнениям, которые верующие выполняют в частном порядке, либо к тем, которые все верующие выполняют вместе. К примеру, кто-то может считать, что он станет тем, кем его хочет видеть Бог, если он просто будет усердно выполнять индивидуальные Духовные Упражнения даже в отрыве от поместной церкви. А кто-то впадает в противоположное заблуждение: он думает, что достигнет большого прогресса в духовной жизни, если с головой погрузится в жизнь поместной церкви. Такие люди считают, что их участие в значимых церковных мероприятиях компенсирует отсутствие личной молитвенной жизни. Однако, если мы слишком сильно склоняемся к своим личным предпочтениям, мы утрачиваем равновесие и наше представление о святости искажается. Христиане — это отдельные люди, но вместе мы составляем Тело Христа. Мы общаемся с Богом и возрастаем в Его благодати посредством как индивидуальных, так и коллективных Духовных Упражнений. Поэтому, хотя настоящая книга посвящена индивидуальным Духовным Упражнениям, важно понимать, что, если мы стремимся уподобиться Христу, нам также необходимо познавать Бога через коллективные Духовные Упражнения.

Во-вторых, Духовные Упражнения — это действия, а не установки мышления. Духовные Упражнения — это практические шаги, а не качества характера, духовные дары или «плоды Духа» (Гал. 5:22–23). Упражнения — это действия, которые мы совершаем регулярно: например, чтение, размышление, молитва, пост, поклонение, служение, учение и так далее. Конечно же, цель выполнения того или иного Упражнения состоит не столько в совершении самого действия, сколько в достижении желаемого состояния — уподоблении Христу. Но библейский путь уподобления Христу — это выполнение библейских Духовных Упражнений из правильных побуждений. Вспомните библейское повеление: «Упражняй себя в благочестии». Благочестие, то есть уподобление Христу, — это цель, а предусмотренный Богом путь к этой цели заключается в совершении определенных действий, которые описаны в Библии и которые принято называть Духовными Упражнениями. Иначе говоря, существует набор практических действий, которые мы должны выполнять время от времени, чтобы всегда возрастать в уподоблении Христу в общем смысле. К примеру, пост — это Духовное Упражнение, потому что это действие, которое вы совершаете. А радость нельзя назвать Духовным Упражнением, потому что это чувство, что вы испытываете, а не действие, которое вы совершаете. Пост сам по себе не является самоцелью. А радость — это одна из целей, ради которых мы совершаем пост, потому что радость — это качество, которое уподобляет нас Христу. Вы не обретете радость, если будете пребывать в пассивном духовном состоянии. Радость необходимо взращивать, но для этой цели мы должны совершать определенные действия. А действия, которые помогают взращивать христианскую радость, — это как раз и есть Духовные Упражнения.

В-третьих, следует отметить, что тема настоящей книги ограничивается библейскими Духовными Упражнениями, то есть практическими действиями, которые предписывает и иллюстрирует Библия. Если мы не сделаем этой оговорки, мы можем называть Духовными Упражнениями все, что угодно. К примеру, кто-то может сказать: «Для меня садоводство — это Духовное Упражнение» или: «Одно из моих Духовных Упражнений — это физкультура». Если мы руководствуемся таким подходом, мы можем сказать: «Возможно, размышление над Писанием и помогает вам, но садоводство приносит не меньшую пользу моей душе, чем Библия вашей». Следуя этой логике, практически любое занятие можно назвать Духовным Упражнением. Но хуже всего то, что в этом случае мы сами определяем, какие занятия больше всего помогут нам возрасти духовно и достичь зрелости, но не принимаем методы, которые Бог открыл нам в Писании. Я считаю, что Писание в той или иной степени обосновывает важность следующих индивидуальных Духовных Упражнений в жизни христианина: изучение Библии, молитва, поклонение, благовестие, служение, распоряжение дарами, пост, безмолвие и уединение, ведение дневника и учение. Является ли этот перечень исчерпывающим? Нет, я не стану этого утверждать. В других источниках по этой теме упоминаются практические действия, претендующие на статус библейских Духовных Упражнений, которые должны выполнять верующие люди. Однако, на мой взгляд, есть основания считать, что наиболее значимыми являются библейские Духовные Упражнения, которые рассматриваются на страницах этой книги.

В-четвертых, настоящая книга исходит из предпосылки, что Духовных Упражнений, которые упоминаются в Писании, достаточно для познания Бога и общения с Ним, а также для возрастания в уподоблении Христу. Это утверждение основано на том факте, что «все Писание богодухновенно и полезно для научения, для обличения, для исправления, для наставления в праведности, да будет совершен Божий человек, ко всякому доброму делу приготовлен» (2 Тим. 3:16–17). В этих стихах говорится о том, что, поскольку Писание богодухновенно, оно содержит руководство, необходимое верующему человеку для того, чтобы он был «совершен… ко всякому доброму делу приготовлен», в том числе и к такому доброму делу, как стремление к благочестию. Итак, какую бы духовную пользу люди ни находили в занятиях, которые не упоминаются в Библии, мы можем утверждать как минимум то, что эти занятия не являются необходимыми. Если бы то или иное занятие было необходимо для достижения духовной зрелости и возрастания в святости, мы бы нашли соответствующее упоминание и повеление в Писании.

В-пятых, Духовные Упражнения — это действия, проистекающие из Евангелия, а не оторванные от него. Если мы правильно выполняем суть Духовных Упражнений, они помогают нам глубже познавать Евангелие Иисуса Христа и Его славу, а не отдаляют от него, будто бы нам необходимо перейти на более высокий уровень христианской веры. Исследователь Нового Завета Дональд Карсон красноречиво высказался по этому поводу:

> *Евангелие — это не второстепенная тема, которая является своеобразным введением в христианство и за которой следует много материала, который поистине преображает жизнь человека. Многие евангельские верующие думают именно*

19

так. Они полагают, что проповедь Евангелия — это провозглашение вести о том, как человек спасается от Божьего суда. Вера в Евангелие гарантирует, что вы не попадете в ад. Но для того, чтобы пережить истинное преображение, вам следует пройти множество курсов по ученичеству, духовному совершенствованию, духовным упражнениям продвинутого уровня и тому подобное. Вам нужно научиться вести духовный дневник, постичь путь аскезы, стремиться к простоте, заучивать наизусть Писание. Вам нужно начать посещать малую группу, группу подотчетности или … группу по изучению Библии.

Конечно же, я не стану оспаривать потенциальную пользу всех этих мероприятий. Но я осуждаю тенденцию рассматривать эти духовные упражнения вне контекста Евангелия, в отрыве от того, что Бог совершил через Христа Иисуса в Евангелии о распятом и воскресшем Господе.

Если мы не осознаем серьезности этого заблуждения, это обернется для нас большой трагедией… Во-первых, если мы воспринимаем Евангелие лишь как средство попасть в Божье Царство и в деле преображения полагаемся на духовные упражнения и стратегии, не сосредоточенные на Евангелии, мы будем постоянно отвлекать внимание людей от Евангелия, креста и воскресения. Вскоре Евангелие станет истиной, которую мы по умолчанию будем считать необходимой для спасения, но мы перестанем восхищаться им, проповедовать его, и оно перестанет быть Божьей силой. Главными для нас станут духовные упражнения. Конечно, если указать на это тому, кто считает методы и упражнения важнейшей частью духовной жизни, вероятнее всего, это сразу же вызовет негодование. Такой человек скажет, что он, конечно же, верит в крестную смерть и воскресение Христа. И в этом нет никаких сомнений.

Вопрос в другом. Что является объектом его восхищения? На чем основана его убежденность? В чем он видит источник своего преображения? Скажем, на примере сочинений Юлианы Нориджской я вижу, куда может завести мнимая духовность средневекового христианина, который пытается напрямую установить связь с Богом, без сознательной веры в смерть и воскресение Христа. Именно эти истины апостол и называет «самым важным» в христианском учении (1 Кор. 15:3, НРП). Каждый раз, когда в своем стремлении к духовности современные верующие отдаляются от Евангелия, они вступают на опасный путь[3].

В-шестых, Духовные Упражнения — это средство, а не цель. Конечная цель Духовных Упражнений — это благочестие. Я определяю благочестие как, с одной стороны, близость ко Христу, а с другой — подобие Ему. Речь идет как о внутреннем, так и о внешнем подобии, о постоянном уподоблении Христу в Его мыслях и чувствах, а также в Его жизни. Это христоподобие является целью Духовных Упражнений, а также причиной, по которой мы должны выполнять их. Если мы не стремимся к этой цели, то, как бы упорно и старательно мы ни выполняли эти Упражнения, все это будет напрасно. Это не более чем пустое благочестие. Таким образом, без Духовных Упражнений невозможно достичь благочестия, но можно выполнять их, не будучи при этом благочестивым человеком, если мы рассматриваем сами Упражнения как цель, а не как средство. Следующий раздел этой главы посвящен такому важному вопросу, как богословское обоснование необходимости Духовных Упражнений. Итак, Духовные Упражнения — это

---

[3]   D. A. Carson, "What Is the Gospel? — Revisited," in *For the Fame of God's Name: Essays in Honor of John Piper* (Wheaton, IL: Crossway, 2010), 164–165.

определенные действия индивидуального или коллективного характера, которые Бог описывает в Библии как достаточное средство для того, чтобы верующие в Иисуса Христа под водительством Духа и в силе Евангелия возрастали в благочестии, то есть близости ко Христу и уподоблении Ему.

ДУХОВНЫЕ УПРАЖНЕНИЯ — СРЕДСТВО ВОЗРАСТАНИЯ В БЛАГОЧЕСТИИ

Главной особенностью любого Духовного Упражнения является его цель. Если вы постоянно играете гаммы на гитаре или на фортепьяно, но при этом у вас нет цели исполнять музыкальные произведения, это бессмысленное занятие. Подобным образом, бессмысленно выполнять Духовные Упражнения, не преследуя общую цель, которая объединяет все эти упражнения (Кол. 2:20–23, 1 Тим. 4:8). Эта цель — благочестие. Поэтому в 1 Тимофею 4:7 мы находим повеление «упражнять себя в благочестии»[4].

Именно этим занимались Божьи люди на протяжении всей истории христианства. С библейских времен до настоящего времени Божьи люди всегда упражняли себя в благочестии. Вспомните выдающихся личностей в истории Церкви — Августина Великого, Мартина Лютера, Жана Кальвина, Джона Буньяна, Сюзанну Уэсли, Джорджа Уитфилда, Леди Хантингтон, Джонатана и Сару Эдвардс, Чарльза Сперджена, Лотти Мун, Джорджа Мюллера, Доусона Тротмана, Джима и Элизабет Эллиот, а также Мартина Ллойда-Джонса. Как они снискали репутацию благочестивых людей? Дело не в том,

---

[4] Курсив автора.

что Бог таинственным образом наделил их особой святостью, которой Он не дал всем остальным. Вероятно, Он благословил этих верующих выдающимися дарами, которых не было у других, но, что касается уподобления Христу, они возрастали в этом так же, как и все христиане, — посредством Духовных Упражнений. Из своего пасторского и христианского опыта я могу сказать, что никогда не слышал, чтобы люди достигали духовной зрелости другими способами, помимо Духовных Упражнений. Благочестие можно обрести лишь путем упражнения.

По сути, существует три основных стимула, при помощи которых Бог изменяет нас и преображает нас в образ Христа, но только на один из них мы можем повлиять в значительной степени. Одним из этих стимулов являются люди. «Железо железо острит, и человек изощряет взгляд друга своего», — сказано в Притчах 27:17. Иногда Бог использует наших друзей, чтобы еще больше «изощрить» нас в нашей жизни и уподобить нас Христу. А иногда Он использует наших врагов, чтобы ошлифовывать неровные, греховные края нашей натуры.

Родители, дети, супруги, коллеги, клиенты, учителя, соседи, пастора — это те люди, через которых Бог изменяет нас. Еще одно средство, при помощи которого Бог изменяет нашу жизнь, — это обстоятельства. Классический отрывок, который касается этой темы, записан в Послании к Римлянам 8:28: «Притом знаем, что любящим Бога, призванным по Его изволению, все содействует ко благу». В Своем провидении Бог использует материальные затруднения, физические проблемы и даже погодные условия для того, чтобы побуждать Своих избранных стремиться к святости.

И еще один стимул к благочестию — это Духовные Упражнения. Этот стимул отличается от первых двух тем, что, действуя через Духовные Упражнения, Бог действует на человека изнутри. Когда Бог изменяет нас через людей и обстоятельства, этот процесс направлен снаружи внутрь. Однако, в отличие от первых двух случаев, когда Бог действует через Духовные Упражнения, Он в некоторой степени дает нам свободу решать, насколько мы хотим выполнять их. Чаще всего мы не выбираем тех людей и обстоятельства, которые Бог посылает в нашу жизнь, но мы сами решаем, к примеру, поститься ли нам сегодня или читать Библию.

Итак, с одной стороны, мы признаем, что даже железная самодисциплина не сделает нас более святыми. Наоборот, мы можем превратиться в фарисеев. Дело в том, что возрастание в святости — это Божий дар (Ин. 17:17; 1 Фес. 5:23; Евр. 2:11). С другой стороны, это не значит, что нам не нужно делать ничего для того, чтобы возрастать в святости, и просто жить так, как нам нравится, пока Бог не сделает нас святыми, если Он захочет. Наша задача в том, чтобы мы упражняли себя в благочестии, выполняли духовные упражнения, которые Бог определил для нас как средство обретения Его благодати и уподобления Христу.

В Послании к Колоссянам 1:29 апостол Павел показывает, как в человеке, в котором обитает Святой Дух, протекают оба процесса: человек прилагает усилия, и в нем действует Бог. В этом стихе Павел говорит, что он усердно трудится, чтобы помочь верующим «стать зрелыми во Христе». Он пишет: «Для чего я и тружусь, и подвизаюсь силою Его, действующею во мне могущественно» (Кол. 1:29). Заметьте: Павел говорит, что трудится он сам, а затем заявляет, что он подвизается в своей борьбе силой Христа. Желание и силу совершать служение Павлу давала Божья благодать (см. Флп. 2:13).

За всякий долговечный плод, который приносили его труды, Павел воздавал всю славу Богу. Иногда, конечно, казалось, что весь этот труд совершал сам Павел, и в конце дня изнемогал от труда именно Павел.

Точно так же дело обстоит и с Духовными Упражнениями. Желание и силу выполнять их нам дарует Божья благодать. Но Духовные Упражнения должны выполнять сами христиане. К примеру, сильная, непреодолимая жажда изучать Библию — это Божий дар, но именно мы должны перелистывать страницы и прочитывать слова. Бог не тянет наше бездеятельное тело к столу, не заставляет наши руки открывать Библию и не переводит взгляд туда-сюда по страницам без каких-либо усилий с нашей стороны.

Изначально Новый Завет был написан на греческом языке. Слова «упражняй» (синодальный, Кассиан) или «развивай» (НРП), которые мы встречаем в наших переводах Библии, — это варианты перевода греческого слова «гюмнасиа», от которого образованы слова «гимназия» и «гимнастика». Поэтому в нашем переводе Библии стих из 1 Тимофею 4:7 звучит так: «Упражняй себя в благочестии». Речь идет о физическом напряжении, как во время занятий спортом. Именно поэтому мы говорим о Духовных «Упражнениях». Пойти в свое любимое место, чтобы помолиться или сделать записи в дневнике, — в духовном смысле это то же самое, что пойти в спортзал и позаниматься на тренажерах. Подобно тому, как подобные физические упражнения укрепляют наше тело, духовные упражнения производят в нас благочестие.

В Евангелии от Луки 19:1–10 записана библейская история, которая иллюстрирует суть Духовных Упражнений. Это известная история об обращении мытаря Закхея. Из-за своего маленького роста Закхей не мог увидеть Иисуса в толпе. Поэтому он забежал вперед и влез на смоковницу, чтобы увидеть Иисуса, когда Он будет проходить мимо нее. Когда Иисус подошел к этому месту, Он посмотрел вверх, позвал Закхея по имени и попросил его спуститься. Затем Закхей позвал Иисуса к себе домой, после чего он уверовал во Христа и обрел спасение. Закхей решил раздать половину своего имения нищим, а также вернуть с процентами все деньги, которые он незаконно отнял у людей.

По сути, Духовные Упражнения — это способ встать на путь Божьей благодати и взыскать Бога, подобно Закхею, который шел навстречу Иисусу и искал Его. Своим Духом Господь по-прежнему ходит теми путями, которые Он Сам предопределил и открыл в Писании. Мы называем эти пути Духовными Упражнениями, и, если мы встанем на эти пути и будем искать Бога с верой, мы обязательно встретим Его. Например, когда мы обращаемся к Библии или выполняем какое-либо из библейских Упражнений и с верой пытаемся увидеть в них Бога, мы можем ожидать, что встретимся с Ним. Как мытарь Закхей, мы убедимся, что Бог желает проявить к нам милость и установить с нами отношения. Кроме того, Он будет постепенно преображать нас, все больше и больше уподобляя нас Христу (2 Кор. 3:18).

Том Лэндри, который на протяжении более тридцати лет был тренером футбольной команды «Далласские Ковбои», сказал: «Работа футбольного тренера заключается в том, чтобы заставлять игроков делать то, чего они не хотят, чтобы они стали теми, кем они всегда хотели быть»[5]. Подобным образом, христиане также призваны силой Святого Духа приучать себя

---

[5] Высказывание Тома Лэндри, которое приводит Рэй Стедман в следующем источнике: Preaching Today (Carol Stream, IL: Christianity Today, n.d.), номер 25.

делать то, что им несвойственно делать, то есть выполнять Духовные Упражнения, чтобы стать такими, какими они всегда хотели быть, — подобными Иисусу Христу. Писание велит нам: «Упражняй себя в благочестии».

БОГ ОЖИДАЕТ ОТ НАС ВЫПОЛНЕНИЯ ДУХОВНЫХ УПРАЖНЕНИЙ

Если изучить оригинальный текст, который стоит за словами «упражняй себя в благочестии», становится ясно, что это Божье повеление, а не просто совет. Для тех, кто называет себя детьми святого Бога, стремление к святости — это не вопрос выбора (1 Пет. 1:15–16). Следовательно, мы не выбираем средство достижения святости, в которой мы возрастаем только через Духовные Упражнения.

Ожидание того, что верующие будет упражняться в духовности, подразумевается в словах Христа, Который призывает нас в Евангелии от Матфея 11:29: «Возьмите иго Мое на себя и научитесь от Меня». То же самое касается и ученичества: «Ко всем же сказал: если кто хочет идти за Мною, отвергнись себя и возьми крест свой и следуй за Мною» (Лк. 9:23). Эти стихи показывают нам, что, если мы являемся последователями Христа, мы должны как минимум учиться у Него и следовать за Ним. Именно это делали двенадцать апостолов Христа: они повсюду следовали за Ним и в это время учились у Него. Но чтобы следовать за Иисусом, им требовалась дисциплина; они должны были идти туда, куда шел Он, и именно тогда, когда Он делал это. Сегодня, как и раньше, те, кто следует за Христом и учится у Него, должны быть дисциплинированными.

Ведь невозможно следовать за кем-то случайно, по крайней мере, в долгосрочной перспективе. Случайно мы не научимся тому, чему мы можем научиться благодаря дисциплине. А вы дисциплинированный последователь Христа?

Мысль о том, что в основе ученичества лежит дисциплина, можно проследить в отрывке из 2 Тимофею 1:7, где говорится: «Ибо не дал нам Бог духа боязни, но силы и любви, и обладания собой» (Кассиан). Под «обладанием собой» имеется в виду духовное самообладание, которое должно быть отличительной особенностью последователей Христа. Кроме того, из Послания к Галатам 5:22–23 мы узнаем, что одно из проявлений этого духа самообладания, который Бог дарует верующим, — это большая степень самообладания в личной жизни, особенно в следовании за Христом и в познании Бога.

Господь Иисус Христос не только ожидает, чтобы Его последователи выполняли эти библейские Духовные Упражнения. Он Сам являет пример самообладания в стремлении к благочестию. Ведь если мы желаем уподобляться Христу, мы должны жить так, как жил Христос, насколько это возможно грешникам. Мы не можем совершать дела, которые Христос совершал по Своей божественной природе, но мы должны жить по-христиански, то есть стремиться подражать человеческому примеру Христа, Который показал нам, как постоянно пребывать в общении с небесным Отцом. Хотя Христос — это не только пример духовности для нас, но и наш Господь, наш Царь, наш Спаситель, наш Заместитель, наша Праведность, наш Судья и многое другое, Он все-таки являет нам образец истинной духовности. Поэтому, когда мы смотрим на Христа, мы видим пример дисциплинированности в личном благочестии и постоянном общении с Богом.

Тем не менее, несмотря на пример Христа и учение Нового Завета о том, что христиане призваны к дисциплине в стремлении к благочестию, многие люди, называющие себя христианами, духовно недисциплинированны и в их жизни очень мало плода и силы. Однако многие из них необыкновенно дисциплинированны в других сферах жизни. Я встречал мужчин и женщин, которые упражняют себя в том, чтобы достичь успеха в своей профессии, но при этом очень мало упражняют «себя в благочестии». Я уверен, что вам встречались люди, которые уделяют время тому, чтобы научиться игре на музыкальном инструменте. Они понимают, что потребуются многие годы для того, чтобы приобрести необходимые навыки. Есть люди, которые много тренируются, чтобы показать хороший результат в спорте. Они знают, что им требуется большое время, чтобы достичь мастерства. Есть те, кто готов долго и усердно учиться, чтобы получить диплом, потому что они знают, что им придется пожертвовать многим ради своей цели. Но многие из этих самых людей так быстро сдаются, когда сталкиваются с трудностями в практике Духовных Упражнений, будто уподобление Христу должно даваться легко.

Я встречал христиан, верных Божьей Церкви, которые часто с искренним энтузиазмом берутся за служение Богу и желают проповедовать Божье Слово, но не приносят сколь-нибудь значительного плода для Божьего Царства из-за своей недисциплинированности. Однажды к нам с женой за советом обратилась женщина лет шестидесяти, которая всю жизнь посещала консервативные церкви, исповедующие учение Библии. На протяжении нескольких десятков лет эта верная сестра на волонтерских началах занималась всеми служениями, которыми только могла. Но сквозь слезы она призналась: «Я умею делать все в церкви, но не умею читать Библию и молиться». У таких людей очень поверхностная духовность. У них нет глубокого, испытанного временем общения с Богом, которое является результатом дисциплины. Эти люди занимаются всем, но не упражняют себя ни в чем.

Дополнительное применение

Если мы пренебрегаем Духовными Упражнениями,
мы подвергаем себя опасности.

Пренебрегая Духовными упражнениями, мы прежде всего рискуем потерять Бога, навсегда. Дело не в том, что мы попадаем на небеса благодаря своей набожности. Благочестие — это отличительный признак тех, кто на пути к небесам. Другими словами, те, кто не практикует Духовные Упражнения, пренебрегают ими, потому что у них просто нет желания этого делать. У них нет желания этого делать потому, что они не жаждут Бога. Они не знают Бога, поэтому для них непривлекательны предусмотренные Богом средства личного общения с Богом. Для них Духовные Упражнения — не Божий пир, который обильно насыщает их изголодавшиеся души, а скучные религиозные ритуалы, которые нужно совершать для галочки, насколько позволяют совесть или репутация.

Те, кто познал Бога через Евангелие Христа, сталкиваются с еще одной опасностью, если они пренебрегают Духовными Упражнениями. Чтобы проиллюстрировать эту опасность, я хотел бы привести цитату, которая принадлежит одному старому христианскому автору. Эти слова по-прежнему актуальны сейчас. Говоря о различии между дисциплинированным и недисциплинированным подходом к христианской жизни, он писал:

> *Без дисциплины ничего никогда невозможно достичь; многие спортсмены и обычные люди терпели неудачи, когда забывали о дисциплине. Ярким примером человека, который пострадал от своей недисциплинированности, является английский поэт Сэмюэл Кольридж[6]. Еще никогда такой великий ум не производил так мало. Кольридж покинул Кембриджский университет и пошел служить в армию, но вскоре он ушел из армии, потому что, несмотря на всю свою эрудицию, он не мог почистить лошадь. Он вернулся в Оксфорд и снова оставил учебу, так и не окончив университет. После этого Кольридж начал издавать газету под названием «Наблюдатель». Вышло всего десять номеров этой газеты, но вскоре умер. О нем говорили: «Он потерялся в мыслях о делах, которые необходимо было сделать, но которые всегда оставались несделанными». У Кольриджа были все поэтические дары, кроме одного — дара настойчивого и сосредоточенного стремления. В его голове и в его уме существовали всевозможные книги, которые, по его словам, «уже завершены, но только не написаны». «Я вот-вот отправлю в печать две малоформатных книги», — говорил он. Но эти книги так и остались лишь плодом воображения поэта, потому что у него не хватало усидчивости для того, чтобы изложить свои мысли на бумаге. Никто никогда не добивался известности без дисциплины, а если и добивался, то не мог сохранить ее[7].*

---

[6] Выдающийся английский поэт Сэмюэл Тейлор Кольридж (1772–1834) наиболее известен своими поэмами «Сказание о старом мореходе» и «Кубла-хан».

[7] William Barclay, *The Gospel of Matthew* (Philadelphia, PA: Westminster, 1958), vol. 1, 284.

Возможно, вы можете из собственного опыта вспомнить спортсменов, музыкантов или студентов, у которых был огромный потенциал, но которые не смогли реализовать этот Богом данный потенциал просто потому, что не могли заставить себя тренироваться. Нечто подобное может происходить и с христианами в духовной сфере. Немногие из нас могут похвастаться такими поэтическими дарами и интеллектуальными способностями, как Кольридж, но все христиане обладают духовными дарами (1 Кор. 12:4–7). Однако тот факт, что мы обладаем духовными дарами, не гарантирует, что мы будем приносить обильный плод, подобно тому, как умственные способности Кольриджа не гарантировали, что он будет писать книги или сочинять стихи. Как и физические, музыкальные и интеллектуальные дары, духовные дары также необходимо развивать путем упражнения, чтобы приносить духовный плод. Поэтому, если мы пренебрегаем Духовными Упражнениями, есть опасность, что мы будем приносить мало плода: наша жизнь не будет весомым вкладом в дело Божьего Царства.

Духовные Упражнения дают нам свободу.

Когда мы слышим выражение «Духовные Упражнения», у многих из нас оно ассоциируется с рабством и бременем. Мы думаем, что это некая повинность, в которой нет места свободе. Тем не менее в христианской жизни есть свобода, которую мы обретаем не благодаря праздности, а благодаря дисциплине.

Этот принцип можно проиллюстрировать на примере любой сферы, достижение мастерства в которой приносит свободу. Например, когда мы наблюдаем, как пальцы гитариста-виртуоза бегают по струнам шестиструнной гитары и плавно перебирают их, создается впечатление, что он родился с инструментом, который является словно продолжением его тела. Этот человек неразрывно связан со своей гитарой, и в его игре есть ощущение свободы, благодаря чему кажется, что он играет так легко. Любой, кто когда-либо пробовал играть на музыкальном инструменте, понимает, что такая свобода исполнения и навык игры на гитаре — это результат многих лет усердного труда. Свободу, которую можно обрести лишь благодаря постоянным упражнениям, мы видим не только у виртуозных музыкантов, но и у звезд спорта, опытных плотников, успешных руководителей, искусных мастеров, студентов-отличников и матерей, которые изо дня в день верно управляют домом и семьей.

Идея о том, что мы обретаем свободу благодаря упражнениям, лежит в основе так называемого «правила десяти тысяч часов»[8]. Это наблюдение основано на исследованиях, которые показывают, что для того, чтобы стать экспертом в какой-либо области и овладеть мастерством в каком-либо деле, необходимо заниматься этим делом (например, игрой на гитаре) не менее десяти тысяч часов. Речь идет не просто о выполнении одной и той же задачи — например, исполнении одной и той же песни — на протяжении примерно четырех часов в день, пять дней в неделю, пятьдесят недель в году в течение десяти лет. Необходимо постоянно совершать целенаправленные действия (обычно под руководством другого человека) для того, чтобы повысить общий уровень мастерства. Таким

---

[8] «Правило десяти тысяч часов» — это название главы в популярной книге: Malcolm Gladwell, *Outliers: The Story of Success* (New York: Little, Brown, 2008, 35–67). Эта книга популяризовала исследование Андерса Эрикссона, профессора психологии во Флоридском университете.

образом, если говорить о музыкальном исполнительстве, музыкант должен регулярно проигрывать большое количество различных песен, произведений и упражнений, постоянно повышая уровень сложности проигрываемых композиций, благодаря чему он будет более и более свободно обращаться со своим инструментом.

В определенном смысле можно назвать такие упражнения «ценой» свободы, но Элизабет Эллиот выражает эту мысль более точно: «...свободу и дисциплину принято считать взаимоисключающими понятиями, но в действительности свобода является не противоположностью дисциплины, а ее окончательной наградой»[9]. Поэтому, с одной стороны, можно сказать, что дисциплина — это цена свободы, но с другой, не следует забывать, что свобода — это награда за дисциплинированность.

В чем же заключается свобода благочестия? Вспомните примеры, которые мы приводили. Например, гитарист-виртуоз может «свободно» исполнять сложные аранжировки Андреса Сеговии, а я нет. Почему? Потому что он усердно трудился много лет. Подобным образом, люди, которые упражняются в заучивании Божьего Слова наизусть, могут «свободно» цитировать Писание. Упражняясь в посте, мы учимся бороться с духовной апатией. Упражняясь в таких сферах, как поклонение, служение и благовестие, мы в некоторой степени освобождаемся от сосредоточенности на себе. Свобода благочестия — это возможность делать то, к чему Бог призывает нас через Писание, а также возможность отображать качества характера Христа в своем характере. Такая свобода —

---

[9]   Высказывание Элизабет Эллиот, процитированное в выпуске журнала «Ю-эс-эй тудэй» от 4 ноября 1988 г., ст. 33, курсив автора.

это «награда», или результат, которым Бог благословляет нашу верность в выполнении Духовных Упражнений.

Но мы должны помнить, что мы не обретем зрелую свободу в благочестии, если мы не будем упражнять себя в нем, а просто один раз почитаем Библию или пару раз поделаем другие Духовные Упражнения. Писание напоминает нам, что, если мы хотим иметь зрелый плод благочестия, мы должны проявлять стойкость в самообладании, что выражается в том числе и в выполнении Духовных Упражнений. Обратите внимание на то, в каком порядке располагаются качества, которые упоминаются в 2 Петра 1:6 «...умение владеть собой — стойкостью, стойкость — благочестием» (НРП). Связующим звеном между самообладанием, которое нам дарует Святой Дух, и благочестием является стойкость. Если мы проявляем самообладание лишь время от времени, благочестие в нашей жизни также будет проявляться время от времени. Но если мы проявляем самообладание постоянно, это приведет к тому, что мы будем постоянно возрастать в уподоблении Христу. Истинное благочестие — это не навык, который можно приобрести за десять тысяч часов, а результат проявления стойкости на протяжении всей жизни.

Все верующие имеют возможность испытать радость познания Бога и Божьего замысла посредством Духовных Упражнений.

Бог призывает всех, в ком обитает Божий Дух, вкусить радость жизни, сосредоточенной на Христе, движимой Евангелием и укоренной в Духовных Упражнениях.

Помните Марка с его гитарой? Он бы увидел свои ежедневные репетиции, которые казались ему скучными и однообразными, в совершенно ином свете, если бы он осознал, что однажды ему предстоит выступать перед полным залом зрителей в Карнеги-холл. Занятия музыкой постепенно бы превратились в одно из самых больших удовольствий в его жизни.

Любые упражнения — будь то игра на гитаре или заучивание Писания — без определенной цели становятся нудными. Но Духовные Упражнения никогда не будут нудными, если мы выполняем их с целью достичь благочестия. Если в вашем представлении христианин, который упражняется в благочестии, — это мрачный, бесчувственный, безрадостный полуробот, значит вы не понимаете, в чем суть христианства. Иисус был самым дисциплинированным человеком из всех, кто когда-либо жил, но при этом Он был радостным и очень энергичным. Хотя Христос для нас не просто пример, Он все-таки являет нам пример дисциплины. Давайте следовать за Ним к радости путем Духовных Упражнений. Сосредотачивайтесь на личности и деле Христа, когда вы выполняете то или иное Духовное Упражнение. Через эти Упражнения учитесь у Христа, взирайте на Него и радуйтесь тому, кто Он есть и что Он совершил ради вас. Пусть Духовные Упражнения подкрепят вашу душу истинами Евангелия. Посвятите себя Духовным Упражнениям, которые Бог оставил нам в Писании, чтобы всегда помнить о своей нужде во Христе, а также о неиссякаемом источнике благодати и милости, который мы имеем по вере в Иисуса Христа.

ГЛАВА 2

Насыщение Словом
для укрепления
в благочестии (часть 1)

> Альтернатива дисциплине — катастрофа.
>
> Вэнс Хэвнер

Несколько лет тому назад мне представилась удивительная возможность совершить миссионерскую поездку в одну из лесистых стран Восточной Африки. В эту поездку поехало четыре человек из церкви, в которой я служил пастором. Мы жили в палатках, которые располагались перед крохотным незаконченным зданием церкви, построенным из глины веток. Это здание находилось примерно в десяти километрах от ближайшего населенного пункта.

Я не раз был за границей, поэтому я знал, что многие обычаи, которые я связываю с христианской культурой, на том или ином этапе вступают в противоречие с культурой местных жителей. На своем опыте я понял, что мне, американцу, нужно быть готовым отказаться от своих ожиданий (не говоря уже о некоторых других вещах!) в отношении того, как должны жить христиане. Но я был не готов к встрече с некоторыми людьми в этом экваториальном поселении, которые называли себя христианами. Ложь, воровство и безнравственный образ жизни были обычным делом и общепринятой нормой, даже среди руководителей церкви. Богословских знаний там было ничтожно мало, как питьевой воды, а доктринальные заблуждения были так же распространены, как малярия.

Вскоре я понял одну из причин, по которой эта церковь выглядела так, как будто ее открыли миссионеры из Коринфа. Ни у кого не было Библии, даже у пастора и дьякона. У пастора было только около полдюжины «полуготовых» проповедей, которые он составил на основании своих воспоминаний об отдельных библейских историях. Проповеди повторялись через шесть недель. Эти люди по-настоящему соприкасались с Библией, только когда к ним случайно заезжал миссионер (ближайший миссионер жил где-то в 160 км от этого места) или когда в церкви проповедовал региональный лидер этой деноминации. Почти для всех членов церкви эти редкие знакомства с Библией были единственным источником познания Божьего Слова. Среди них был только один человек, которого можно было в некоторой степени назвать духовно зрелым, и то лишь потому, что большую часть своей жизни он прожил в другом месте, где посещал церковь, в которой звучала проповедь Библии.

Вчетвером мы сложились и купили недорогие Библии для многих членов церкви. Каждый день мы проводили изучение Библии для церкви днем, а также вечером при свете фонарика. Уезжая, мы молились, чтобы под действием Святого Духа Божье Слово пустило глубокие корни в том собрании.

Большинство из нас лишь покачает головой в знак сожаления. Трудно представить, что у многих из нас дома больше Библий, чем в некоторых церквях в странах третьего мира. Но одно дело быть незнакомым с Писанием, когда у вас вообще нет Библии, и совсем другое дело, когда у вас их целая полка.

Нет более важного Духовного Упражнения, чем насыщение Божьим Словом. Ничто не может заменить его. Без питания молоком и пищей из Писания просто не может быть полноценной христианской жизни. И на это есть очевидные причины. В Библии Бог рассказывает нам о Самом Себе и особенно об Иисусе Христе, воплощенном Боге. Библия раскрывает нам Божий закон и показывает, как мы все нарушили его. Именно из Библии мы узнаем, что Христос добровольно принес Себя в жертву и стал безгрешным заместителем преступников Божьего закона. Здесь мы также узнаем о том, как нам покаяться и поверить во Христа, чтобы примириться с Богом. Из Библии мы узнаем пути и волю нашего Господа. Мы узнаем из Писания, как нам жить богоугодной жизнью и что принесет нам наибольшую радость и удовлетворение в жизни. Эти истины, которые влияют на нашу вечную участь, можно найти только в Библии и нигде больше. Следовательно, если мы хотим знать Бога и быть благочестивыми, мы должны хорошо знать Божье Слово.

Однако многие из тех, кто прекрасно знает все эти факты и кивает в знак согласия, в среднем уделяют изучению Библии не больше времени, чем те, у кого вообще нет Библии. Мой пасторский опыт подтверждает результаты опросов, согласно которым большое число людей, считающих себя христианами, знают о Библии практически столько же, сколько христиане в странах третьего мира, у которых нет даже отдельных фрагментов Библии. Один шутник подметил, что если все члены церкви, которые забросили чтение Библии, одновременно сдуют пыль со своих Библий, то произойдет самая сильная пылевая буря в истории человечества.

Поэтому, хотя мы чтим Божье Слово своими устами, мы должны признаться, что наши сердца, как и наши руки, уши, глаза и ум, часто далеко отстоят от него. Как бы ни были заняты другими делами, мы должны помнить, что занятие, которое больше всего преображает нас, — это регулярное изучение Божьего Слова.

Насыщение Словом — это не только самое важное, но и самое обширное Духовное Упражнение. На самом деле оно состоит из нескольких аспектов. Это Упражнение во многом можно сравнить с университетом, состоящим из разных факультетов, которые специализируются на разных дисциплинах, но составляют один университет.

Давайте рассмотрим «факультеты», или аспекты изучения Божьего Слова, начиная с самого простого и заканчивая самым сложным.

СЛУШАНИЕ БОЖЬЕГО СЛОВА

Самое легкое Упражнение, которое связано с насыщением Божьим Словом, — это просто слушание Библии. Почему это считается Упражнением? Потому что, если мы не будем упражняться в регулярном слушании Божьего Слова, возможно, мы будем слушать его лишь изредка, когда будем расположены к этому, или вообще не будем его слушать. Для большинства из нас упражняться в слушании Божьего Слова означает развивать привычку регулярно посещать церковь, которая держится учения Библии и верно проповедует Божье Слово.

Христос однажды сказал: «Блаженны слышащие слово Божие и соблюдающие его» (Лк. 11:28). Здесь речь идет не о том, что мы должны просто слушать богодухновенные слова. Цель любого метода насыщения Словом состоит в том, чтобы «соблюдать» его, то есть делать то, что говорит Бог, и все больше уподобляться Христу. В этом стихе Иисус призывает нас применять такой метод насыщения Божьим Словом, как слушание.

Еще один отрывок, который подчеркивает важность слушания Божьего Слова, — это Послание к Римлянам 10:17: «Итак вера от слышания, а слышание от слова Божия». Это не означает, что человек не может уверовать во Христа никаким другим способом, кроме как через слушание Писания. Многие уверовали через чтение Библии, например, Джонатан Эдвардс, а также многие люди, у которых нарушен слух. Тем не менее в этом стихе говорится о силе слушания. Однако можно добавить, что большинство людей, которые обратились к Богу через чтение Писания, как Эдвардс, не раз слышали проповедь Божьего Слова до своего обращения, как и сам Эдвардс. К тому же, хотя в этом отрывке говорится, что изначально вера во Христа зарождается от слушания богодухновенного Слова об Иисусе Христе, следует признать, что вера, которую христиане должны иметь после обращения, в значительной степени проистекает от слушания библейской вести. Места Писания, где говорится, что Бог усматривает для нас все необходимое, могут укрепить веру семьи, которая переживает финансовые трудности. Через слушание библейской проповеди о любви Христа Бог может утвердить в вере христианина, который впал в уныние. Недавно я прослушал аудиозапись проповеди, через которую Господь придал мне веры, чтобы проявить настойчивость в одном трудном деле. Господь часто дает дары веры тем, кто упражняется в слушании Божьего Слова.

Есть и другие способы, при помощи которых мы можем упражняться в слушании Божьего Слова, помимо самого важного способа — слушания проповеди в контексте служения поместной церкви. Самый очевидный из этих способов — это прослушивание аудиоматериалов, основанных на Библии. К этому занятию можно подходить творчески: можно прослушивать такие аудиоматериалы во время того, как вы одеваетесь, готовите еду, едете на работу и т.д. А если у вас нет доступа к Интернету или нет возможности приобрести портативные электронные устройства для прослушивания аудиозаписей библейских проповедей из Интернета, вы можете пользоваться радиосетью, в том числе коротковолновым радио [10].

В контексте нашей беседы стоит упомянуть еще один отрывок — 1 Тимофею 4:13. Здесь апостол Павел дает наставление

---

[10] Хотя коротковолновое радио широко распространено за границей, у большинства американцев его нет, и они редко вспоминают об этом средстве связи. Но многих лучших учителей Библии в Интернете или на традиционных радиостанциях в США также можно услышать практически в любой точке мира (в том числе США), хотя и в несколько худшем качестве, на мощных коротковолновых станциях.

о служении своему молодому соработнику по служению: «Доколе не приду, занимайся чтением, наставлением, учением». Хотя на этом стихе можно было бы остановиться подробнее, достаточно сказать, что для Павла и для Господа, Который вдохновил его на написание этих слов, было очень важно, чтобы люди слышали Божье Слово. А если так, это должно стать приоритетом и для нас, и мы должны упражняться в этом. Кто-то может сказать: «Мне не нужно ходить в церковь, чтобы поклоняться Богу. Я могу поклоняться Ему на поле для гольфа или на берегу озера, причем не хуже, чем в церкви, если не лучше». Нельзя не согласиться с тем, что вездесущему Богу можно поклоняться везде. Но постоянное поклонение Богу неотделимо от Божьего Слова, которое вряд ли кто-то будет читать вслух или проповедовать во время игры в гольф или на берегу озера. Мы должны упражняться в том, чтобы идти и слушать Божье Слово.

Кстати, если вы имеете честь читать Божье Слово Божьему народу, всему собранию или малой группе, научитесь читать его хорошо. Возможно, вы не обладаете поставленным голосом, но вы можете научиться выразительно читать Писание. Это приобретенный навык, потому что никто от природы не умеет хорошо читать вслух. Зачастую люди публично читают Библию так невыразительно и монотонно, что вряд ли кто-то захочет прочитать эту книгу сам. Читайте Библию, помня о том, что это живое Слово живого Бога. Тренируйтесь читать отрывки вслух. Слушайте их в вашей любимой аудиоверсии Библии. Каждый раз, когда вы читаете Библию во время семейного поклонения, тренируйтесь читать ее вслух другим людям. Я недавно искал в Интернете информацию о том, как научиться хорошо читать вслух. В Интернете можно найти много рекомендаций и ресурсов. Поставьте цель научиться хорошо читать Божье Слово публично и тем самым прославлять Бога. Мало кто это делает, но зато как это меняет суть дела!

Здесь уместно сказать пару слов о том, как мы должны готовиться к слушанию Божьего Слова. Если вы переступаете порог типичной евангельской церкви за две минуты до начала богослужения, вы будто приходите в спортзал за две минуты до начала баскетбольного матча. Будучи пастором, конечно же, я не отрицаю, что люди, которые рады увидеться и пообщаться с другими, приносят церкви определенную духовную пользу. Когда Божья семья собирается вместе, то в воздухе витает дух воссоединения семьи. Но больше всего я желаю, чтобы среди членов церкви царило благоговение и дух богоискания, когда они приходят послушать Его Слово.

Некоторое время в нашем церковном здании посреди недели собиралась церковь корейских христиан. Меня поражало то, как они входили в зал для богослужения. Независимо от того, приехали они первыми или приехали уже после начала служения, они моментально склонялись в молитве на несколько мгновений и лишь затем начинали раскладывать свои вещи, расстегивать верхнюю одежду или приветствовать окружающих. Это было хорошим напоминанием им самим и всем остальным о том, ради чего они приходят на собрание. Большинству известных мне церквей стоило бы обратить на это больше внимания. Например, перед началом богослужения можно отвести некоторое время на «семейное общение», а затем за пару минут до начала богослужения призвать членов церкви к тому, чтобы они в безмолвии поразмышляли о Боге и сосредоточились на Нем.

Незадолго до своей смерти в 1646 году английский пуританин Джереми Барроуз оставил нам наставление по поводу того, как мы должны готовиться к Упражнению слушания Божьего Слова:

Во-первых, когда вы приходите слушать Слово, если вы желаете святить Божье имя, вы должны наполнить свои души тем, что вы будете слушать. А вы будете слушать Слово Божье <…> Поэтому мы читаем, что апостол, обращаясь к фессалоникийцам, объясняет им, почему Слово Божье принесло им столько пользы. Дело в том, что они приняли его как Слово Божье, 1 Фессалоникийцам 2:13: «Посему и мы непрестанно благодарим Бога, что, принявши от нас слышанное слово Божие, вы приняли не как слово человеческое, но как слово Божие, — каково оно есть по истине, которое и действует в вас, верующих»[11]. Так что слушание Божьего Слова — это не просто пассивное слушание; это занятие, в котором нам следует упражняться.

Чтение Божьего Слова

Если вы до сих пор сомневаетесь, что христиан нужно увещевать читать Библию, примите к сведению следующий факт: в журнале «Ю-эс-эй тудэй» были опубликованы результаты опроса, который показал, что каждый день Библию читает только одиннадцать процентов американцев. Более половины опрошенных читают ее реже одного раза в месяц или вообще не читают[12].

---

[11]   Jeremiah Burroughs, *Gospel Worship* (1648; reprint, Ligonier, PA: Soli Deo Gloria Publications, 1990), 200.

[12]   George Gallup, *100 Questions and Answers: Religion in America* (Princeton Religious Research Center, 1989). Эти данные приводятся в выпуске журнала

Конечно, мы можем утешать себя тем, что в опросе участвовали все американцы, а не только те, кто считает себя христианином. К сожалению, общая картина неутешительна. За год до этого Исследовательский центр Джорджа Барны провел еще один опрос среди тех, кто называет себя возрожденными верующими. Это исследование продемонстрировало печальную статистику: только 18 процентов христиан, то есть меньше, чем двое из десяти, читают Библию каждый день. Но самое грустное — это то, что 23 процента из тех, кто называет себя христианами (то есть почти каждый четвертый из них), признаются, что они никогда не читали Божье Слово[13]. Возможно, в ходе новых опросов и исследований будут получены другие результаты, но у нас есть веские основания полагать, что данные не сильно изменятся с течением времени. Проанализируйте эту статистику в свете повеления из 1 Тимофею 4:7: «Упражняй себя в благочестии».

Иисус часто задавал вопросы людям по поводу того, как они понимают Писание. Иногда Он начинал со слов: «Не читали ли вы …?» (Мф. 19:4; Мк. 12:10). Иисус исходил из предпосылки, что те, кто причисляет себя к Божьему народу, должны читать Божье Слово. Видимо, этот вопрос подразумевает, что эти люди должны были быть знакомы со всем Божьим Словом.

Когда Иисус говорил: «Не хлебом одним будет жить человек, но всяким словом, исходящим из уст Божиих» (Мф. 4:4), наверняка Он ожидал, что мы как минимум прочтем всякое слово Божье. Ведь иначе как можно «жить… всяким словом,

---

«Ю-Эс-Эй Тудэй» от 1 февраля 1990 г.

[13] Цитата из журнала *Bookstore Journal*, которая приводится в журнале Discipleship Journal, выпуск 52, 10.

исходящим из уст Божиих», если мы никогда не читали «всякое слово, исходящее из уст Божиих»?

Если «все Писание богодухновенно и полезно для научения, для обличения, для исправления, для наставления в праведности» (2 Тим. 3:16), разве нам не следует его читать?

В Откровении 1:3 сказано: «Блажен читающий и слушающие слова пророчества сего и соблюдающие написанное в нем; ибо время близко». Бог обещает, что те, кто читает и соблюдает Его Слово, будут блаженными. Но только те, кто упражняется в этом деле, получат это благословение.

Помните, что главной целью вашего упражнения является благочестие. Мы убедились в том, что Духовные Упражнения — это библейские пути, которыми мы должны ходить, чтобы обрести преображающую Божью благодать. Самое важное Упражнение — это насыщение Словом. Действие Божьего Духа через Божье Слово — это определяющий фактор в нашем уподоблении Божьему Сыну. Если вы хотите меняться и все больше уподобляться Иисусу Христу, упражняйтесь в чтении Библии.

Как часто нам следует читать ее? В своей книге «Как наслаждаться чтением Библии» британский проповедник Джон Бланшард пишет:

> *Чтобы узнать, насколько часто мы должны обращаться к Библии, нам всего лишь нужно быть реалистичными и честными с собой. Как часто мы сталкиваемся с проблемами, искушениями и трудностями? Каждый день! Как часто мы нуждаемся в наставлении, водительстве и утешении? Каждый день! А если обобщить все эти насущные вопросы более фундаментальным вопросом: как часто мы нуждаемся в том,*

чтобы видеть лицо Бога, слышать Его голос, чувствовать Его прикосновение, познавать Его силу? Ответ на все эти вопросы один: каждый день! Американский евангелист Дуайт Муди сказал: «Человек не может насытиться благодатью на будущее точно так же, как он не может наесться на полгода вперед или за раз набрать в свои легкие столько воздуха, чтобы ему хватило на целую неделю. Мы должны черпать из неиссякаемого источника Божьей благодати изо дня в день по мере нашей нужды» [14].

Я хотел бы дать три главных практических совета тем, кто хочет преуспевать в чтении Библии. Во-первых, находите для этого время. Возможно, христиане не прочитывают всю Библию от начала до конца в первую очередь потому, что они теряют желание. Большинство людей никогда в жизни не читали книг, в которых более тысячи страниц, поэтому их пугает объем Библии. Известно ли вам, что исследование аудиозаписей, в которых начитывается текст Библии, показало, что можно прочитать всю Библию за 71 час? Это меньше, чем то количество часов, которое средний житель США просиживает у телевизора в месяц [15]. Иначе говоря, если бы большинство людей вместо просмотра телевизора читали Библию, они бы прочитали ее за четыре недели или даже раньше. Если это кажется вам не по силам, есть и другие варианты. Читая Библию хотя бы по пятнадцать минут

---

[14]   John Blanchard, *How to Enjoy Your Bible* (Colchester, England: Evangelical Press, 1984), 104.

[15]   Если поискать в Интернете исследования о том, сколько времени люди проводят у телевизора, особенно социальные опросы Федерального бюро статистики труда США, можно найти много информации, которая подтверждает это заявление.

в день, вы сможете полностью прочитать ее менее чем за год. Даже если читать Библию по пять минут в день, вы прочтете ее полностью менее чем за три года. Однако большинство христиан ни разу в жизни не прочитывали всю Библию полностью. Поэтому стоит снова повторить, что это прежде всего вопрос дисциплины и мотивации.

Упражняйтесь в том, чтобы находить время. Старайтесь читать Библию в одно и то же время каждый день. Старайтесь читать Библию не перед самым сном. В чтении Библии перед отходом ко сну есть определенная ценность, но, если вы читаете Библию только перед сном, вы должны постараться найти для этого другое время. На это есть, как минимум, две причины. Во-первых, когда вы устали и хотите спать, вы мало что запоминаете из прочитанного. А во-вторых, вы наверняка очень мало грешите во время сна. Вам нужно встречаться с Христом в Писании тогда, когда это сможет повлиять на ход всего вашего дня.

Второй практический совет: воспользуйтесь планом чтения Библии. Неудивительно, что те, кто просто открывает Библию каждый день наобум, вскоре перестают упражняться в чтении Библии. В Интернете есть множество различных планов чтения Библии. Ко многим учебным Библиям прилагается график чтения Библии. Большинство поместных церквей могут снабдить вас подобными материалами. Даже если вы будете просто читать по три главы каждый день и по пять глав по воскресеньям, не следуя конкретному плану, вы прочтете всю Библию за год. Читайте по три главы из Ветхого Завета и по три главы из Нового Завета каждый день, и за год вы прочтете Ветхий Завет один раз, а Новый — четыре раза.

Мой любимый план чтения Библии — это ежедневное чтение отрывков из пяти разных мест Библии. Я начинаю с Бытия, Иисуса Навина, Иова, Исаии и Евангелия от Матфея и читаю одинаковое число глав в каждом из этих разделов. Вот другой вариант этого плана: каждый день нужно читать Библию в трех разных местах, начиная с Бытия, Иова и Евангелия от Матфея. Эти три раздела приблизительно одинаковы по длине, поэтому вы прочтете их примерно за одинаковое время. Преимущество такого подхода в том, что мы читаем библейские книги разных жанров. Зачастую те, кто пытается прочитать Библию от начала до конца, теряются в Книге Левит, устают читать Книгу Чисел, а на Второзаконии и вовсе бросают читать Библию. Но когда вы читаете Библию в нескольких местах каждый день, такое разнообразное чтение поддерживает ваш интерес.

Даже если вы не прочитываете Библию за год, записывайте, какие книги вы уже прочли. Ставьте галочку рядом с номером главы, которую вы прочитали, или рядом с названием книги в оглавлении после прочтения всей книги. Таким образом, сколько бы вам ни понадобилось времени для чтения Библии и в каком порядке вы бы ни читали ее, вы определите, что вы прочли всю Библию.

Третий совет: найдите хотя бы одно слово, фразу или стих, над которыми вы будете размышлять во время чтения. О размышлении над Словом мы поговорим более подробно в следующей главе, но вы должны осознать уже сейчас, что без размышления вы можете закрыть Библию и не вспомнить ничего из прочитанного. А если такое происходит, то вряд ли чтение Библии будет изменять вас. Даже если у вас есть хороший план, чтение Библии может станет для вас не радостным Упражнением, а скучной рутиной. Сфокусируйтесь хотя бы на одном прочитанном фрагменте и тщательно поразмышляйте над ним некоторое время. Это углубит ваше понимание Писания, и вы будете лучше представлять себе, как это можно применить в вашей жизни. А чем больше вы применяете истину Писания, тем больше вы становитесь похожими на Христа.

У всех нас должно быть такое же горячее желание читать Божье Слово, как у человека из следующего примера. В своей брошюре «Чудо Божьего Слова» Роберт Самнер рассказывает историю об одном человеке из города Канзас-Сити, который серьезно пострадал от взрыва. Его лицо было сильно изуродовано, он лишился зрения и обеих рук. Он стал христианином незадолго до того, как с ним произошел несчастный случай, и более всего он опечалился по поводу того, что не сможет больше читать Библию. Затем он услышал о том, что одна англичанка читает книги со шрифтом Брайля губами. В надежде, что он сможет делать то же самое, этот человек заказал несколько книг из Библии со шрифтом Брайля. Но он обнаружил, что нервные окончания на его губах сильно повреждены, и он не мог различать символы губами. Но однажды, когда он поднес к губам страницы книги, он случайно коснулся рельефных символов языком и ощутил их. В этот момент у него промелькнула мысль: «Я могу читать Библию языком». На тот момент, когда Роберт Самнер писал свою книгу, этот человек уже полностью прочитал Библию четыре раза[16]. Если он смог это сделать, можете ли вы упражняться в чтении Библии?

---

[16] Robert L. Sumner, *The Wonder of the Word of God* (Murfreesboro, TN: Biblical Evangelism Press, 1963), 12.

Изучение Божьего Слова

Если сравнить чтение Библии с путешествием по чистым, искрящимся водам озера на катере, то изучение Библии подобно неспешному пересечению того же озера на катере с прозрачным дном.

Когда вы проезжаете по озеру на катере, вы в общих чертах видите озеро и бегло оцениваете его глубину. Но когда вы проезжаете по озеру на катере с прозрачным дном, вы изучаете то, что находится под поверхностью озера. Вы проникаете в глубины Писания и неторопливо рассматриваете каждую деталь, которую обычно упускают из виду те, кто просто читает текст. Как выразился Джерри Бриджес, «чтение даст нам широту познания Библии, а исследование — глубину»[17].

Давайте рассмотрим три примера библейских героев, которые любили изучать Божье Слово. Первый пример — это ветхозаветный священник Ездра: «Потому что Ездра расположил сердце свое к тому, чтобы изучать закон Господа и исполнять его, и учить в Израиле закону и правде» (Езд. 7:10). В порядке действий, описанных в этом стихе, содержится поучительный принцип. Ездра (1) «расположил сердце свое (2) к тому, чтобы изучать закон Господа (3) и исполнять его», (4) и учить в Израиле закону и правде». Прежде чем преподавать Божье Слово Божьему народу, он сам начал исполнять то, чему научился. А научился он этому благодаря изучению Писания. Однако прежде чем начать изучать Писание, Ездра «расположил сердце свое» к изучению. Другими словами, Ездра упражнялся в изучении Божьего Слова.

---

[17] Джерри Бриджес, Благочестие: подготовка руководителей новых церквей при помощи заочного библейского образования (Москва: Духовное возрождение, 1997), 35.

Второй пример записан в Деяниях 17:11. Миссионерам Павлу и Силе едва удалось избежать смерти в Фессалонике после того, как их успех в благовестии пробудил ревность в иудеях. Когда Павел и Сила пришли в Верию и проповедовали так же, как и в Фессалонике, местные иудеи отреагировали на это иначе: «Здешние были благомысленнее Фессалоникских: они приняли слово со всем усердием, ежедневно разбирая Писания, точно ли это так». Из следующего стиха мы узнаем, в результате «многие из них уверовали». В этом отрывке поощряется желание исследовать Писание, которое называется «благомыслием».

Мой любимый пример любви к Божьей истине находится в 2 Тимофею 4:13. Находясь в тюрьме, Апостол Павел пишет последнюю главу своего последнего новозаветного послания. В ожидании прибытия своего молодого друга Тимофея он пишет: «Когда пойдешь, принеси фелонь (верхнюю одежду), который я оставил в Троаде у Карпа, и книги, особенно кожаные». Скорее всего, среди свитков и кожаных книг, о которых здесь говорит Павел, были копии Писания. Находясь в стесненных условиях, в холодной тюрьме, благочестивый апостол просит принести ему две вещи — верхнюю одежду, чтобы согреть свое тело, и Божье Слово, чтобы согреть свой разум и сердце. Павел видел небеса (см. 2 Кор. 12:1–6) и воскресшего Христа (см. Деян. 9:5), а также получил силу Святого Духа для совершения чудес (см. Деян. 14:10) и даже для написания Священного Писания (см. 2 Пет. 3:16). Тем не менее он продолжал изучать Слово Божье до самой смерти. Итак, если Павел, который получал личные откровения от Господа о рае и Христе и который сам совершал чудеса, нуждался в изучении Божьего Слова, то, конечно же, и мы с вами нуждаемся в изучении Библии и должны упражняться в этом деле.

Тогда почему же мы не делаем этого? Почему так много христиан пренебрегает изучением Божьего Слова? По этому поводу метко выразился Роберт Спрол: «Вот в чем подлинная проблема нашего пренебрежения Божьим Словом. Мы не исполняем свой долг изучать Божье Слово не столько из-за того, что оно трудное для понимания, и не из-за того, что оно скучное или утомительное, но потому, что это труд. Наша проблема не в том, что нам недостает ума или желания. Наша проблема в том, что мы ленивы»[18].

Помимо лени, некоторые не имеют четкого представления о том, как изучать Библию или даже с чего начать. На самом деле, начать изучать Библию нетрудно. Элементарная разница между чтением Библии и ее изучением — это наличие ручки и листа бумаги (или любых других средств, которые помогут вам зафиксировать свои мысли). В процессе чтения записывайте свои наблюдения по тексту, а также возникающие вопросы. Если в вашей Библии есть перекрестные ссылки[19], просмотрите те из них, которые относятся к стихам, вызвавшим у вас вопросы, а затем запишите интересные мысли по этому поводу. Выделите ключевое слово в отрывке и с помощью симфонии, которую вы найдете в конце Библии, поищите другие ссылки и параллельные места, где используется то же слово, и снова запишите свои мысли. Кроме того, вы можете начать ваше изучение Библии с того, что кратко перескажете содержание главы, абзац за абзацем. Когда вы закончите

---

[18] R. C. Sproul, *Knowing Scripture* (Downers Grove, IL: InterVarsity, 1977), 17.
[19] Если вы не знаете, что такое перекрестные ссылки и как ими пользоваться, спросите об этом у вашего пастора или другого зрелого христианина.

одну главу, переходите к следующей, пока у вас не получится краткий план всей книги. Очень скоро вы заметите, что вы будете лучше понимать смысл этого фрагмента Писания, чем если бы вы просто прочитали его.

Продвигаясь в изучении Божьей книги, вы познаете ценность углубленного изучения отдельных слов, персонажей, тем и книг Библии. Вы будете открывать для себя новые глубины в Писании по мере того, как будете углубляться в понимании грамматического, исторического, культурного и географического контекста, который необходимо учитывать при истолковании отрывка.

Даже если вы будете чувствовать себя некомпетентными, не отказывайте себе в радости самостоятельного изучения Библии. Существует много толстых и тонких книг о том, как изучать Библию. В них вы найдете гораздо больше информации о различных методах и способах изучения Библии, чем привожу я в этой главе. Но не довольствуйтесь только той духовной пищей, которую для вас «разжевали» другие. Познайте на собственном опыте радость новых открытий в процессе личного изучения Библии.

ДОПОЛНИТЕЛЬНОЕ ПРИМЕНЕНИЕ

Если бы ваше возрастание в благочестии измерялось качеством вашего насыщения Словом, то каковы были бы результаты?

Это важный вопрос, потому что ваше возрастание в благочестии действительно зависит от качества вашего насыщения Словом. В своей величественной первосвященнической молитвев главе 17 Евангелия от Иоанна Иисус молит Отца о нас: «Освяти их истиною Твоею; слово Твое есть истина» (ст. 17). Бог исполняет Свой замысел нашего освящения, то есть делает нас святыми и благочестивыми, посредством «истины» — Своего Слова. Если мы довольствуемся скудным питанием из Божьего Слова через слушание, чтение и изучение, мы не позволяем обильному потоку освящающей Божьей благодати изливаться в нашу жизнь.

Говоря эти слова, я осознаю, что могу легко вызвать чувство вины у всех нас (в том числе и себя самого) из-за того, что мы недостаточно насыщали себя Божьим Словом. Прежде всего помните, что небесные врата открыты для нас не благодаря нашим заслугам (в том числе и в чтении Библии), но благодаря действию Бога в Иисусе Христе. Более того, что касается нашего непостоянства в изучении Библии в прошлом, давайте последуем совету из Послания к Филиппийцам 3:13 и будем двигаться дальше, «забывая заднее и простираясь вперед».

Это подводит нас к заключительному вопросу, который касается применения рассматриваемой истины.

Какой шаг вы можете предпринять, чтобы улучшить ваше изучение Божьего Слова?

Если нам не препятствует Божье провидение, мы должны как минимум присоединиться к группе верующих-единомышленников, чтобы вместе с ними слушать проповедь Божьего Слова каждую неделю. Многие церкви, которые держатся учения Библии, дают людям много возможностей услышать Слово Божье в течение недели. Если вы хотите иметь больше возможностей слышать Слово, вы можете слушать Библию в аудиозаписи или слушать проповеди по Интернету или радио. Поставьте перед собой цель искренне стараться читать Библию каждый день и всегда дочитывать каждую книгу Библии. Также в местах, в которых продается христианская литература, есть недорогие учебные пособия и практические руководства по изучению всех книг Библии и различных библейских тем. Вы можете не только изучать Библию лично, но и присоединиться к группе по изучению Библии в вашей церкви или даже начать вести такую группу.

Какой бы метод вы не избрали, упражняйтесь в благочестии, применяя хотя бы один из методов изучения Библии, которые помогут вам углубить свое познание святого Божьего Слова. Ведь те, кто редко открывает Библию, мало чем отличаются о тех, у кого вообще нет Библии.

Хотелось бы завершить эту главу словом ободрения. Это цитата из назидательной брошюры «Чтение Библии», которую написал валлийский пастор по имени Джеффри Томас. Все, что он пишет о чтении Библии, мы также можем применить и к ее слушанию и изучению.

> *Не ожидайте, что вам удастся досконально изучить Библию за один день, месяц или год. Напротив, будьте готовы к тому, что вас часто будет озадачивать ее содержание. В Библии далеко не все ясно. Великие Божьи мужи часто чувствуют себя абсолютными новичками, когда читают Божье Слово. Даже апостол Петр сказал, что в посланиях Павла есть нечто неудобовразумительное, то есть трудное для понимания (2 Пет. 3:16). Я рад, что он написал эти слова, потому что я часто чувствую то же самое. Так что не ожидайте, что чтение Библии будет всегда придавать вам эмоциональный*

заряд или ощущение внутреннего мира. Возможно, по Божьей благодати вы действительно будете часто испытывать подобные чувства, но иногда вы не будете получать никакого эмоционального отклика от изучения Библии.

Пусть с годами Божье Слово продолжает овладевать вашим сердцем и разумом, и в вашем мышлении, мировоззрении и поведении незаметно будут происходить великие перемены. Возможно, вы будете последним, кто это заметит. Зачастую вы будете чувствовать себя ничтожным существом, потому что Бог Библии все больше и больше будет открывать вам Свое удивительное величие. Итак, продолжайте читать ее до тех пор, когда вы уже не сможете этого делать. Тогда вам уже не будет нужна Библия, потому что, когда вы закроете глаза в последний раз в момент смерти и больше не будете читать Божье Слово в Писании, вы снова откроете глаза и увидите Божье Слово во плоти. Это тот самый Иисус Христос из Библии, Которого вы так долго знали. Он предстанет перед вами, чтобы навеки забрать вас в Свою вечную обитель [20].

[20] Geoffrey Thomas, *Reading the Bible* (Edinburgh, Scotland: The Banner of Truth Trust, 1980), 22.

ГЛАВА 3

Насыщение Словом для укрепления в благочестии (часть 2)

> Христианский рост требует постоянного упражнения. От того, насколько усердно мы упражняемся, зависит темп и степень нашего духовного роста. Это упражнение в средствах духовного роста.
>
> Ричард Хэлверсон

Если вы читаете эту книгу, вполне вероятно, что вы хотя бы в некоторой степени и слушаете, читаете и изучаете Божье Слово теми способами, которые мы описывал в предыдущей главе. Однако, несмотря на это, вероятно, вы замечаете, что эти Упражнения не приносят много плода в вашей жизни. Ваше состояние не соответствует вашим ожиданиям, и это может навести вас на мысль о том, что проблема в вас самих и что вы, возможно, второсортный христианин.

На самом деле, проблема может быть вовсе не в вас. Проблема может быть просто в вашем методе. К примеру, я знаю многих людей, которые читают Библию каждый день. Они могут даже прочитывать по несколько глав из Божьего Слова каждое утро. Но они вынуждены признать, что чаще всего, как только они закрывают Библию, они не могут вспомнить ничего из прочитанного.

«У меня просто плохая память», — с грустью вздыхают они. А кто-то начинает думать, что не может вспомнить прочитанное, потому что у него не хватает умственных способностей или недостаточно образования, или он просто слишком стар. Знаете, среди моих студентов в семинарии встречались двадцатидвухлетние гении, у которых была такая же проблема. Поэтому осмелюсь заявить, что в большинстве случаев причина, по которой люди не запоминают того, что они читают в Библии, кроется не в возрасте, не в умственных способностях и не в уровне образования, а методе изучения Библии.

Более того, разве кто-нибудь станет утверждать, что обычные люди со средними умственными способностями или средним уровнем образования не могут извлекать достаточно пользы из изучения Библии? Конечно же, нет, тем более что наши житейские наблюдения подтверждают то, что сказал апостол Павел о коринфских христианах и обо всех христианах повсюду: «Посмотрите, братия, кто вы, призванные: не много из вас мудрых по плоти, не много сильных, не много благородных» (1 Кор. 1:26). Иначе говоря, если большинство призванных Богом не являются «мудрыми по плоти», значит ли это, что большинство христиан не может извлекать много пользы из Писания для себя лично? Нет, потому что, несомненно, Бог желает, чтобы все Его дети возрастали в благодати и в познании Его Самого через Его Слово.

В чем же проблема? Почему слова Писания иногда проходят через наши уши или глаза, но чаще всего так быстро вылетают из нашего ума, хотя мы всем сердцем стремимся изучать Библию? Проблема в том, что одного только слушания и чтения Библии обычно недостаточно для того, чтобы запомнить то, что мы усвоили. Это бесценные и незаменимые Упражнения, но их недостаточно, если мы выполняем их в отрыве от других Упражнений, связанных с изучением Слова. Слушание и чтение сеют семя Писания в почву нашей души, а другие Упражнения представляют собой влагу и солнечный свет, через которые Бог взращивает плод христоподобия в нашей жизни. Как мы убедились ранее, изучение Библии — это один из способов полить и согреть семя, посеянное в результате слушания или чтения. В этой главе мы рассматриваем еще три важных Упражнения для насыщения Божьим Словом, которые при правильном применении способствуют более глубокому познанию Бога и еще большему уподоблению Христу.

ПОЛЬЗА И МЕТОДЫ ЗАУЧИВАНИЯ БОЖЬЕГО СЛОВА

Для многих христиан такое Духовное Упражнение, как заучивание Божьего Слова, равносильно современному мученичеству. Попросите их заучить стихи Библии, и они отреагируют на это так, будто вы просите их добровольно предать себя на съедение львам при императоре Нерона. Почему же так происходит? Возможно, потому, что заучивание любого текста ассоциируется у них с тем, как они заучивали наизусть стихи в школе. Это было трудно и по большей части неинтересно, и в этом было мало ценности. Мы также часто слышим, как кто-то говорит, что у него плохая память. Но если бы я предложил вам тысячу долларов за каждый стих, который вы выучите в течение следующей недели? Разве бы это не повлияло на ваше отношение к заучиванию Писания, а также на вашу способность это делать? Но никакое финансовое вознаграждение не сравнимо с ценностью сокровища Божьего Слова, которое вы накапливаете в своем уме.

Заучивание Библии укрепляет нас духовно

Когда вы сохраняете в своем уме слова Писания, Святой Дух может напомнить вам место Писания, которое вам больше всего нужно в данный момент. Именно поэтому автор Псалма 118 написал: «В сердце моем сокрыл я слово Твое, чтобы не грешить пред Тобою» (ст. 11). К примеру, вы смотрите что-то или думаете о чем-то, зная, что вы не должны этого делать. Но когда в нужный момент вы вспоминаете конкретный стих, например, Послание к Колоссянам 3:2: «О горнем помышляйте, а не о земном», у вас появляется еще больше сил, чтобы преодолеть искушение.

Когда Святой Дух напоминает вам конкретные стихи из Библии, это иллюстрация духовного принципа, который заключен в Послании к Ефесянам 6:17, где говорится о духовном мече — Божьем Слове. Подходящая истина из Писания, которую вы вспоминаете в нужный момент с помощью Святого Духа, может стать оружием, которое даст вам победу в духовной битве.

Нет лучшего примера, который демонстрирует эту истину, чем история о том, как Иисус Христос противостоял дьяволу в безжизненной иудейской пустыне (Мф. 4:1–11). Каждый раз, когда Враг искушал Иисуса, Он отражал нападки дьявола духовным мечом. Конкретные места Писания, которые Святой Дух приводил Иисусу на ум, помогли Ему одержать победу. Один из способов, при помощи которых мы можем одержать духовную победу, как Иисус, — это заучивание Писание для того, чтобы мы сохраняли его в памяти и чтобы Святой Дух напоминал его нам в нужное время.

Заучивание укрепляет вашу веру

Какой христианин не желает, чтобы его вера укреплялась? Один из шагов, которые вы можете предпринять для того, чтобы укрепить свою веру, — это упражняться в заучивании Писания. Давайте подробно рассмотрим Притчи 22:17–20, где говорится: «Приклони ухо твое, и слушай слова мудрых, и сердце твое обрати к моему знанию; потому что утешительно будет, если ты будешь хранить их в сердце твоем, и они будут также в устах твоих. Чтобы упование твое было на Господа, я учу тебя и сегодня, и ты помни. Не писал ли я тебе трижды в советах и наставлении». Выражения «приклони ухо твое, и слушай слова мудрых» и «сердце твое обрати к моему знанию», определенно относятся к заучиванию Писания.

Обратите внимание на то, по какой причине вы должны сохранять в своей памяти мудрые слова Писания, которые также должны быть в ваших устах. Вы должны делать это для того, чтобы «упование» ваше «было на Господа». Заучивание Писания укрепляет вашу веру, потому что мы напоминаем себе библейскую истину, частот тот момент, в который нам нужно ее услышать.

Церковь, в которой я служил пастором, хотела построить новый зал для богослужений. Мы думали, что в нашей ситуации мы больше всего прославим Бога, если построим новое здание, не влезая в долги. Были моменты, когда моя вера в то, что Бог усмотрит средства для строительства, начинала ослабевать. И чаще всего моя вера обновлялась, когда я вспоминал о Божьем обетовании, записанном в 1 Царств 2:30: «Я прославлю прославляющих Меня». Заучивание Писания — это стальной стержень, укрепляющий мою ослабевающую веру.

*Заучивание Писания подготавливает нас
к свидетельству и душепопечению*

В день Пятидесятницы (день, в который евреи отмечали ветхозаветный праздник, когда Святой Дух впервые сошел на христиан) апостол Петр почувствовал внезапное побуждение от Бога встать и проповедовать народу о Христе. Его проповедь состояла преимущественно из цитат из Ветхого Завета (см. Деян. 2:14–40). Конечно, уникальное служение Петра под особым водительством Духа и наши разговоры с людьми по побуждению Духа — это две разные вещи, но этот пример показывает, как заучивание Писания может подготовить нас к тому, чтобы воспользоваться неожиданными возможностями для свидетельства или душепопечения.

Недавно, когда я свидетельствовал о Христе одному человеку, он сказал мне слова, которые напомнили мне один стих из Писания. Я процитировал ему этот стих, и это стало поворотным моментом в нашем разговоре, в результате которого он уверовал во Христа. Я часто сталкиваюсь с подобными ситуациями, когда провожу душепопечительские беседы. Но если вы не сокрыли стихи из Писания в своем сердце, их не будет у вас на устах.

Инструменты Божьего водительства

Псалмопевец сказал: «Откровения Твои — утешение мое, советники мои» (Пс. 118:24). Святой Дух приводит нам на ум духовные истины, извлекая их из нашего «банка памяти», когда мы занимаемся душепопечением. Но точно так же Он напоминает их нам в те моменты, когда мы нуждаемся в Божьем водительстве.

Часто, когда я думаю о том, стоит ли мне говорить в данной ситуации все, что я думаю, Господь напоминает мне Послание к Ефесянам 4:29: «Никакое гнилое слово да не исходит из уст ваших, а только доброе для назидания в вере, дабы оно доставляло благодать слушающим». Я уверен, что иногда я неверно понимаю побуждение Святого Духа, но Его водительство становится предельно ясным, когда Он напоминает мне подобные стихи Писания! Однако это происходит только тогда, когда мы регулярно упражняемся в заучивании Писания.

Заучивание побуждает нас к размышлению

К сожалению, мы часто забываем о том, что заучивание Писания дает нам пищу для размышлений над Словом. Когда вы заучиваете стих из Писания, вы можете размышлять над ним где угодно, в любое время дня и ночи. Если вы любите Божье Слово настолько, что готовы заучивать его наизусть, вы можете воскликнуть вместе с псалмопевцем: «Как люблю я закон Твой! весь день размышляю о нем»

(Пс. 118:97). Когда вы стоите в очереди, гуляете, ведете машину, путешествуете на поезде, ожидаете своего рейса, убираете в доме, стрижете траву во дворе, качаете ребенка или едите, вы можете проводить это время с пользой и упражняться в размышлении над Словом, если вы сохраняете его в своей памяти.

Божье Слово — это «меч духовный», но, если у вас нет под рукой Библии, вам следует иметь в арсенале своего ума заученное Божье Слово, которым Дух Святой будет сражаться за вас. Представьте, что вы нуждаетесь в водительстве, чтобы принять важное решение, или сталкиваетесь с серьезным искушением, которое вам нужно превозмочь. Святой Дух ищет в арсенале вашего ума подходящее оружие, но все, что Он там находит, — это лишь Евангелие от Иоанна 3:16, Бытие 1:1 и Великое Поручение. Это прекрасные духовные мечи, но они подходят не для всякой битвы. Как же нам пополнять свой личный духовный арсенал мечей, которыми может пользоваться Святой Дух?

Вы способны заучивать Писание

Большинство людей думает, что у них плохая память, но это не так. Как мы уже убедились, если нам трудно запоминать текст, наша главная проблема — это недостаточная мотивация. Если вы помните дату своего рождения, свой номер телефона, свой адрес и имена своих друзей, у вас хорошо работает память, вы способны заучивать Писание. Вопрос в том, желаете ли вы упражняться в этом.

После того, как в 1926 году основатель служения «Навигаторы» Доусон Тротман уверовал во Христа, он начал заучивать каждый день по одному стиху из Библии. В то время он работал водителем грузовика на лесозаготовительной базе в Лос-Анджелесе. Каждый раз, когда он ездил по городу, он разучивал библейские стихи. За первые три года своей христианской жизни Тротман выучил первую тысячу стихов. Если он смог заучивать более 300 стихов в год, тем более мы сможем разучить хотя бы парочку стихов.

Составьте план

На сегодняшний день существует много хороших пособий для заучивания отрывков Писания как в печатном, так и в электронном виде. Однако, возможно, вы предпочтете сами выбрать стихи, посвященные конкретной истине, которой Господь вас учит в данный момент. Если у вас слабая вера, заучивайте стихи о вере. Если вы боретесь с плохой привычкой, найдите стихи, которые помогут вам одержать победу над ней. Один человек сказал Доусону Тротману, что ему страшно следовать его примеру, потому что он боится возгордиться. Тротман ответил: «Тогда пусть ваши первые десять стихов будут о смирении!» Вы также можете заучить целый раздел Писания, а не отдельные стихи, например, один из псалмов.

Если вы используете электронные пособия по заучиванию Писания, чаще всего они содержат подробные указания о том, как их применять. Но если вы не знаете, как применять такие пособия, или нуждаетесь в дополнительной помощи, вам могут помочь следующие советы.

Выписывайте стихи из Библии

Выпишите все стихи, которые вы собираетесь выучить, в отдельный электронный документ или на лист бумаги, оставляя немного места между стихами. Вы также можете записать каждый стих на отдельную карточку.

Рисуйте схематические изображения

Здесь не нужно придумывать ничего сложного — вы можете просто нарисовать пару линий или простых схем напротив каждого стиха. Если вы делаете это на компьютере, то вы можете вставить в текст готовое изображение или графический объект. Это поможет вам наглядно проиллюстрировать стих, ведь недаром говорят, что лучше один раз увидеть, чем сто раз услышать. Один простой рисунок может напомнить вам целое предложение, особенно если он изображает действие, которое описывается в этом стихе. Например, напротив стиха из Псалма 118:11 вы можете просто нарисовать сердце с Библией внутри, что будет напоминать вам о сохранении Божьего Слова в сердце. Напротив Послания к Ефесянам 6:17 вы можете нарисовать меч, и это подскажет вам, о чем этот стих. Данный метод будет особенно полезен вам в том случае, если вы пытаетесь заучить несколько стихов подряд в одном разделе Библии.

Я понимаю, что, наверное, вы рисуете ненамного лучше меня, но необязательно показывать эти рисунки другим людям. Этот прием может значительно облегчить заучивание Писания.

Заучивайте стихи дословно

Часто у нас возникает большое искушение отступить от этого стандарта, особенно когда мы разучиваем стих впервые. Не думайте, что достаточно просто выучить стих приблизительно или знать его «суть». Заучите его слово в слово.

Запомните также и ссылку. Если у вас нет объективного стандарта, к которому вы стремитесь, ваша цель неясна, и вы можете продолжать понижать свой стандарт до тех пор, пока совсем не перестанете заучивать Библию. Более того, если вы не знаете стих дословно, вы не будете знать, как его применять в разговоре или в благовестии. Итак, несмотря на то, что сначала трудно запоминать «каждую йоту» и «каждую черту» стиха, со временем это станет легче и окажется более продуктивным. Между прочим, стихи, заученные дословно, легче повторять, чем те, которые вы заучили не так точно.

Стремитесь к подотчетности

Из-за нашей склонности к лени большинство из нас нуждается в подотчетности в отношении заучивания Писания в большей степени, чем в отношении других Упражнений. И чем больше мы заняты, тем больше мы склонны оправдывать себя, когда мы не выполняем свои обязательства. Некоторые люди, как Доусон Тротман, сами устанавливают для себя стандарт подотчетности в этом Упражнении и всегда придерживаются его. Однако большинство христиан проявляют большее постоянство в этом деле, если они регулярно обсуждают заученные стихи с другими людьми или рассказывают их кому-то, причем необязательно верующим.

Повторяйте стихи и размышляйте над ними каждый день

В заучивании Писания нет принципа важнее, чем повторение. Если вы не повторяете выученные стихи, в конце концов вы забудете большую часть из них. Но если вы хорошо выучили стих, вы можете повторить его про себя гораздо быстрее, чем проговорить его вслух. А если вы знаете стих очень хорошо, вам достаточно повторять его всего лишь раз в неделю, в месяц или даже раз в полгода, чтобы не забывать его. Поэтому не стоит удивляться, что на этом этапе 80 процентов времени, которое мы будем уделять заучиванию Писания, мы будем тратить на повторение. Не огорчайтесь, что вы посвящаете столько времени шлифовке ваших мечей. Наоборот, радуйтесь, что у вас их так много!

Если вы будете регулярно повторять заученные библейские отрывки каждый день или несколько раз в день, это поможет вам выработать стойкую привычку, благодаря которой вы углубите свое понимание Писания. Возможно, вы посчитаете нужным уделять несколько минут в день повторению заученных библейских отрывков во время вашего общения с Богом. Или, может, у вас будет возможность повторять заученные стихи, пока вы чистите зубы, занимаетесь спортом или едете на работу. Прекрасное время для повторения стихов, которые вы знаете лучше всего, — это время перед отходом ко сну. Поскольку вам не нужно смотреть в текст, вы можете повторять эти стихи и размышлять над ними, пока засыпаете или даже когда у вас бессонница. Если вдруг вы заснете, в этом нет ничего страшного: вы же все равно должны спать в это время. Но если вам не спится, вы можете наполнять свой разум этой весьма полезной и умиротворяющей информацией и проводить время с пользой.

В заключение этого раздела, посвященного заучиванию Писания, хотелось бы напомнить, что заучивание библейских стихов — это не самоцель. Цель не в том, чтобы проверить, сколько стихов вы можете заучить. Наша цель — это благочестие. Цель в том, чтобы заучивать Божье Слово, чтобы оно преображало наш разум и жизнь.

Джерри Бриджес сказал по этому поводу:

> *Я прекрасно сознаю, что в нашу эпоху… заучивание библейских стихов вытеснено на обочину жизни <…> Но позвольте мне со всем смирением и при этом — твердостью заявить: мы не можем эффективно стремиться к святости без Слова Божьего, сохраненного в нашем разуме, где оно может быть использовано Святым Духом для нашего преображения <…> Я знаю, что это требует усилий и иногда приносит разочарование, когда тебе, несмотря на все усилия, не удается в точности запомнить какой-то стих. Впрочем, истина заключается в том, что все виды дисциплины требуют усилий и часто приносят разочарование. Тем не менее тот, кто проявляет настойчивость в какой-либо дисциплине, несмотря на все трудности и моменты разочарований, пожинает награду, к которой эта дисциплина призвана привести [21].*

ПОЛЬЗА И МЕТОДЫ РАЗМЫШЛЕНИЯ НАД БОЖЬИМ СЛОВОМ

К сожалению, в современном обществе глубокое погружение в мысли, или медитация, ассоциируется в основном с нехристианскими религиями, а не с библейским христианством. Даже верующие связывают это Духовное Упражнение с йогой, трансцендентальной медитацией, техникой

---

21   Джерри Бриджес. Дисциплина благодати: Божья и наша роль в стремлении к святости. Киев: «Нард», 2010. С. 228–229.

71

релаксации или движением «Нью-эйдж». Поскольку медитация является важным элементом многих псевдодуховных течений и движений, некоторые христиане относятся с недоверием к размышлению над Писанием и опасаются тех, кто упражняет себя в нем. Но мы должны помнить, что размышлять над Словом нам повелел Сам Бог, и мы видим, что это делали благочестивые люди в Писании. Даже если представители какой-либо религиозной секты начнут использовать крест в качестве своего символа, это не значит, что Церковь должна отказаться от него. Подобным образом, мы не должны отказываться от размышления над Писанием или опасаться его только потому, что люди в этом мире занимаются чем-то подобным под названием «медитация».

Размышление, к которому нас призывает Библия, в корне отличается от других нехристианской практики медитации. По мнению некоторых, главной целью медитации должно быть освобождение своего разума, но христиане в процессе размышления над Библией наполняют свой разум Богом и Его истиной. Для некоторых медитация является попыткой привести ум в совершенно пассивное состояние, но библейское размышление требует конструктивной умственной деятельности. В этом мире принято глубоко погружаться в мысли с помощью приемов визуализации, чтобы «создать альтернативную действительность». Следует отметить, что в истории христианства есть немало примеров того, как верующие применяли данное Богом воображение в благочестивых целях в процессе размышления над Словом. Однако наше воображение служит нам помощником в том, чтобы помышлять о том, что истинно (Флп. 4:8). К тому же, если мы хотим добиться перемен, мы не «создаем альтернативную действительность» посредством визуализации, а подкрепляем свое размышление молитвой Богу и разумными действиями, которые мы совершаем под водительством Духа.

Итак, мы рассмотрели главные отличительные особенности библейского размышления, а теперь давайте дадим определение этому понятию. Размышление можно определить как глубокое осмысление истин и духовной реальности Писания, а также библейского взгляда на жизнь с целью понять их, применять их на практике и молиться о них. Осмысление — это следующий шаг после слушания, чтения, изучения и даже заучивания Писания, благодаря чему мы насыщаемся Божьим Словом. Можно продемонстрировать это на примере чашки чая. Представьте, что ваш разум — это чашка горячей воды, а Божье Слово, которым вы насыщаете свой разум, — это пакетик чая. Когда вы слышите Божье Слово, вы словно один раз опускаете пакетик чая в чашку. В воде появляется вкус чая, но он не такой насыщенный, как если бы вы подержали пакетик в воде некоторое время. Когда вы читаете, изучаете и заучиваете наизусть Божье Слово, вы чаще и чаще опускаете пакетик чая в чашку. Чем чаще чай попадает в воду, тем более стойкий эффект это создает. А если мы размышляем над Божьим Словом, мы полностью погружаем пакетик в воду и оставляем его настаиваться до тех пор, пока вкус чая полностью не раскроется в воде и она не станет красновато-коричневой. Размышление над Писанием позволяет словам Писания «настаиваться» в нашем разуме. Таким образом, можно сказать, что, как чай окрашивает воду, так и размышление «окрашивает» наше мышление. Когда мы размышляем над Писанием, наше размышление окрашивает наши мысли о Боге, о Божьих путях и Его мире, а также о нас самих. Подобно тому, как пакетик чая придает вкус воде, размышление помогает нам постоянно «вкушать» ту действительность, о которой говорится в тексте, то есть лично переживать ее. Текст на странице становится реальностью, которую мы переживаем в нашем сердце, уме и жизни. В результате чтения Библии верующий узнает, к примеру, о Божьей любви. Но в ходе размышления над прочитанным он с большей вероятностью может убедиться в этом лично и почувствует, что Бог его любит в библейском смысле слова.

Книга Иисуса Навина 1:8 и обетование об успехе

Один из текстов Писания, который показывает, что размышление над Божьим Словом приводит к успеху, записан в Книге Иисуса Навина 1:8. Когда Господь призвал Иисуса Навина занять место Моисея и стать вождем Божьего народа, Он сказал ему: «Да не отходит сия книга закона от уст твоих; но поучайся в ней день и ночь, дабы в точности исполнять все, что в ней написано: тогда ты будешь успешен в путях твоих и будешь поступать благоразумно».

Мы должны помнить, что успех и благоразумие, о которых здесь говорит Господь, — это успех в Его глазах, но необязательно в глазах мира. Мы знаем, что, с точки зрения Нового Завета, главным исполнением этого обетования является вечное богатство и успех, сосредоточенный на Христе, — благополучие души и духовный успех (хотя в некотором смысле мы будем иметь успех и в наших человеческих делах, если мы живем по Божьей мудрости). Однако, несмотря на эту оговорку, давайте помнить о том, что между размышлением над Божьим Словом и истинным успехом существует связь.

Истинный успех Бог обещает дать тем, кто сосредотачивает свое внимание на Его Слове, глубоко размышляет над Писанием не только раз в день, а даже несколько раз в течение дня и ночи. Они так много размышляют над Писанием, что оно начинает пронизывать их разговор. Плодом их размышления является действие. Они исполняют то, что написано в Божьем Слове, и в ответ на это Бог благословляет их путь и дарует им успех. На самом деле, стремление «в точности исполнять все, что … написано» в Библии, — это одно из многих библейских выражений, которые описывают то, что в Новом Завете называется стремлением к уподоблению Христу. А Богу угодно благословлять тех, кто стремится уподобиться Его Сыну. От вечности Бог предопределил, чтобы все, кто во Христе, уподоблялись Христу (см. Рим. 8:29). И всю грядущую вечность все, кто во Христе (см. Рим. 8:30), будут пребывать во славе, то есть будут «подобны Ему» (1 Ин. 3:2). Они станут безгрешными, совершенными людьми, которые вечно будут отображать Божью славу. Итак, чем больше мы послушны Божьему Слову во время нашего земного странствования, то есть чем больше мы становимся похожими на Христа, тем больше мы исполняем предвечный замысел Бога сделать нас подобными Его Сыну. Вот почему Богу угодно благословлять послушание. Подобно тому, как размышление приводит к послушанию, послушание приводит к Божьему благословению. В Библии не сказано, какое именно это благословение — материальное или духовное, а также какую долю этого благословения мы получаем в этом мире и в мире грядущем, но мы знаем, что Бог действительно благословляет послушание.

Как же мы можем изменяться и испытывать Божье благословение, упражняясь в размышлении над Словом? В Псалме

38, стих 4, Давид сказал: «В мыслях моих разгорелся огонь». Еврейское слово, которое переводится здесь как «мысли», имеет тот же корень, что и слово «поучаться» из Книги Иисуса Навина 1:8. Когда мы читаем, слышим или заучиваем Божье Слово, подобное огню (Иер. 23:29), если мы присовокупляем к этому размышление над ним, оно становится подобным кузнечным мехам, которые раздувают этот огонь. Он начинает гореть для нас еще ярче во время размышления над Словом. А чем ярче пылает огонь, тем больше он дает света и тепла. Аналогичным образом, когда мы раздуваем огонь Божьего Слова мехами размышления, мы получаем больше света (знания и понимания) и тепла (больше желаем проявлять свое послушание Богу в действии). «Тогда, — говорит Господь, — ты будешь успешен в путях твоих и будешь поступать благоразумно».

Размышление над Божьим Словом можно сравнить не только с раздуванием огня кузнечными мехами, но и с привычкой оставаться у огня. Представьте, что вы были на улице в морозный день, а затем зашли в комнату, где в камине, потрескивая, горит сильный огонь. Пока вы идете к нему, вам очень холодно. Вы протягиваете руки к огню и быстро трете руку об руку пару секунд, пока вы проходите мимо жара и тепла. Когда вы переходите в другой конец комнаты, вы понимаете, что вам все еще холодно. Что с вами не так? Может, вас просто не греет огонь в камине? Нет, проблема не в вас, а в вашем методе. Вы не остались у огня. Если вы хотите согреться, вы должны задержаться у огня, пока он не согреет вашу кожу, затем мышцы, затем кости. И тогда вы, наконец, полностью согреетесь.

Многие не могут вспомнить, что они изучали, или не могут согреть свое сердце огнем Божьего Слова потому, что у них нет привычки задерживаться у Слова. За две секунды они пробегают глазами первый стих главы, которую они читают в тот день. Затем еще за две секунды они пробегают глазами второй стих. А затем еще за две секунды прочитывают третий, и таким образом они прочитывают всю главу. Неважно, сколько стихов вы прочитали в тот день, если вы потратили на чтение каждого из них по две секунды. Вы вряд ли поймете или запомните то, что вы просмотрели за две секунды. Поэтому проблема, скорее всего, не в вашей памяти или холодности вашего сердца, а в вашем методе. Так почему же вы не помните, о чем вы читали в Библии? Может быть, вы просто не даете себе задерживаться на прочитанном? И почему после насыщения Божьим Словом мы часто остаемся такими холодными и не имеем большого успеха в нашей духовной жизни? У пуританского пастора Томаса Ватсона есть ответ: «Мы остаемся такими холодными после чтения Слова потому, что не греемся у огня размышления»[22].

Псалом 1:1–3 — обетования

В Псалме 1:1–3 Бог дает такие же щедрые обетования тем, кто размышляет над Словом, как и в Книге Иисуса Навина 1:8:

> *Псалом Давида.*
> *Блажен муж, который не ходит на совет нечестивых*
> *и не стоит на пути грешных, и не сидит в собрании развратителей;*
> *Но в законе Господа воля его,*

---

22 Thomas Watson, "How We May Read the Scriptures with Most Spiritual Profit," in *Puritan Sermons* (1674; reprint, Wheaton, IL: Richard Owen Roberts, 1981), vol. 2, 62.

и о законе Его размышляет он день и ночь!

И будет он как дерево, посаженное при потоках вод,

которое приносит плод свой во время свое,

и лист которого не вянет; и во всем, что он ни делает, успеет.

Мы думаем о том, что доставляет нам радость. Мужчина и женщина, между которыми возникли романтические чувства, с восхищением думают друг о друге все время. Когда мы восхищаемся Божьим Словом (потому что это Божье откровение), мы думаем о нем, то есть размышляем над ним, все время, день и ночь. В Псалме 1 говорится, что результатом такого размышления является стабильность, плодоносность, стойкость и успешность. Один автор четко выразил эту мысль: «Больше всего успеха у тех, кто больше всего размышляет»[23].

Древо вашей духовной жизни лучше всего растет тогда, когда мы удобряем его размышлением, потому что оно помогает впитывать влагу Божьего Слова (Еф. 5:26). Простое слушание или чтение Библии подобно короткому ливню, который проходит над сухой землей. Несмотря на то, что ливень сильный, большая часть воды просто утекает и только малая часть впитывается в почву. Размышление взрыхляет почву нашей души и позволяет воде Божьего Слова просачиваться глубоко внутрь. Результатом этого является необычайная плодоносность и духовный успех.

Еще раз задумайтесь. Многие из тех, кто читает эту книгу, — это люди, которые часто слушают Библию на воскресном богослужении в церкви и, возможно, на разборе

---

[23] Высказывание Томаса Брукса, которое приводится в журнале *The Banner of Truth*, выпуск за февраль 1989 г., 26.

Библии посреди недели. Кроме того, вероятно, вы часто слушаете записи христианских проповедей и христианскую музыку. Возможно, вы читаете Писание почти каждый день, а также другие христианские книги, подобные этой. В результате каждую неделю вы сталкиваетесь с огромным потоком Божьей истины (не говоря уже о море другой информации, которая проходит через ваши глаза и уши). Но если вы не впитаете немного воды из Божьего Слова, которое вы изучаете, оно не окажет на вас особого воздействия. Слушание и чтение Библии — это знакомство с Писанием. Эти Упражнения необходимы, но это только начало. После знакомства с Писанием нам необходимо «впитать» его. В результате размышления мы впитываем в себя Писание. А когда мы впитываем в себя Писание, это приводит к общению с Богом и преображению жизни, которых мы жаждем, когда обращаемся к Библии. Да, нам следует слушать и читать Библию — часто и много, но если мы не подкрепляем это размышлением, с нами может произойти то, о чем предупреждал великий молитвенник и муж веры Джордж Мюллер: если мы «просто читаем Божье Слово», мы получим информацию, которая «только проходит сквозь наш разум, как вода течет по трубе» [24].

Автор Псалма 118 был уверен, что он мудрее всех своих врагов (ст. 98). Более того, он сказал: «Я стал разумнее всех учителей моих» (ст. 99). Почему псалмопевец так сказал? Потому что он слушал, изучал, читал или заучивал Божье Слово больше, чем все его враги и учителя? Вряд ли. Псалмопевец был мудрее остальных не потому, что он получил

---

[24] Roger Steer, ed., *Spiritual Secrets of George Müller* (Wheaton, IL: Harold Shaw Publishers; and Robesonia, PA: OMF Books, 1985), 62–63.

больше информации, а потому, что он вынес больше уроков из Писания. Но как же он приобрел больше мудрости и разумения, чем другие? Вот как он сам объясняет это в словах своей молитвы:

> *Заповедью Твоею Ты соделал меня*
> *мудрее врагов моих;*
> *ибо она всегда со мною.*
> *Я стал разумнее всех учителей моих;*
> *ибо размышляю об откровениях Твоих*
> *(Псалом 118:98–99).*

Я считаю, что размышление над Писанием даже более актуально для современных христиан, которые стремятся приносить вечный плод и иметь духовный успех, чем для древнего Израиля. Даже если бы мы так же активно изучали Божье Слово, как верующие во времена псалмопевца, наш разум все равно был бы переполнен, потому что, помимо библейских знаний, на нас обрушивается огромный поток другой информации, о которой бы автор Псалма 118 не мог даже подумать. А если учесть, что у современных людей есть много разных других дел, то мы увидим, что все это рассредоточивает и отвлекает наше внимание, мешая нам впитывать в себя Писание. В эпоху обилия информации каждые несколько минут мы получаем больше сведений, чем Джонатан Эдвардс в XVIII веке мог бы узнать за всю свою жизнь. Конечно, необходимо учитывать, что у него было много важных дел, отнимающих время (например, уход за лошадью), которые не приходится выполнять большинству современных людей. Но, с другой стороны, ему ни разув жизни не доводилось отвечать на телефонные звонки! Несмотря на все неудобства, с которыми ему приходилось мириться, его разум, как и разум псалмопевца, не отвлекался на постоянный поток информации и развлечений, который мгновенно обрушивается на нас со всех сторон. Именно поэтому в современном мире людям гораздо труднее сосредоточиться на чем-либо, особенно на Боге и Писании, чем когда-либо ранее.

Так что же нам делать? Мы не можем вернуться во времена Джонатана Эдвардса, если не переедем в джунгли Папуа Новой Гвинеи. Но даже если бы мы могли это сделать, мы уже слишком долго живем в информационном обществе и не сможем избежать его влияния. Тем не менее, если мы будем размышлять над Библией, мы сможем навести порядок в своих мыслях и заново научиться сосредотачиваться на важном, особенно на духовной истине. Однако для этого мы должны упражняться в размышлении.

Кстати, именно в этом и упражняли себя такие люди, как Эдвардс. В своей увлекательной биографии жены Эдвардса Сары автор Элизабет Доддс пишет, что Эдвардс был очень посвящен размышлению над Писанием:

> *В молодости Эдвардс размышлял над тем, как с пользой проводить время, которое он тратил на долгие поездки. После переезда в Нортгемптон у него появилась идея: он стал прикалывать к своему пальто маленькие кусочки бумаги с номерами. Каждый из этих номеров обозначал определенную тему, над которой размышлял Эдвардс. После трехдневного путешествия из Бостона он был весь обвешан бумажками. Затем он по порядку снимал эти кусочки бумаги и записывал*

в тетрадь все мысли, о которых напоминал ему каждый из них [25].

Нам вовсе не нужно ходить обвешанными бумажками, как дикобраз, но мы можем преображаться обновлением своего ума (Рим. 12:2), постоянно упражняясь в размышлении над Писанием. Возможно, мы не принесем так много плода и не будем иметь такого успеха в духовной жизни, как Джонатан Эдвардс, но мы сможем быть мудрее наших врагов и разумнее наших учителей, получить все обетования из Книги Иисуса Навина 1:8 и первого Псалма, а также стать более благочестивыми, если мы будем размышлять над Писанием в библейском смысле этого слова.

Послание Иакова 1:25 — обетования Нового Завета

Тем, кто размышляет над Божьим Словом Бог дает удивительные обетования не только в Ветхом, но и в Новом Завете. К примеру, Бог обещает: «Но кто вникнет в закон совершенный, закон свободы, и пребудет в нем, тот, будучи не слушателем забывчивым, но исполнителем дела, блажен будет в своем действовании» (Ик. 1:25). Прежде всего, следует отметить, что это обетование касается не тех, кто лишь изредка обращается к «совершенному закону» Бога, а тех, кто «вникает» в него. Это и есть размышление.

Заметьте: тем, кто размышляет о Божьем законе, противопоставляются «забывчивые слушатели». «Забывчивые слушатели» Божьего Слова и его забывчивые читатели мало чем отличаются друг от друга. К сожалению, многие читатели

---

[25] Elisabeth D. Dodds, *Marriage to a Difficult Man: The "Uncommon Union" of Jonathan and Sarah Edwards* (Philadelphia, PA: Westminster, 1971), 67–68.

Библии вынуждены признать, что они стали таковыми. Итак, почему же, согласно этому стиху, мы забываем те отрывки Библии, которые мы читаем? Может, у нас просто плохая память? Нет, у нас просто нет привычки размышлять над прочитанным.

Далее в Послании Иакова 1:25 мы читаем, что, если мы вникаем в Писание, мы становимся «исполнителями дела». А в этом, как мы помним, и есть наша цель. Послушание Богу, то есть уподобление Христу, — это цель, а размышление — это только одно из средств ее достижения. Другими словами, наша главная цель не в том, чтобы стать более искусными или дисциплинированными в размышлении над Словом. Наша цель — благочестие.

И тогда «исполнитель дела», который уподобляется Христу, полностью послушному «совершенному закону» Бога, «блажен будет в своем действовании». Где-то мы уже это слышали. Эти слова похожи на обетование из Псалма 1:3, которое относится к тем, кто размышляет над Божьим Словом: «Во всем, что он ни делает, успеет». Мы убедились в том, что размышление приводит к послушанию, а послушание приводит к Божьему благословению. Хотите, чтобы в вашей жизни было Божье благословение? Конечно, да. Согласно отрывкам, которые мы рассмотрели, Божье благословение связано с нашим послушанием Богу. Своим послушанием мы не зарабатываем Божье благословение — Бог всегда дает нам Свои благословения по благодати. Более того, иногда Он благословляет нас даже вопреки нашему непослушанию. Но мы знаем, что не можем рассчитывать на Божье благословение без послушания. Итак, вопрос в том, как нам стать более послушными завтра, чем сегодня? Просто читать

Библию? Что ж, как мы увидели, можно читать Библию каждый день, но при этом она не будет серьезно влиять на нашу жизнь. Обычно, для того чтобы стать «исполнителем дела», нам нужно не просто читать Библию, но размышлять над ней.

Как же нам размышлять над Библией по-христиански?

Выберите подходящее место Писания

Чтобы решить, над чем размышлять, легче всего выбрать стих, фразу или слово, которые больше всего заинтересовали вас в прочитанном тексте Писания. После того, как вы прочитали текст, вспомните деталь, которая привлекла ваше внимание больше всего, и поразмышляйте над ней. Конечно такой подход к тексту является субъективным, но любой подход к размышлению над Библией в той или иной мере будет субъективным. Кроме того, само размышление, по сути, является субъективным занятием. Именно поэтому чрезвычайно важно основывать свои рассуждения на Писании, которое является абсолютно объективным источником информации [26].

---

[26]   В Библии упоминаются четыре главных объекта размышления. Чаще всего в Библии говорится о том, что мы должны размышлять над самим содержанием Писания. Второй объект размышления — это Божьи дела, к которым в общем смысле можно также отнести творение и провидение. Хотя нам не обязательно держать в руках Библию для того, чтобы размышлять о Божьей славе, наблюдая закат или рассматривая такое прекрасное Божье творение, как подсолнух, мы всегда должны анализировать свое размышление над творением в свете Писания.

Мы можем в некоторой степени познавать Божье провидение через жизненные обстоятельства, но в своем ограниченном размышлении о Божьих путях мы должны руководствоваться Божьим Словом. В-третьих, в Библии часто говорится о том, что мы должны размышлять о качествах Бога. Несмотря на то, что мы можем рассматривать их через призму Божьих дел, качества Бога безошибочно явлены нам только в Писании. Я говорю это для того, чтобы показать, что Библия не ограничивает наше размышление только лишь содержанием самой Библии. Однако мы должны либо

Пожалуй, самый очевидный пример темы для размышления — это стихи, которые напрямую касаются ваших забот и личных нужд. И хотя мы не должны воспринимать Библию просто как сборник мудрых советов, перечень обетований или справочник, в котором есть ответы на все вопросы, Бог желает, чтобы мы обращали наше внимание на те аспекты Его Слова, которые имеют непосредственное

основывать все наши размышления на том, что явлено нам в Писании, либо проверять их в свете Писания. Ниже приводится список всех библейских стихов, которые напрямую указывают на объект размышлений верующего человека:

Божье Слово	Нав. 1:8, «в ней»
	Пс. 1:2, «о законе Его»
	Пс. 118:15, «о заповедях Твоих»
	Пс. 118:15, «на пути Твои»
	Пс. 118:23, «об уставах Твоих»
	Пс. 118:48, «об уставах Твоих»
	Пс. 118:78, «о повелениях Твоих»
	Пс. 118:97, «закон Твой»
	Пс. 118:99, «об откровениях Твоих»
	Пс. 118:148, «в слово Твое»
Дела Бога	Пс. 76:12, «о делах Господа»
	Пс. 76:12, «о чудесах Твоих»
	Пс. 118:27, «о чудесах Твоих»
	Пс. 142:5 «о всех делах Твоих»
	Пс. 144:5, «о дивных делах Твоих»
Качества Бога	Пс. 62:7, «о Тебе»
	Пс. 144:4, «о высокой славе величия Твоего»

отношение к нашим обстоятельствам. Если вы читаете Послание к Филиппийцам и не знаете, как упорядочить свои мысли, возможно, вам следует поразмышлять над Посланием к Филиппийцам 4:8: «Наконец, братия мои, что только истинно, что честно, что справедливо, что чисто, что любезно, что достославно, что только добродетель и похвала, о том помышляйте».

Может, вы постоянно думаете о спасении друга или члена семьи? В таком случае вам нужно прочитать главу 4 Евангелия от Иоанна и поразмышлять над тем, как Иисус беседовал с людьми в этом тексте, а затем провести параллели с вашей ситуацией. Может, вы чувствуете, что вы отдалились от Бога или что вы проходите через «пустыню» в духовной жизни? Вам следует поискать в Библии отрывки, которые описывают характер Бога, и сосредоточить свои мысли на них.

Один из самых лучших способов определить тему для размышления — это выделить главную идею в отрывке Писания, который вы читаете, и поразмышлять над ее значением и применением. К примеру, недавно я читал главу 11 Евангелия от Луки. В том переводе Библии, который я использую, эта глава разделена на десять абзацев. Я выбрал один из них, с 5-го по 13-й стих. Главной темой этого абзаца является постоянство в молитве. Я поразмышлял над этой идеей, особенно над стихами 9 и 10, где говорится, что мы должны просить, искать и стучать [27].

---

[27]   Этот подход сложно применять к некоторым разделам Писания (например, большей части Книги притчей), в которых каждый стих выражает отдельную мысль, не связанную с остальной частью раздела. Когда вы изучаете такие отрывки Писания, при выборе текста для размышления применяйте другие методы, о которых мы упоминали.

Или вы можете сузить фокус своего внимания и определить ключевой стих или стихи отрывка, который вы прочитали. Если вы выберете один из этих стихов в качестве темы для размышления, вы сможете затронуть основные идеи Писания, его главные темы. Ведь каким бы знакомым нам ни казался ключевой стих отрывка, мы никогда полностью не постигнем глубины великих истин Библии. К примеру, можно бесконечно долго размышлять о таких истинах, как личность и дело Христа, любой аспект Евангелия или качества Бога.

Итак, в нашем личном ежедневном чтении Писания мы должны следовать одному общему правилу: мы должны и читать Писание, и размышлять над ним. Прочитайте большой отрывок, например, одну главу или больше, затем еще раз просмотрите текст, который вы прочитали, и выберите определенную часть текста, над которой вы будете размышлять. Читайте большие отрывки Писание, но размышляйте над мелкими деталями.

Выберите метод размышления

Когда мы размышляем, мы не сидим, сложа руки и откинувшись на спинку стула, и не смотрим в потолок. Это мечтание, а не размышление. Мечтание — это не всегда пустая трата времени. Иногда нам нужен заслуженный отдых для ума, который не менее важен, чем расслабление тела. Наш милостивый небесный Отец не призывает нас всегда трудиться, и, как я писал в другом месте, можно мечтать, «не делать ничего — во славу Божью» [28].

Однако в ходе мечтания вы предаетесь блужданию разума, а в ходе размышления вы сосредотачиваете свои мысли.

---

[28] Дональд Уитни. Живите в простоте. Духовная практика для людей, страдающих от чрезмерных нагрузок. Киев: «Книгоноша», 2009. С. 119.

Вы концентрируетесь на выбранном стихе, фразе, слове или доктрине из Писания. Во время размышления ваш разум не пребывает в состоянии бесцельного блуждания — он устремлен в определенном направлении и постоянно находится в действии. Направление, в котором движется ваш разум, определяется выбранным методом размышления.

Ниже я привожу семнадцать методов размышления над Писанием. Я пользуюсь всеми этими методами, но никогда не зацикливаюсь лишь на одном. Почему этот список такой длинный?[29] Потому что, некоторые из этих методов подойдут вам больше, чем другие, а кому-то другому подойдут совсем другие методы. Кроме того, вы, как и я, вероятно, захотите применять различные методы в размышлении над Писанием.

Метод размышления 1: расставляйте
акценты в отрывке по-разному

Применяя этот метод, мы берем стих или фразу из Писания и поворачиваем ее, как алмаз, чтобы рассмотреть каждую грань. Мы можем размышлять над словами Христа в начале Евангелия от Иоанна 11:25 примерно так:

«**Я** семь воскресение и жизнь».

«Я **есмь** воскресение и жизнь».

«Я есмь **воскресение** и жизнь».

«Я есмь воскресение **и** жизнь».

«Я есмь воскресение и **жизнь**».

Конечно, суть не в том, чтобы просто повторять каждое слово стиха, делая на нем ударение. Цель в том, чтобы глубоко

---

[29] Я не претендую на то, что это исчерпывающий список методов размышления над Писанием.

поразмышлять о свете Божьей истины, который вспыхивает в вашем разуме каждый раз, когда вы рассматриваете новую грань стиха. Это простой, но действенный метод. Я пришел к выводу, что он особенно помогает мне, когда мне трудно сосредоточиться на изучаемом отрывке.

Метод размышления 2: перепишите стих своими словами

Отец Джонатана Эдвардса, который занимался обучением своего сына в детстве, с ранних лет учил его размышлять с ручкой в руке. Эту привычку Эдвардс сохранил на всю жизнь. Когда вы размышляете над Писанием, держа ручку в руке или пальцы на клавиатуре, это помогает вам сосредоточиться на предмете вашего изучения, но при этом стимулирует вашу мыслительную деятельность. Представьте, что, применяя этот метод, вы должны переслать выбранный стих другому человеку в сообщении. Как бы вы могли пересказать точный смысл этого стиха другими словами?

Еще один хороший способ убедиться, что вы правильно понимаете значение стиха, — это перефразировать его. Самый эффективный метод изучения библейского текста для одного моего друга — это перефразирование стихов в духе расширенного английского перевода Библии. Когда мы пытаемся подобрать синонимы к словам и перефразировать стихи, которые являются частью Божьего Слова, мы уже размышляем над текстом.

Метод размышления 3: на основании текста сформулируйте принцип: чему учит этот текст?

Этот метод подходит для размышления как над отдельными стихами, так и над целой главой, но он особенно эффективен, когдавысосредотачиваетесьнепростонаодном-двухпредложениях. Сутьэтогометодав том, чтомыкраткоизлагаем основныемыслиотрывка. Тоестьмыдолжнысформулировать тезис прочитанного вами отрывка Писания. К примеру, наоснованииЕвангелияотМатфея 6:9–13 можносформулировать следующий принцип: «Христос учит Своих последователеймолиться», а изтакогодлинногоотрывка, какЕвангелиеотЛуки 8:19–56, можносделатьследующий вывод: «Христосимеетвластьнадтворением, надбесами, над болезнью и над смертью».

Чем более запоминающимся будет принцип, который вы сформулируете, тем лучше. Именно так сделал пастор Роберт Ли в одной из самых известных американских проповедей двадцатого века. Он выразил суть ветхозаветной истории о Навуфее, Ахавеи Иезавели в незабываемой фразе: «Расплата за грех — для всех!» После того, как вы сформулировали принцип отрывка, следующий шаг — это подумать, как выразить его суть в одной короткой фразе или выражении, которые вы легко вспомните позже, когда зададите себе вопрос: «Над каким стихом я размышлял сегодня утром?»

Метод размышления 4: придумайте иллюстрацию для текста: какой образ лучше всего отражает суть стиха?

Иллюстрация — этословесноеописание, котороеуказывает напредметвашегоразмышленияилиподтверждаетваши размышления. Этоможетбытьисторияизличнойжизни, недавнееилиисторическоесобытие, цитата, аналогия, песня — все, чтопроливаетсветназначениетекста. Иначеговоря, иллюстрация — этовтораячастьпредложения, котороеначинаетсясослов «этоможносравнитьс...». В Своей проповеди Христос часто приводил иллюстрации. В Евангелии от Луки 13:18–21 мы читаем:

> Он же сказал: чему подобно Царствие Божие? и чему уподоблю его? Оно подобно зерну горчичному, которое, взяв, человек посадил в саду своем; и выросло, и стало большим деревом, и птицы небесные укрывались в ветвях его. Еще сказал: чему уподоблю Царствие Божие? Оно подобно закваске, которую женщина, взяв, положила в три меры муки, доколе не вскисло все.

Очевидно, до этого Христос как человек размышлял о природе Божьего Царства и пришел к выводу, что Божье Царство можно описать при помощи этих двух аналогий. Или, может, все было наоборот: когда Он увидел, как птицы вьют гнезда в деревьях и как в муку кладут закваску, Он задумался о том, какую библейскую истину иллюстрируют эти два явления. К иллюстрациям также прибегали и апостол Павел, например, в 1 Фессалоникийцам 5:2–3, а также Иаков, например, в Послании Иакова 1:6.

Для того, чтобы образно описать отрывок, первое, что вам нужно сделать, — это найти в Библии историю, иллюстрирующую смысл стиха, над которым вы размышляете. Или, если вы размышляете над библейской историей, найдите в Писании стих, который резюмирует суть этой истории. Если же стих, который вы изучаете, находится не в Евангелиях, подумайте, иллюстрирует ли он слова или дела Иисуса Христа.

Также можно действовать и в обратном порядке: сначала мы определяем, какую мысль иллюстрирует конкретный текст. Является ли он, к примеру, иллюстрацией какого-либо другого отрывка из Писания, слов или дел Иисуса Христа?

Метод размышления 5: определите применение текста

Результатом размышления должно быть применение. Без применения процесс размышления является незавершенным, как и жевание без глотания. Это настолько важный вопрос, что весь следующий раздел этой главы посвящен применению Божьего Слова. Задайте себе вопрос: «Как я должен отреагировать на этот стих? Каких действий ожидает от меня Бог после прочтения этого отрывка из Его Слова?» Если Библия повелевает нам «быть исполнителями слова» (Ик. 1:22), то как мне «исполнять» истину, которая записана в этом фрагменте Божьего Слова? Побуждает ли меня этот текст начать или прекратить делать что-либо, исповедать какой-либо грех, помолиться о чем-либо, поверить во что-либо или рассказать о чем-либо другим?»

Если вы скажете себе: «Я не закрою Библию, пока не узнаю хотя бы что-то, к чему Господь призывает меня в этом стихе», вы будете размышлять над текстом.

Метод размышления 6: задайте себе вопрос: как этот текст указывает на Закон или Евангелие?

В Библии можно выделить две главные темы — Божий Закон и Божье Евангелие. Закон (по сути, весь Ветхий Завет) заключается в том, что наш святой и праведный Бог требует от людей праведности, благодаря которой они смогут пребывать с Ним на небесах. А Евангелие (по сути, весь Новый Завет) — это благая весть о том, что наш любящий и милосердный Бог даровал нам через Иисуса Христа праведность, которой Он требует в Своем Законе. С помощью этого метода размышления вы пытаетесь определить, как текст, который вы изучаете, указывает на какой-либо аспект Закона, Евангелия или того и другого.

Например, когда мы изучаем Псалом 22:1: «Господь — Пастырь мой», мы можем сказать, что этот стих указывает на Евангелие, потому что Иисус Христос применял этот образ к Себе: «Я есмь пастырь добрый. Пастырь добрый полагает жизнь свою за овец» (Ин. 10:11). Но зачем нам пастырь, и почему Добрый Пастырь должен полагать Свою жизнь за овец? Потому что мы все подобны овцам, которые отвратились от Божьего Закона. Здесь Псалом 22:1 может косвенно указывать и на Закон.

Как сказано в Исаии 53:6: «Все мы блуждали, как овцы; мы обратились каждый на свою дорогу; и Господь возложил на Него грехи всех нас».

Часто не так легко проследить связь изучаемого отрывка с другими текстами или установить его связь с Законом или Евангелием, как в случае с Псалмом 22. Однако, немного попрактиковавшись, вы поймете, что вам гораздо легче прослеживать в изучаемых отрывках основные библейские темы, даже если вы изучаете очень маленький отрывок из Библии.

Метод размышления 7: задайте себе вопрос: как текст указывает на Иисуса Христа?

Этот метод похож на предыдущий, но он полностью сосредоточен на личности и деле Иисуса Христа. Мы читаем, что, когда после Своего воскресения Иисус встретил двух учеников по дороге в Эммаус, Он, «начав от Моисея, из всех пророков изъяснял им сказанное о Нем во всем Писании» (Лк. 24:27).

Этот подход к размышлению, по сути, преследует ту же цель: мы исследуем текст, чтобы определить, как он указывает на какие-либо факты о личности или деяниях Иисуса Христа. Например, вы пытаетесь понять, как прообразы или предсказания, которые вы находите в своём отрывке, исполняются или воплощаются в Иисусе Христе (как мы увидели на примере Пс. 22:1). Или, наоборот, вы показываете, что Христос являет пример, который прямо противоположен тому, что написано в вашем отрывке (если в нём говорится о грехе). Вы должны определить, указывает ли изучаемый отрывок на какой-либо аспект служения Иисуса Христа, которое Он совершил Своей жизнью или смертью или которое Он совершит во время Второго пришествия. Как заповедовал нам Сам Христос, давайте учиться размышлять о тексте христоцентрично.

Метод размышления 8: определите, на какой вопрос отвечает текст или какую проблему он решает

Применяя этот метод, вы рассматриваете изучаемый текст как ответ на какой-либо вопрос или решение какой-либо проблемы. Исходя из этой предпосылки, вы задаёте себе вопрос: «На какой вопрос отвечает текст?» или «Какую проблему он решает?» Если, к примеру, вы размышляете над стихом «Иисус прослезился» (Ин. 11:35), вы должны определить, на какой вопрос отвечает этот стих. Может, это ответ на вопрос: «Был ли Иисус полностью человеком?» Да, ведь «Иисус прослезился». Этот стих не даёт исчерпывающего ответа на ваш вопрос, но он содержит важную истину о человеческой природе Христа. Если вы размышляете о Евангелии Иоанна 3:16 и полагаете, что этот стих решает определенную проблему, то в чем заключается эта проблема? Проблему можно сформулировать так: «Каков Божий замысел в отношении того, чтобы даровать людям вечную жизнь?

Метод размышления 9: молитесь, когда читаете библейский текст

Этот метод помогает вам размышлять над Писанием в духе Псалма 118: «Открой очи мои, и увижу чудеса закона Твоего» (ст. 18). Святой Дух — это Великий Проводник к истине (Ин. 14:26). Более того, размышление — это не просто некое человеческое усилие, требующее большой сосредоточенности, или некий творческий мыслительный акт. Когда вы молитвенно изучаете библейский стих, вы подчиняете свой разум действию Святого Духа, Который разъясняет вам смысл стиха, и вы становитесь более восприимчивыми к духовной истине. Библия писалась по вдохновению Святого Духа, поэтому мы должны молиться о том, чтобы Он просвещал нас в процессе размышления над ней. Я недавно размышлял над Псалмом 118:50: «Это — утешение в бедствии моем, что слово Твое оживляет меня». Читая эти строки, я молился:

> ,, *Господи, Ты знаешь бедствия, через которые я прохожу сейчас. В Своем Слове Ты обещаешь утешить меня в моем бедствии. Твое Слово может оживить меня в бедствии. Я искренне верю, что это правда. Твое Слово оживляло меня в моих бедствиях в прошлом, и я исповедую перед Тобой веру в то, что оно оживит меня и сейчас. Я молюсь, чтобы Ты оживил меня сейчас утешением из Твоего Слова.*

Когда я молился по этому тексту, Святой Дух напомнил мне истины из Писания о верховной власти Бога над Церковью, Его провидении в отношении обстоятельств моей жизни, Его власти, Его постоянном присутствии, любви и так далее. В результате этого долгого молитвенного размышления Божье Слово оживило мою душу, и Утешитель послал мне утешение.

В размышлении участвуют обе стороны — верующий и Святой Дух. Когда вы молитесь по отрывку, который вы изучаете[30], вы просите Святого Духа прояснять для вас слова Писания Своим божественным светом и показывать вам то, что вы неспособны увидеть без Него.

Метод размышления 10: заучивайте текст наизусть

Как мы упоминали ранее в этой главе, «заучивание побуждает нас к размышлению». Проще говоря, когда вы заучиваете стих, вы размышляете о нем. Повторяя текст в памяти для того, чтобы запомнить его, мы осмысливаем его. А когда вы выучите библейский стих, вы можете размышлять над ним по дороге на работу, на прогулке, во время приготовления еды, перед сном — то есть в любое удобное время.

Из всех, кого я знаю, наибольших успехов в заучивании Писания наизусть добился Эндрю Дэвис, который писал: «В таком кропотливом деле, как размышление стих за стихом, нет более полезного упражнения, чем заучивание Писания наизусть. Заучивание текста наизусть — это не то же самое,

---

[30] Если вы хотите узнать больше о том, как молиться по библейскому отрывку, обратитесь к разделу «Отведите место для молитвы» книги: Дональд Уитни. Живите в простоте. Духовная практика для людей, страдающих от чрезмерных нагрузок. Киев: «Книгоноша», 2009. С. 66.

что размышление, но практически невозможно запомнить отрывок из Писания, не углубляясь в смысл этих стихов. Помимо этого, если мы все-таки выучили этот отрывок наизусть, мы можем размышлять над ним всю жизнь»[31].

Метод размышления 11: выразите смысл текста в художественной форме

Этот подход к тексту требует, чтобы мы придали нашим размышлениям осязаемую форму в виде наброска или какого-либо другого материального выражения ваших мыслей. По мотивам текста можно сочинить песню или стихотворение. Псалом 95:1 призывает нас: «Воспойте Господу новую песнь». Не стоит тратить слишком много времени и сил на то, чтобы сочинить такую песню. Ее даже можно распевать на одной ноте, и она может напоминать напев. Зачастую эта песня может возникнуть у вас в голове совершенно спонтанно. Джонатан Эдвардс писал, что у него была привычка: «...когда в одиночестве прогуливался по лесу и уединенным местам для размышления, разговор с самим собой и молитвы, а также для общения с Богом <...> В такие моменты я обычно проговаривал свои размышления нараспев»[32]. Вы можете поступать также. Поддавшись сиюминутному порыву во время размышления над Божьим Словом, вы можете сочинить мелодию и воспеть Господу «новую песнь» — проговорить нараспев библейский отрывок и (или) свои мысли о нем.

---

[31] Dr. Andrew Davis, *An Approach to Extended Memorization of Scripture* (Durham, NC: First Baptist Church, n.d.), 2.

[32] Jonathan Edwards, "Personal Narrative," in *Letters and Personal Writings*, vol. 16 of *The Works of Jonathan Edwards*, ed. George S. Claghorn (New Haven, CT: Yale University Press, 1998), 794. Доступно по ссылке: Edwards.yale.edu.

Метод размышления 12: задайте себе вопросы из Послания к Филиппийцам 4:8 применительно к вашему тексту

Недавно я размышлял над Посланием к Филиппийцам 4:8: «Наконец, братия, что только истинно, что честно, что справедливо, что чисто, что любезно, что достославно, что только добродетель и похвала, о том помышляйте». Мне на ум пришла мысль, что повеление размышлять обо всех этих добродетелях можно рассматривать как ориентир для нашего размышления о любом стихе Писания, да и о «жизни» вообще. На основании этого стиха (после того, как я посмотрел этот стих в нескольких переводах Библии) я сформулировал ряд вопросов для размышления:

- Что истинно, согласно этому отрывку? Какую истину он описывает?
- Что честно, согласно этому отрывку?
- Что справедливо, или правильно, согласно этому отрывку?
- Что чисто, согласно этому отрывку? Что он говорит о чистоте?
- Что любезно, согласно этому отрывку?
- Что достославно, согласно этому отрывку?
- Что является добродетелью, согласно этому отрывку (то есть, на какое высокое моральное качество он указывает)?
- Что является похвалой, согласно этому отрывку?

Итак, эти вопросы, основанные на Послании к Филиппийцам 4:8, могут стать для вас хорошим ориентиром в размышлении над библейским стихом или историей, жизненным обстоятельством, событием, случаем или встречей в вашей жизни, а также над каким-либо аспектом творения — по сути, над чем угодно.

Метод размышления 13: изучая текст,
задавайте себе вопросы Джозефа Холла

Джозеф Холл (1574–1656) был благочестивым англиканским епископом, который служил в Норвиче в Англии. Его книга «Искусство божественного размышления», изданная в 1606 году, была одной из самых популярных и влиятельных книг своего времени. В этом классическом пуританском труде Холл приводит список из десяти вопросов в помощь тем, кто размышляет над Писанием, сопровождая его наглядными примерами. Что касается меня, вопросы Холла наводят меня на размышления всякий раз, когда готовлюсь к проповеди, пишу книгу или делаю презентацию, но особенно когда размышляю над Писанием во время личного общения с Богом. Я изменил и немного расширил эти вопросы, чтобы адаптировать их для современного читателя.

1. Над чем вы размышляете (определите или опишите объект вашего размышления)?
2. Из каких разделов или частей он состоит?
3. Что является его причиной?
4. Что следует из него, то есть, к какому результату или следствию он приводит?
5. Каково его место, местоположение или применение?
6. Каковы его качества и дополнительные характеристики?
7. Что противоположно ему, противоречит ему или отличается от него?

8. С чем его можно сравнить?
9. Какие у него есть названия или имена?
10. Какие есть свидетельства об этом или примеры этого в Писания?

Первый вопрос самый трудный, но он же и самый важный, потому что от того, как мы ответим на него, зависят наши ответы на все остальные вопросы. Итак, если вы размышляете, предположим, над Посланием к Римлянам 8:28, вы можете ответить на первый вопрос примерно так: «Контроль Бога над всем на благо Своему народу». В таком случае ответом на второй вопрос о том, из каких «разделов или частей» состоит объект вашего размышления, будут слова «контроль Бога», «все», «благо» и «Его народ», поскольку это «разделы или части» того, что составляет ваш ответ на первый вопрос.

Возможно, вы захотите переписать эти вопросы и хранить их в своей Библии или скопировать их в электронный документ, который будет у вас всегда под рукой.

Если для вас десять вопросов — это слишком много для размышления над одним отрывком, тогда задавайте себе по одному или два вопроса в день. Таким образом, применяя этот метод, вы можете размышлять над одним стихом целую неделю. Много это или мало, часто в процессе размышления над текстом гораздо легче отвечать на конкретные вопросы по тексту, чем размышлять над ним без какого-либо ориентира. Поэтому вы можете сами придумать вопросы для размышления, помимо приведенных выше вопросов. Когда вы хотите спать, устали или отвлекаетесь, полезно иметь конкретный список вопросов, чтобы сосредоточить свой ум, который будет постоянно блуждать, если у вас нет определенного метода, концентрирующего ваше внимание на тексте.

Метод размышления 14: определите для себя минимальное количество выводов, которые вы должны сделать из текста, и сформулируйте их

Применяя этот метод, вы с самого начала принимаете решение размышлять над текстом до тех пор, пока не сделаете хотя бы несколько выводов. Впервые я применил этот метод к Посланию к Евреям 12:29: «Ибо наш Бог есть огонь поедающий». Я решил продолжить изучать этот стих, пока не сделаю как минимум десять выводов из него. В данном случае я решил придумать десять примеров, которые поясняют, почему Библия сравнивает Бога с огнем. Сначала мне пришло на ум довольно простое сравнение: «Бог есть свет», — так говорит Библия в 1 Иоанна 1:5, а огонь излучает свет. Затем я вспомнил о том, что Бог — верховный Судья, а в Библии огонь выступает как один из инструментов Божьего суда. Но после того, как я придумал этих четыре простых примера, мне стало труднее. Именно в этот момент я перешел от более простого этапа размышления к более сложному, который требовал от меня дополнительных усилий. Только тогда я почувствовал, что открываю для себя что-то новое. Если бы я не решил, что я должен придумать десять примеров, то я бы остановился на четырех, потому что именно в этот момент я получил интеллектуальный вызов. Но мне часто нужен такой интеллектуальный вызов, чтобы глубже погрузиться в Божье Слово.

Как минимум четыре моих друга рассказывали мне, что, когда они учились в Далласской богословской семинарии, преподаватель курса по методам изучения Библии Говард Хендрикс давал им одно легендарное задание. Он просил студентов к следующему занятию подготовить как минимум двадцать пять наблюдений по Деяниям 1:8. После того, как они делали это, к следующему занятию им нужно было подготовить еще двадцать пять наблюдений по этому стиху. В конце преподаватель попросил студентов сделать столько наблюдений, сколько они смогут, сверх первоначальных пятидесяти. Большинство студентов думало, что к тому моменту они почти исчерпали содержание Деяний 1:8, пока Хендрикс не ободрил их: «Кстати, рекорд всех времен — более шестисот наблюдений».

Конечно, не все стихи в Библии такие содержательные, как Деяния 1:8. Тем не менее этот метод основан на вере в то, что каждый текст Писания вдохновлен бесконечным разумом, поэтому в нем всегда можно увидеть больше смысла, чем вы видели до этого, независимо от того, насколько хорошо, на ваш взгляд, вы знаете этот стих. В этом тексте почти наверняка найдется что-то, чего вы раньше не замечали и не находили в нем. Это может быть новое наблюдение, вывод или применение.

Метод размышления 15: установите связь или определите связующее звено между всеми абзацами или главами, которые вы читаете

Если вы читаете одну главу, в которой, предположим, три абзаца, вы должны установить связь между этими тремя абзацами. К примеру, глава 15 Евангелия от Луки повествует о потерянной овце, потерянной драхме и блудном сыне. Все потерянное находится, и это является поводом для радости.

В главе 5 Евангелия от Марка мы читаем о том, что Христос демонстрирует Свою божественную природу, проявляя Свою власть над духовным миром, болезнью и смертью.

Если вы читаете несколько книг Библии одновременно, попытайтесь сформулировать общую идею, которая объединяет все эти книги. Можете ли вы, к примеру, увидеть Христа на страницах тех книг, которые вы читаете?

Как каждая из этих глав связана с Евангелием? Какое отношение имеет каждая из них к трудностям, которые вы переживаете в данный момент? Иногда вы приходите к выводу, что ни одна из прочитанных вами глав напрямую не связана с трудностями, с которыми вы сталкиваетесь на данном этапе своей жизни. Но даже если это так, вам будет полезно мысленно исследовать Писание, изучать его и размышлять над ним на гораздо более глубоком уровне, чем просто читая его.

Метод размышления 16: определите, какое отношение изучаемый текст имеет к насущной проблеме или вопросу в вашей жизни

Предположим, самая острая проблема, с которой вы столкнулись сейчас, связана с финансами. Когда вы будете читать Библию, просмотрите отрывок, который вы прочитали, и найдите в нем тексты, которые касаются финансов или могут быть связаны с этой темой. Затем подумайте о том, что говорится в тексте. Возможно, вы захотите помолиться словами из этого отрывка или продолжить размышлять над ним при помощи одного из методов, приведенных выше. Если в вашей жизни возникла острая проблема в сфере семейных отношений, поищите стихи, которые касаются темы взаимоотношений. Если вас постоянно мучает какой-либо вопрос, вернитесь к тексту, который вы прочитали несколько минут назад, и изучите его с надеждой, что Святой Дух откроет вам ответ на ваш вопрос. Когда вы просите Автора Писания: «Открой очи мои, и увижу чудеса закона Твоего» (Пс. 118:18), возможно, вы удивитесь тому, через какие тексты Бог будет действовать, чтобы открыть вам новое знание, понимание и применение истины по поводу вашей проблемы или вопроса.

Метод размышления 17: в процессе размышления составляйте диаграммы связей

Этот метод размышления основан на принципах построения диаграмм связей для записи результатов размышления над Писанием. Если вы не знакомы с методикой построения диаграмм связи, вы можете кратко изучить эту тему в Интернете. Это не займет у вас много времени, особенно если вы найдете примеры элементарных диаграмм связей[33]. По сути, диаграмма связей — способ представления информации в виде схемы, который является более визуально привлекательным и запоминающимся, чем передача информации словами, записанными в строку. Вы помещаете графическое изображение идеи, которую вы хотите исследовать, в середину страницы. Затем вы добавляете к этой идее другие, соединяя их центральным понятием ветвями, отходящими от него.

Если вы вводите подкатегории, вы также связываете их более тонкими ветвями с основными идеями, и так далее.

---

[33] Есть много хороших материалов о том, как строить диаграмм связей, но лучше всего обратиться к классическому труду на эту тему: Tony Buzan and Barry Buzan, *The Mind Map Book: How to Use Radiant Thinking to Maximize Your Brain's Untapped Potential* (New York: Plume, 1996).

При применении этого метода настоятельно рекомендуется использовать простые изображения, символы и цвета.

Предположим, вы хотите применить этот метод размышления к Посланию к Римлянам 8:28. Вначале вы пишете слова этого стиха в середине страницы. Вы можете нарисовать круг, рамку или «облако» вокруг этих слов. Вы проводите первую большую линию от центра в сторону. Эта мысль может быть связана со словами «притом знаем». Дальше мы размышляем о том, откуда «мы знаем» эту истину, и связываем этот стих с его ближайшим контекстом. Мы проводим более тонкие линии или ветви от первой ветви. Затем можно нарисовать еще одну большую ветвь, которая изображает фразу «любящих Бога». От этой ветви первого уровня могут исходить более мелкие ветви, которые иллюстрируют мысли «кто такие «любящие Бога»?» и «что значит любить Бога». Затем вы можете нарисовать большие ветви, которые связаны со словами «все», «содействует» и многими другими. Каждая большая ветвь изображает тот плод, который приносят ваши размышления.

Лично для меня это один из моих любимых способов размышления. Это не другой взгляд на текст, а просто другой способ записать свои мысли. Часто новый подход помогает нам делать новые открытия, и я обнаружил, что этот метод размышления над Писанием помогает мне сосредотачиваться на библейском тексте, но при этом побуждает меня к более глубокому осмыслению текста.

Не торопитесь — размышляйте не спеша!

Что пользы, если вы прочитали одну, три или больше глав из Писания, а потом оказалось, что после прочтения вы не можетепересказатьто,чтовыпрочитали?Лучшепрочитать несколькостихови поразмышлятьнадними,чемпрочитать длинный раздел, не обдумывая его.

Шотландский служитель Морис Робертс писал:

> В нынешнюю эпоху крайне редко встречается качество, которое можно назвать духовным величием. В корне этой проблемы лежит современная болезнь, называемая поверхностностью. У нас всех слишком мало терпения для того, чтобы размышлять над той верой, которую мы исповедуем <…> Мы не обретем крепкую христианскую веру, если будем быстро просматривать и перелистывать духовную литературу или небрежно и торопливо исполнять свои религиозные обязанности. Мы обретем такую веру лишь тогда, когда будем неторопливо размышлять над евангельскими истинами, которые, действуя в нашем разуме, будут приносить плод. Этим плодом является наш освященный характер [34].

Читайте меньше (если необходимо), чтобы размышлять больше.Хотямногимверующимнужновыкраиватьвремя для того, чтобы больше читать Библию, есть и такие христиане,которыетолькои делаютчточитаютБиблию.Если у васнеполучаетсявыделитьдополнительноевремяв рамкахсвоегообщенияс Богомдлятого,чтобыразмышлятьнад Писанием,читайтеменьше,чтобыу васбыловремянеспешапоразмышлять.ДажееdescливыразмышляетенадБожьим Словомнесколькоразнапротяжениидня(см.Пс. 118:97), самоелучшеевремядляразмышления —этовремявашего ежедневногообщенияс Богом,когдавычитаетеБиблию.

---

34 Maurice Roberts, "O the Depth!" *The Banner of Truth*, July 1990, 2.

106

Пусть наше духовное размышление будет таким же радостным и плодотворным, как у Джонатана Эдвардса, который вскоре после своего обращения записал в дневнике такие строки: «Часто мне казалось, что я видел так много света в каждом предложении и столько духовной пищи, подкрепляющей силы, что я не мог продвинуться дальше в моем чтении. Поэтому я часто надолго останавливался на одном предложении, чтобы увидеть чудеса, сокрытые в нем, и мне казалось, что каждое предложение было полно чудес»[35].

ПОЛЬЗА И МЕТОДЫ ПРИМЕНЕНИЯ БОЖЬЕГО СЛОВА

Бог сделал так, чтобы самые главные истины Библии, то есть то, что необходимо для Его познания, были совершенно ясными для нас. Тем не менее некоторые места Библии нам трудно понять. Даже апостол Петр сказал о посланиях Павла: «...в которых есть нечто неудобовразумительное» (2 Пет. 3:16). Несмотря на то, что иногда нам трудно понять, что говорится в Писании, это не главная наша проблема. Чаще всего мы сталкиваемся с трудностями тогда, когда пытаемся применить в повседневной жизни отрывки из Божьего Слова, смысл которых нам понятен. Что Библия говорит о воспитании детей? Как Писание должно влиять на решения, которые я принимаю на работе, а также отношения с моими коллегами? Что Библия говорит по поводу сферы, в которой мне предстоит сделать выбор? Как мне узнать Бога лучше? Это вопросы, которые читатели Библии

---

35   Edwards, "Personal Narrative," 798.

задаютчащевсего.Этопоказывает,наскольковажнонаучиться применять Божье Слово.

Ценность применения Божьего Слова

ВБиблииБогобещаетпослатьблагословениятем,ктоприменяетБожьеСловов жизни.Классическийновозаветный отрывоко том,наскольковажноподкреплятьпонимание духовныхистинконкретнымиделами,записанв Послании Иакова 1:22–25:

> " *Будьте же исполнители слова, а не слышатели только, обманывающие самих себя. Ибо, кто слушает слово и не исполняет, тот подобен человеку, рассматривающему природные черты лица своего в зеркале: он посмотрел на себя, отошел — и тотчас забыл, каков он. Но кто вникнет в закон совершенный, закон свободы, и пребудет в нем, тот, будучи не слушателем забывчивым, но исполнителем дела, блажен будет в своем действовании.*

ИисусХристосвыразилпохожуюмысльв яркоми емком изречении:«Еслиэтознаете,блаженнывы,когдаисполняете» (Ин. 13:17).

Эти стихи говорят нам, что те, кто слышит Божье Слово, могут впасть в серьезное заблуждение. Я ни в коей мере не хочупреуменьшитьдостаточностьПисанияилисилуСвятого Духа, Который может подействовать даже через случайное, мимолетное знакомство человека с Библией, но мы часто заблуждаемсяотносительновлиянияПисанияна нашужизнь. Согласно Посланию Иакова, мы можем ощутить на себе настолько сильное влияниеБожьейистины,чтоувидим в тексте повеление Господа так же ясно, как мы видим отражение своего лица в зеркале по утрам. Но если мы не применяем открывшуюся нам истину, то, каким бы чудесным ни было наше познание этой истины, мы заблуждаемся, думая, что обретем благословение только потому, что в такие моменты обращаемся к Библии. В Писании сказано, что «блажен… в своем действовании» будет тот, кто исполняет библейские повеления.

Обетование о блаженстве «в действовании» — это то же самое, что и обетование о благословении, успехе и процветании для тех, кто размышляет над Божьим Словом, как сказано в Книге Иисуса Навина 1:8 и Псалме 1:1–3. Это связано с тем, что размышление в конечном итоге должно приводить к применению. Когда Бог повелел Иисусу Навину поучаться в Слове день и ночь, Он сказал ему, что в своем размышлении он должен стремиться к следующей цели: «…дабы в точности исполнять все, что в ней написано». Бог дал Иисусу обетование: «Тогда ты будешь успешен в путях твоих и будешь поступать благоразумно». Исполнение этого обетования — это результат не размышления над Писанием, а благословения, которое Бог дарует тем, кто применяет Писание на основании размышления.

Ожидайте, что Бог откроет вам применение истины

Поскольку Бог желает, чтобы вы были исполнителями Его Слова, вы можете быть уверены в том, что Он хочет, чтобы вы находили применение тому, что вы узнаете из Писания. Поэтому вы не должны сомневаться в том, что Святой Дух дарует вам мудрость в том, чтобы находить применение всем вашим библейским знаниям. Таким образом, мы должны открывать Библию с ожиданием. Ожидайте, что вы откроете для себя практическую ценность Божьей истины. Можно читать Библию, не думая о применении, но если мы читаем ее с верой в то, что мы найдем применение прочитанному, — это совсем другое дело.

Пуританский пастор и автор Томас Ватсон, чье влияние было столь велико, что Чарльз Сперджен назвал его «кормящей матерью величайших евангельских богословов»[36], призывает нас ожидать, что мы поймем, как применять изучаемый текст:

> *Воспринимайте каждое слово так, будто оно адресовано лично вам. Когда вы читаете слово, осуждающее грех, думайте так: «Бог здесь говорит о моих грехах». Когда говорится о том, что нам необходимо исполнять некое повеление, думайте: «Бог имеет в виду меня». Многие отстраняются от сказанного в Писании, как будто это касается только тех, кто жил во времена написания Библии. Но если вы хотите извлечь из Слова пользу, применяйте его к себе: лекарство не подействует, если его не применять к больному[37].*

Писание — это богодухновенное Божье Слово, поэтому вы должны верить, что текст, который вы читаете, применим не только к его непосредственным адресатам, но и к вам, по крайней мере в свете служения Христа. Если вы не понимаете этого, вы редко будете применять библейские отрывки к своей личной жизни.

---

[36] Charles Spurgeon, "Memoir of Thomas Watson," in Thomas Watson, *A Body of Divinity* (Edinburgh, Scotland: The Banner of Truth Trust, 1692, reprint, 1993), vii.
[37] Watson, 65.

Поймите смысл текста

Неправильное понимание смысла стиха ведет к его неправильному применению. Например, ссылаясь на повеления из Послания к Колоссянам 2:2: «не прикасайся», «не вкушай», «не дотрагивайся», некоторые стали запрещать все, что только можно представить. Несмотря на то, что иногда нам действительно стоит воздержаться от некоторых занятий, которых касаются эти повеления, многие неправильно применяют этот стих, потому что они неверно понимают его значение. Если рассмотреть этот стих в контексте, выясняется, что это был лозунг аскетического течения, которое апостол Павел осуждал и считал врагом Евангелия. Поэтому, если вы прочитали этот стих и подумали, что его можно применить к вам, потому что вам нужно похудеть, вы, скорее всего, обрадуетесь, когда узнаете, что это неправильное применение, основанное на неверном истолковании. (Однако Святой Дух может побуждать вас скорректировать свое питание на основании 1 Коринфянам 9:27 в вашей конкретной ситуации.)

Томас Ватсон справедливо отметил: «Воспринимайте каждое слово так, будто оно адресовано лично вам». Но мы не сможем этого сделать, пока не поймем, что это слово значило для первых слушателей. Если вы возьмете каждое слово, которое Бог сказал Аврааму в Бытии 12:1–7, и примените его к себе, то вскоре вам придется переехать в Израиль. Но если вы поймете, что этот призыв касался только Авраама, вы все равно сможете извлечь из него вечные истины и применить каждое слово к себе. Последовали ли вы Божьему призыву обратиться ко Христу? Готовы ли вы послушаться Божьего голоса, куда бы Он вас ни призывал — на новую работу, на новое место жительства, на миссионерское служение и тому подобное?

Прежде чем понять, как применять тот или иной отрывок к себе сейчас, мы должны определить первоначальное применение этого отрывка. Слова Иисуса «ныне же будешь со Мною в раю» (Лк. 23:43) первоначально были обращены к разбойнику на кресте. Но поскольку этот стих является частью Писания, а «все Писание богодухновенно и полезно», Господь желает, чтобы все Писание было применимо ко всем верующим. Естественно, из этого стиха нельзя сделать вывод, что все христиане сегодня умрут и будут с Иисусом в раю. Как же нам применить к себе этот стих? Как минимум, мы можем задуматься о том, как правильно готовиться к смерти. Мы осознаем, что мы можем умереть даже сегодня, поэтому мы можем исследовать самих себя, чтобы определить, насколько мы готовы к отходу в вечность. Мы также можем применить к себе этот стих, размышляя о присутствии Христа в нашей жизни. Христос всегда пребывает в нас, поэтому Он с нами сегодня, хотя мы еще не в раю. Как это обновленное понимание присутствия Христа в вашей жизни влияет на ваши молитвы или мысли в течение дня?

Обетование, которое Иисус дает разбойнику, является примером того, что не все обетования можно применить сегодня точно так же, как они применялись к первоначальным адресатам. Однако многие другие обетования имеют общее, универсальное применение и являются вечными. Один из самых очевидных примеров такого обетования — это Евангелие от Иоанна 3:16. Еще один пример — это Послание к Римлянам 10:9. Как же нам определить, какие отрывки нам следует применять не так, как их применяли к себе их первоначальные адресаты? Как раз в этом нам и помогает возрастание в знании Писания через слушание, чтение и особенно изучение Библии. Ведь, чем лучше мы понимаем Библию, тем лучше мы будем ее применять.

Тем не менее я настаиваю на том, что большинство библейских отрывков имеют ясное, прямое и конкретное значение. Наша проблема по-прежнему не столько в том, что мы недостаточно понимаем Библию, сколько в том, что недостаточно исполняем ее. Мы должны сначала понять слова Писания, чтобы применять их, но пока мы не начнем применять их, мы не поймем их по-настоящему.

Размышляйте, чтобы определить применение текста

Мы уже отмечали, что размышление не является самоцелью. Глубокое осмысление библейских истин и духовной реальности, описанной в Библии, — это ключ к их практическому применению, которым мы часто пренебрегаем. Мы учимся применять библейские факты на практике в процессе размышления над ними.

Если мы читаем, слушаем или изучаем Божье Слово, не размышляя над ним, не стоит удивляться, что нам так трудно применять Писание в конкретных ситуациях. Наверное, даже попугай может выучить наизусть все те места Писания, которые знаем мы, но если мы не применяем их в жизни, то это знание окажется таким же бесполезным для нас, как и для попугая. Как же нам применять к себе Божье Слово, которое мы выучили наизусть? Мы применяем его в процессе размышления.

Большая часть информации, даже библейской, проходит через наш ум, как вода сквозь решето. Каждый день на нас обрушивается такой большой поток информации, что мы мало что запоминаем. Однако, когда мы размышляем, истина проникает в наш разум и остается там. Ее аромат и вкус раскрываются более полно. Когда мы осмысливаем ее в своем уме, мы делаем для себя выводы. Размышление разогревает наше сердце и превращает холодное знание истины в горячее желание действовать.

В Псалме 118:15 об этом сказано так: «О заповедях Твоих размышляю, и взираю на пути Твои». Именно в процессе размышления над Божьим Словом псалмопевец понял, как ходить Божьими путями. То же самое касается и нас. В процессе размышления над Писанием мы определяем, как то или иное место Писания можно применить в конкретной жизненной ситуации.

Задавайте себе вопросы по тексту,
ориентированные на применение

Как мы отмечали ранее, один из наиболее действенных способов размышления над Словом — задавать себе вопросы по тексту. Чем больше вопросов вы можете формулируете на основании библейского стиха и чем лучше вы на них отвечаете, тем лучше вы сможете понять этот стих и тем яснее будет для вас его применение.

Ниже я привожу примеры вопросов, которые помогут вам стать исполнителями Божьего Слова:

- Открывает ли этот текст истину о Боге, в которую я должен верить?

- Открывает ли этот текст истину, за которую я должен прославлять Бога, благодарить Его или в которой я должен доверять Ему?

- Открывает ли этот текст истину, о которой я должен молиться, причем как за себя, так и за других?
- Открывает ли этот текст истину, к которой у меня должно быть другое отношение?
- Открывает ли это текст истину, которая побуждает меня принять определенное решение?
- Открывает ли этот текст истину о том, что я должен сделать ради Христа, ради других или ради себя самого?

Некоторые стихи Писания имеют настолько очевидное применение в вашей жизни, что они буквально выпрыгивают со страниц Библии, берут вас за плечи и умоляют вас сделать то, что в них говорится. Но в большинстве случаев вам приходится тщательно изучать библейские отрывки и терпеливо задавать себе вопросы по тексту, пока вы не найдете четкого, практичного ответа.

Отреагируйте на стих конкретным образом

Когда мы общаемся с Богом через Его Слово, оно должно побуждать нас как минимум к одному конкретному действию. Иначе говоря, вы должны определить как минимум один шаг, который вы решили предпринять в ответ на прочитанный текст из Библии. Откликом на библейский стих может быть конкретный акт веры, поклонения, хвалы, благодарения или молитвы. Или, может, нам следует попросить у кого-то прощении или ободрить кого-то. Мы можем принять решение оставить какой-либо грех или проявить к кому-то любовь. Каким бы ни был ваш отклик, поставьте перед собой цель предпринять хотя бы одно действие после изучения Божьего Слова.

115

Насколько это важно? Сколько раз вы закрывали Библию и вдруг понимали, что не помните ничего из прочитанного? Сколько разборов Библии вы посетили и сколько проповедей вы слышали, которые никак не повлияли на вашу жизнь? Я знаю людей, которые посещали группу по изучению Библии шесть раз в неделю, но они возрастали только в познании, а не в уподоблении Христу, потому что не применяли то, что изучали. Несмотря на то, что они активно изучали Библию, их молитвенная жизнь оставляла желать лучшего, они не делились Евангелием с неверующими и их отношения в семье были натянутыми. Если мы начнем упражнять себя в том, чтобы совершать хотя бы одно конкретное действие в ответ на текст Писания, мы будем намного быстрее возрастать в благодати. Без такого применения текста мы не будем исполнителями Божьего Слова.

ДОПОЛНИТЕЛЬНОЕ ПРИМЕНЕНИЕ

Готовы ли вы составить список библейских отрывков, которые вы будете заучивать наизусть?

Если вы уже давно в вере, вы, скорее всего, знаете наизусть намного больше мест Писания, чем вы думаете. Один из стихов, который вы, возможно, знаете, — это Послание к Филиппийцам 4:13: «Все могу в укрепляющем меня Иисусе Христе». Верите ли вы в это? Верите ли вы, что под словом «все», которое употребляется здесь, подразумевается в том числе и заучивание Писания? Если вы знаете, что можете это делать, хотите ли вы это делать? Когда вы начнете?

Готовы ли вы упражняться в размышлении над Божьим Словом?

Случайные мысли о Боге не являются размышлением. «Можно думать о Боге каждый день, — говорил Уильям Бридж, — но никогда не размышлять о Нем»[38]. Через Писание Бог призывает нас развивать в себе привычку постоянно размышлять о Нем в своем уме.

Я уверен, что вы уже поняли, что, если мы хотим упражняться в размышлении, мы должны посвящать этому время. Уильям Бридж, один из старейших, но самых лучших евангельских авторов и мыслителей, указывал то, что нам бывает трудно выделять время для размышления. Он писал:

> *Кто-то скажет: я бы думал о Боге всем своим сердцем, но размышление требует времени, ради него нужно жертвовать временем, а у меня нет времени. Я весь в делах и так занят, что у меня нет времени на этот труд. Размышление — это не мимолетная мысль; это труд, требующий времени, которого у меня нет. Поэтому вспомните слова Давида в Псалме 118: «Приклони сердце мое к откровениям Твоим». Как это? «Отврати очи мои, чтобы не видеть суеты». Чтобы приклонить свое сердце к Божьим откровениям, нужно отвратить свои очи от внешней суеты. Поэтому вам необходимо размышлять о Боге и Его делах, а не наполнять свое сердце заботами мира и не занимать себя мирскими делами…*

Друзья, размышление о Боге — это искусство и навык, которым нас научить может только Бог. Если хотите

---

[38] William Bridge, *The Works of the Reverend William Bridge* (reprint, 1845; reprint, Beaver Falls, PA: Soli Deo Gloria, 1989), vol. 3, 126.

научиться этому, тогда идите к Богу и умоляйте Его об этом [39].

Обычно вслед за этим мы задаем вопрос: «Стоит ли посвящать время тому, чтобы упражняться в размышлении?» Лучше всего на этот вопрос отвечает Уильям Бридж:

> *Размышление помогает возрастать в познании: оно умножает знание. Оно укрепляет вашу память. Оно согревает ваше сердце. Оно освобождает вас от греховных мыслей. Оно настраивает ваше сердце на любое дело. Оно взращивает вас в благодати. Оно заполняет все щели и трещины в вашей жизни и учит вас тому, как проводить свое свободное время и приближаться к Богу. Оно обращает зло в добро. Оно помогает вам общаться с Богом и наслаждаться Им. Скажите мне, разве это не стоит того, чтобы направлять свои мысли на путь размышления? [40]*

Когда вы исследуете учение Писания о размышлении над Словом, а также изучаете свидетельства самых благочестивых мужей и жен в истории Церкви, вы убеждаетесь в неоспоримой важности ценности христианского размышления для возрастания во Христе.

Поразмышляйте еще над одной цитатой на эту тему. Она призывает нас к размышлению. Это высказывание принадлежит Ричарду Бакстеру, самому практичному автору из всех пуритан.

Я также присоединяюсь к его призыву совершенствовать свой навык размышления.

---

39   Bridge, 152.
40   Bridge, 135.

> *Если, делая сие, вы понимаете, что не возрастаете в благодати, не превосходите обычное состояние христиан, не становитесь более способными к служению и более драгоценными в глазах всех благоразумных людей, если ваша душа больше не наслаждается общением с Богом, а жизнь не исполняется утешением, — тогда отбросьте все эти устремления и навеки провозгласите меня обольстителем [41].*

Вы можете подтвердить, что вы исполняете Слово?

В этой главе вы прочитали много стихов из Божьего Слова. Как вы отреагируете на прочитанные места Писания?

Большинство из нас считает себя исполнителями Слова, а не просто слушателями. Но помните, что мы должны подтвердить, что исполняем Божье Слово: «Будьте же исполнителями слова» (Иак. 1:22). Чем вы докажете, что вы исполняете Божье Слово, которое вы здесь прочитали?

Зачастую нам трудно упражнять себя в насыщении Божьим Словом, особенно в применении Божьего Слова. Этому есть много причин, не последней из которых является духовное сопротивление. Джеймс Пакер выразил эту мысль так:

> *Если бы я был дьяволом, одной из моих первых целей было бы помешать людям изучать Библию. Зная, что именно Божье Слово учит людей познавать и любить Бога этого Слова, а также служить Ему, я бы делал все возможное, чтобы окружить его такими духовными ямами, терниями и человеческими ловушками, которые могли бы отпугнуть их <...> Любой ценой я бы стремился не допустить, чтобы*

---

41   Richard Baxter, *The Practical Works of Richard Baxter: Select Treatises* (Grand Rapids, MI: Baker, 1981), 90.

они упражнялись в размышлении над Словом, чтобы они не поняли его смысла [42].

Готовы ли вы, несмотря на все трудности духовное сопротивление, прилагать все усилия, чтобы упражняться в применении своего ума к насыщению Божьим Словом для укрепления в благочестии?

---

[42] Джеймс Пакер, предисловие к книге: R. C. Sproul, *Knowing Scripture* (Downers Grove, IL: InterVarsity, 1979), 9–10.

ГЛАВА 4

Молитва для укрепления
в благочестии

Мы, протестанты, люди недисципли-
нированные. Именно по этой причине
у нас так мало духовных открытий
и нам так недостает моральной силы.
Альберт Эдвард Дэй

Самый большой приемник радиоволн на земле находится
в Нью-Мексико. Пилоты называют его «грибником». Его
настоящее название — «Большая антенная решетка» имени Карла Янского. БАР — это комплекс огромных спутниковых антенн, расположенных на железной дороге длиной
более шестидесяти километров. Весь этот комплекс напоминает один огромный телескоп размером с город Ва-
шингтон. Со всего мира сюда приезжают астрономы, чтобы
изучать оптические изображения неба, созданные с помощью БАР на основании радиосигналов, которые антенны
принимают из космоса. Зачем понадобилось создавать эту
гигантскую установку? Зачем она нужна? Дело в том, что

радиоволны,которыеизлучаютисточники,находящиесяна расстояниимиллионовсветовыхлет,оченьслабы.Общая энергиявсехрадиоволн,когда-либозаписанныхи зафик- сированных,едвалиравнасиле,с которойоднаснежинка падает на землю.

Какие огромные усилия люди готовы прилагать для того, чтобы получить такой слабый сигнал из космоса, в то время как Сам Бог проговорил к нам ясно и понятно через Своего Сына и Свое Слово! Пристально смотря «глаза- ми» телескопов и слушая электронными «ушами» мощ- ных спутниковых антенн, ученые исследуют безграничную тьму вселенной, чтобы услышать хотя бы слово из дальних уголков Вселенной. Тем временем «мы имеем вернейшее пророческое слово; и вы хорошо делаете, что обращаетесь к нему, как к светильнику, сияющему в темном месте, доко- ле не начнет рассветать день и не взойдет утренняя звезда в сердцах ваших» (2 Пет. 1:19).

Но Бог не только ясно, четко и могущественно проговo- рил к нам через Христа и Писание. У Него есть Большое Ухо, которое постоянно открыто, чтобы слушать нас. Он слышит каждую молитву Своих детей даже тогда, когда их молитвы слабее, чем удар одной снежинки о землю. Поэтому из всех Духовных Упражнений молитва занимает второе место по значимости, уступая только насыщению Божьим Словом.

Но несмотря на то, что молитва занимает второе место по важности в жизни христианина, статистические иссле- дования и житейские наблюдения показывают, что большой процентлюдей,которыеисповедуютхристианство,проводит мало времени в регулярной молитве. Хотя эти люди молятся краткими молитвами несколько раз за день, обычно они уделяют общению с Богом в молитве всего лишь несколько минут, а иногда и вообще не делают этого.

Очень легко заставить людей почувствовать вину за то, что они недостаточно молятся, но это не является целью данной главы. Тем не менее мы должны осознать, что, если мы хотим уподобляться Христу, мы должны молиться.

БОГ ОЖИДАЕТ ОТ НАС МОЛИТВЫ

Я понимаю, что мое утверждение о том, что Бог ожидает от нас молитвы, наверняка вызовет возмущение этого нонконформистского поколения, которое выступает против всякого авторитет. Однако те, кто подчинился авторитету Христа и Библии, знают, что Бог желает, чтобы мы молились. Но мы также верим в то, что Божья воля относительно нас благая и совершенная.

Христос ожидает, что мы будем молиться
Не думайте, что к молитве нас обязывает некое безликое существо. Поймите, что Сам Господь Иисус Христос со всей Своей властью и любовью ожидает, что мы будем молиться. Вот Его слова, которые показывают, что Он Сам ожидает от нас молитвы:

- Евангелие от Матфея 6:5: «И когда молишься...»;
- Евангелие от Матфея 6:6: «Ты же, когда молишься...»;
- Евангелие от Матфея 6:7: «А молясь...»;
- Евангелие от Матфея 6:9: «Молитесь же так...»;
- Евангелие от Луки 11:9: «И Я скажу вам: просите... ищите... стучите...»;

- Евангелие от Луки 18:1: «Сказал также им притчу о том, что должно всегда молиться и не унывать».

Представьте, что Христос явился вам лично, как Он явился апостолу Иоанну на острове Патмос (глава 1 Откровения), и сказал вам, что Он ожидает от вас молитвы. Разве вы не стали бы тогда более верными в своей молитвенной жизни, зная, что Сам Иисус Христос ожидает этого от вас? Дело в том, что слова Христа, которые мы только что процитировали, являются в такой же мере Его волей относительно вас, как если бы Он лично назвал вас по имени и сказал бы это все вам при личной встрече.

Об этом ясно говорит Божье Слово

Помимо слов Христа, из всех остальных мест Писания ясно видно, что Бог ожидает, чтобы мы молились.

Колоссянам 4:2: «Будьте постоянны в молитве, бодрствуя в ней с благодарением». Те, кто постоянны в молитве, стремятся подражать Христу в своей жизни и поэтому придают молитве большое значение. Когда вы считаете какое-либо дело важным, жертвуете чем-либо ради него и уделяете ему время, тогда вы знаете, что вы посвятили себя этому делу. Бог ожидает, чтобы христиане посвящали себя молитве.

1 Фессалоникийцам 5:17: «Непрестанно молитесь». В повелении «будьте постоянны в молитве» молитва рассматривается как действие, а повеление «непрестанно молитесь» напоминает нам, что молитва — это общение с Богом. В определенном смысле молитва является выражением неразрывных взаимоотношений верующего с его небесным Отцом.

4. Молитва для укрепления в благочестии

Таким образом, этот стих не призывает нас только молиться и больше ничего не делать. Нет, помимо молитвы, Библия ожидает от нас еще многого другого. Например, мы должны уделять время отдыху, на протяжении которого мы не можем сознательно молиться. Но это означает, что, даже если вы не можете общаться с Богом и думать о Нем в данный момент, вы должны уметь быстро возвращаться к мыслям о Боге и переключать свое внимание на Него. Во время непрестанной молитвы вы словно общаетесь с Богом по одной линии, но отвечаете на телефонные звонки по другой. Даже тогда, когда вы разговариваете по другой линии, вы не забываете, что вам нужно снова вернуться к разговору с Господом. Итак, если вы «непрестанно молитесь», по сути, вы не прекращаете общаться с Богом, а просто часто прерываетесь.

Я мог бы выбрать и другие места Писания из Нового Завета, в которых говорится, что Бог ожидает от нас молитвы. Но два отрывка, которые мы только что рассмотрели, особенно важны, потому что это прямые повеления о молитве. Это означает, что мы не можем ссылаться ни на недостаток времени, ни на большую загруженность, ни на большое количество детей, ни на большой объем работы, ни на отсутствие желания, ни на недостаток опыта и тому подобное как на оправдание, которое освобождает нас от нашей обязанности молиться. Бог посылает нам разные периоды в жизни, у нас изменяются приоритеты, и мы уделяем разным делам разное количество времени[43]. Тем не менее Бог ожидает, чтобы во все

---

[43]   В связи с этим я настойчиво рекомендую всем, особенно матерям, у которых маленькие дети, прочитать две страницы под заголовком «Делайте то, что можете» из следующего источника: Дональд Уитни. Живите в простоте. Духовная практика для людей, страдающих от чрезмерных нагрузок. Киев:

периоды жизни каждый христианин посвящал себя молитве и молился непрестанно.

Великий молитвенник и реформатор Церкви Мартин Лютер выразил мысль о том, что Бог ожидает от нас молитвы, такими словами: «Подобно тому, как работа портных — это шить одежду, а работа сапожников — ремонтировать обувь, работа христиан — это молиться» [44].

Однако мы должны рассматривать нашу обязанность молиться не только как требование Бога, но и как призыв Царя. Автор книги Послания к Евреям говорит нам: «Посему да приступаем с дерзновением к престолу благодати, чтобы получить милость и обрести благодать для благовременной помощи» (Евр. 4:16). Мы можем быть пессимистами, которые рассматривают повеление молиться как обязанность, или оптимистами, которые видят в повелении молиться возможность получить милость и благодать от Бога.

Моя жена Кэффи ожидает, чтобы я звонил ей по телефону, когда я в поездках. Но это ожидание продиктовано любовью. Кэффи требует, чтобы я ей звонил, потому что она хочет слышать меня. Бог ожидает нашей молитвы по той же причине. Его повеление молиться — это повеление, продиктованное любовью. Бог желает общаться с нами и благословлять нас из любви к нам.

Бог также ожидает, чтобы мы молились, как генерал ожидает, чтобы его солдаты докладывали ему, как проходит бой. Один автор напоминает нам о том, что «молитва — это переносная рация для ведения боевых действий, а недомашний

«Книгоноша», 2009.

[44] John Blanchard, comp., *Gathered Gold: A Treasury of Quotations for Christians* (Welwyn, Hertfordshire, England: Evangelical Press, 1984), 227.

телефон для создания комфорта»[45]. Бог ожидает, что мы будем пользоваться этой «молитвенной рацией», потому что Он даровал нам это средство не только для того, чтобы мы укреплялись в благочестии, но и для того, чтобы мы участвовали в духовной брани между Божьим Царством и царством дьявола. Отказаться от молитвы — это все равно, что воевать своими силами в лучшем случае или потерять интерес к этой войне в худшем случае.

При этом не стоит забывать, что ожидание, что мы будем молиться, проистекает из Евангелия. Другими словами, молитва — это не столько обязанность, сколько привилегия, и даже не столько привилегия, сколько признак жизни. Мы ожидаем, что наши дети будут общаться с нами, пусть даже при помощи плача, потому что они живые существа. Итак, Бог ожидает, что Его дети будут общаться, потому что они получили вечную жизнь и «приняли Духа усыновления, Которым взываем: «Авва, Отче!» (Рим. 8:15).

Апостол Павел повторяет эту мысль в Послании к Галатам 4:6: «А как вы — сыны, то Бог послал в сердца ваши Духа Сына Своего, вопиющего: «Авва, Отче!» Божьи Дети, побуждаемые Святым Духом, хотят общаться со своим небесным Отцом.

Более того, мы знаем, что Иисус молился. Евангелист Лука сообщает нам: «Но Он уходил в пустынные места и молился» (Лк. 5:16). Если Иисус нуждался в молитве, то насколько более нуждаемся в молитве мы? Бог ожидает, что мы будем молиться, потому что мы сами в этом нуждаемся. Без молитвы мы не будем такими, как Иисус.

---

[45] Джон Пайпер. Жаждущие Бога. Размышления христианского гедониста. СПб.: «Мирт», 2004. С. 192.

Почему же тогда так много верующих признается, что они не молятся так, как им следовало бы? Иногда наша главная проблема — это недостаток дисциплины: мы не планируем свою молитву и не выделяем время для нее. На словах мы утверждаем, что молитва является для нас приоритетом, но на деле у нас всегда находятся другие более срочные дела.

Часто мы не молимся просто потому, что мы сомневаемся, что наша молитва может на что-либо повлиять. Конечно же, мы не признаемся в этом перед всеми. Но если бы мы были уверены, что в течение 60 секунд после каждой молитвы мы увидим явный результат нашей молитвы, на коленях брюк всех христиан мира были бы дырки! Очевидно, Библия нигде не обещает нам этого, хотя, несомненно, Бог обещает, что Он будет отвечать на наши молитвы. Поскольку молитва — это общение в духовном мире, на многие молитвы Бог дает ответ, который мы не осязаем в материальном мире. Часто мы получаем такой ответ на молитву, которого не ожидали. По разным причинам мы не всегда видим явный результат, когда открываем глаза после молитвы. Когда мы не бодрствуем, мы можем впасть в искушение усомниться в реальности действия Божьей силы через нашу молитву.

Кроме того, мы можем испытывать нежелание молиться, когда недостаточно ощущаем Божье присутствие. В нашей жизни бывают такие чудесные моменты, когда кажется, что Господь настолько близок к нам, что мы почти буквально ожидаем услышать Его голос. В такие минуты драгоценной близости с Богом никого не нужно подталкивать к молитве. Однако обычно мы этого не ощущаем. Более того, иногда мы вообще не ощущаем Божьего присутствия. Хотя в молитве (как и в других сферах христианской жизни) мы должны руководствоваться истинами Писания, а не чувствами, все же наши эмоции переменчивы, поэтому у нас может не быть желания молиться. Когда наше желание молиться ослабевает, мы можем начать заниматься совершенно другими делами, помимо молитвы.

Если мы недостаточно осознаем нашу истинную нужду в молитве, в нашей жизни недостаточно истинной молитвы. Некоторые обстоятельства заставляют нас вставать на колени. Но бывают времена, когда жизнь кажется нам вполне управляемой. Христос сказал: «Без Меня не можете делать ничего» (Ин. 15:5), но в нашей жизни есть времена, когда мы лучше понимаем эту истину, чем в другое время. Мы можем долго жить в гордыне и самоуверенности, думая, что молитва нужна нам только тогда, когда в нашей жизни случается нечто такое, с чем мы не можем справиться самостоятельно. До тех пор, пока мы не поймем, насколько опасным и глупым является такое отношение к молитве, мы не будем придавать особого значения тому, что Бог ожидает от нас молитвы.

Когда мы забываем о величии Бога и Евангелия, наша молитвенная жизнь слабеет. Чем меньше мы думаем о природе и характере Бога и чем меньше мы напоминаем себе, что Иисус Христос совершил ради нас на кресте, тем меньше у нас будет желания молиться. Сегодня, когда я был за рулем, я слушал радиопередачу, в которой выступал один астрофизик, рассказывающий о миллиардах галактик во вселенной. Я задумался об этом всего лишь на мгновение, а затем сразу же стал прославлять Бога и молиться. Почему? Потому что я заново осознал, насколько велик наш Бог на самом деле. И когда я думаю о том, от чего меня спас Христос, когда я вспоминаю тот позор, который Он добровольно понес ради меня, когда напоминаю себе, в чем суть спасения, мне очень легко молиться. Если вы редко задумываетесь о подобных вещах, ваша молитва редко будет наполнена смыслом.

МОЛИТВЕ НУЖНО УЧИТЬСЯ

Ещё одна причина, по которой христиане мало молятся, — это то, что они не научены тому, как надо молиться.

Если повеление о молитве приводит вас в уныние, потому что вы не знаете, как правильно молиться, вас должна ободрить истина о том, что молитве нужно учиться. Это означает, что вполне нормально в начале христианского пути не обладать какими-либо знаниями или опытом в области молитвы. Какой бы сильной или слабой ни была сейчас ваша молитвенная жизнь, всегда можно научиться молиться еще лучше.

В некотором смысле можно сказать, что Божье дитя не нуждается в том, чтобы его учили молитве, как младенец не нуждается в том, чтобы его учили кричать. Но крик младенца, который нуждается в удовлетворении элементарных потребностей, — это минимальный уровень общения, и мы быстро вырастаем из младенческого возраста. Библия говорит, что мы должны молиться во славу Божью, в согласии с Божьей волей, по вере, во имя Христа, с постоянством и тому подобное. Божье дитя постепенно учится так молиться, подобно тому, как растущий ребенок учится членораздельно разговаривать. Чтобы молиться так, как ожидает от нас Бог, молиться для возрастания в зрелости, молиться эффективно, мы должны сказать вместе с учениками в Евангелии от Луки 11:1: «Господи! научи нас молиться».

Для этого нам нужно молиться

Если вы когда-либо изучали иностранный язык, вы знаете, что лучший способ выучить его — это разговаривать на нем. То же самое касается и такого «иностранного языка», как молитва. Есть много хороших ресурсов для обучения молитве, но самый лучший способ научиться молиться — это просто молиться.

Эндрю Мюррей [46], христианский служитель из Южной Африки и автор книги «Со Христом в школе молитвы», писал: «Читать книги о молитве, слушать лекции о ней и обсуждать — это, конечно, очень хорошо, но это не научит вас молиться. Без практики и упражнений вы ничему не научитесь. Я могу целый год слушать, как преподаватель музыки исполняет прекраснейшую музыку, но это не научит меня играть на инструменте» [47].

Святой Дух учит молящихся молиться еще лучше. Это применение вытекает из Евангелия от Иоанна 16:13, где Иисус сказал: «Когда же приидет Он, Дух истины, то наставит вас на всякую истину...» Самолет лучше поддается управлению, когда он летит по воздуху, а не когда он едет на земле с выключенным двигателем. Подобным образом, Дух Святой больше направляет нас в молитве, когда мы общаемся с Богом, а не молчим.

---

[46] Эндрю Мюррей (1828–1917) — посвященный христианский служитель, который написал около 240 публикаций главным образом на такие темы, как поклонение Богу и благочестивая жизнь. Многие из сочинений Мюррея отражают учение, которое принято называть «кесвикским богословием». Я не согласен с этим учением по некоторым пунктам. Тем не менее в сочинении Мюррея «С Христом в школе молитвы», которое цитируется здесь, много хорошего, и это одно из самых известных сочинений автора.

[47] Слова Эндрю Мюррея, процитированные в журнале Christianity Today, выпуск за 5 февраля 1990 г., ст. 38.

Нам необходимо размышлять над Писанием

Это один из наиболее действенных подходов к молитве, которые я усвоил. Эта мысль еще раз подтверждает важность и ценность размышления над Божьим Словом, о чем мы говорили в предыдущей главе. Есть одна простая, но невероятно сильная истина: размышление — это недостающее звено между насыщением Божьим Словом и молитвой. Зачастую мы отделяем одно от другого, но эти Упражнения неразрывно связаны друг с другом. Обычно мы читаем Библию, закрываем ее, а затем переходим к молитве. Однако очень часто чтение Библии у нас никак не стыкуется с молитвой. Более того, иногда нам кажется, что мы немного продвинулись вперед в изучении Слова, но, когда мы переходим к молитве, мы словно резко переключаемся в нейтральное положение или даже даем задний ход. На самом деле, мы должны плавно, почти незаметно переходить от насыщения Божьим Словом к общению с Богом в молитве, чтобы в эти моменты мы еще больше приближались к Богу. Это происходит, когда мы соединяем эти два Упражнения при помощи размышления.

В Писании есть как минимум два отрывка, которые ясно этому учат. В Псалме 5:2 Давид молился: «Услышь, Господи, слова мои, уразумей помышления мои». Еврейское слово, которое некоторые переводят как «стенания», переведено здесь словом «помышления». Кроме того, это самое слово употребляется в таком же значении в другом месте Писания, в Псалме 18:15: «Да будут слова уст моих и помышление сердца моего благоугодны пред Тобою, Господи, твердыня моя и Избавитель мой». Обратите внимание, что оба эти стиха выражают молитву или прошение к Богу, которые передают «слова» Давида (это и есть суть молитвы). Однако в эти молитвы также включают и его размышления. В обоих случаях размышление над Писанием побуждало Давида к тому, чтобы перейти от изучения Божьей истины к общению с Богом. В Псалме 5:2 Давид размышлял о Боге, а теперь он просит Господа приклонить к нему ухо и внимать его размышлениям. В Псалме 18 мы находим одно из наиболее известных высказываний о Писании, которое начинается со знаменитых слов в стихе 8: «Закон Господа совершен, укрепляет душу». Этот раздел продолжается до стиха 11, а затем в стихе 14 начинается молитва Давида, на которую его вдохновили эти слова и его размышления.

Происходит следующее: сначала мы изучаем библейский отрывок, а затем начинаем размышлять над ним. Иначе говоря, мы узнаем, что Бог говорит нам в этом отрывке, и глубоко думаем и размышляем об этом, а затем высказываем свои мысли Богу в осмысленной молитве. Получается, что мы молимся о том, что узнали из Библии и преломили для себя лично в процессе размышления. Таким образом, мы не только знаем, о чем молиться, и уверены, что молимся в соответствии с Божьим замыслом. Это позволяет нам плавно перейти от изучения к молитве и более ревностно молиться о том, о чем мы хотим молиться.

Когда размышление о Боге приводит нас к молитве, наша молитва больше становится похожей на разговор с реальной личностью, в чем и есть суть молитвы. Бог говорит с нами в Своем Слове, а мы отвечаем Ему [48]. Затем, когда мы все

---

[48] Когда я говорю о том, что мы должны откликнуться на Божьи слова, я имею в виду не некое мистическое общение Бога с нами и не воображаемый разговор с Ним, а общение с Богом через Библию.

сказали, мы снова слушаем собеседника, как в настоящем разговоре, то есть читаем следующие слова, которые Бог сказал в Своем Слове. В каждой части молитвы мы опираемся на новые слова Писания и не повторяем заезженных фраз из наших старых молитв. Так продолжается до тех пор, пока мы не закончим молитву [49].

Пожалуй, лучше всех этот секрет знали английские пуритане, которые жили в период с 1550 по 1700 гг. Позвольте мне процитировать некоторых пуританских авторов. Во-первых, я хочу показать вам, насколько обычным делом для них было молиться на основании размышления над Писанием, что совсем необычно для нынешнего поколения. Во-вторых, тем самым я хочу продемонстрировать, что эта истина должна прочно укорениться в вашей молитвенной жизни. В этой коллекции удачных метких советов и наставлений есть много того, к чему стоит прислушаться.

Хочу процитировать слова пастора Ричарда Бакстера, автора классического труда «Реформированный пастор», который постоянно переиздается до сих пор:

> *Таким образом, когда в нашем размышлении мы сочетаем мысли вслух с молитвой, иногда обращаясь к собственному сердцу, а иногда к Богу, это, я полагаю, высочайший уровень, которого можно достичь в этом небесном труде. При этом не стоит думать, что мы будем иметь такой же успех, если оставим размышление и возьмемся только за молитву; ибо*

---

[49] Есть еще один вариант метода размышления 9, «Молитесь по тексту», который мы рассматривали на с. 61. Я применяю этот простой библейский метод молитвы уже почти тридцать лет и могу подтвердить, что именно этот метод, сочетающий огонь Божьего Слова и молитву, как никакой другой, быстро и действенно настраивает мое холодное сердце на молитву.

это отличные друг от друга обязанности, каждую из которых мы должны исполнять. Нам нужно и одно, и другое. Поэтому, пренебрегая одним или другим, мы вредим себе. Кроме того, если мы будем сочетать размышление и молитву, подобно тому, как сочетаются различные инструменты в оркестре, результат будет еще лучше, потому что они будут подкреплять друг друга. Поэтому нашему общению с Богом в молитве должен предшествовать наш разговор с самими собой в ходе размышления [50].

Один из самых влиятельных пуританских богословов Джон Оуэн, который был капелланом Оливера Кромвеля, сказал: «Когда вы размышляете, молитесь. Сознательно принимайте сердцем каждый луч света и истины, приходящий вам на ум. Благодарите Бога и молитесь обо всем, что вас сильно впечатляет» [51].

Пуританский пастор и библейский толкователь Мэтью Генри делает следующее замечание о Псалме 18:15: «Молитвы Давида — это не только его слова, но и размышления. Как размышление является лучшей подготовкой к молитве, так и молитва является лучшей темой для размышления. Размышление и молитва неотделимы друг от друга» [52].

Одним из наиболее плодовитых пуританских проповедников и авторов был Томас Мэнтон. В своей проповеди о размышлениях Исаака в поле (см. Быт. 24:63) он прямо

---

[50] Richard Baxter, The Practical Works of Richard Baxter: Select Treatises (Grand Rapids, MI: Baker, 1981), 103.

[51] Слова Джона Оуэна, процитированные в журнале The Banner of Truth, выпуск за август-сентябрь 1986 г., 58.

[52] Matthew Henry, *Matthew Henry's Commentary on the Whole Bible* (Old Tappan, NJ: Revell, n.d.), vol. 3, 255.

говорит о том, что размышление является связующим звеном между насыщением Божьим Словом и молитвой.

Мэнтон пишет:

> 99 *Размышление является промежуточным упражнением между чтением Слова и молитвой и связано с обоими этими упражнениями. Божье Слово питает размышление, а размышление питает молитву. Мы должны сочетать эти два духовных упражнения; размышление должно следовать за слушанием Слова и предшествовать молитве. Если мы только слушаем и не размышляем, это не принесет нам пользы. Мы можем слушать и слушать, но это все равно что класть вещи в дырявую сумку <...> Молиться и не размышлять безрассудно. Пища, которой мы насыщаемся из Божьего Слова, усваивается в процессе размышления и находит отражение в молитве. Нам следует выполнять эти три упражнения в таком порядке, чтобы одно не вытесняло другое. Молитва становится бесплодной, сухой и безжизненной у тех, кто не упражняет себя в святом размышлении [53].*

«Необыкновенно одаренный и благочестивый» [54] пуританский проповедник Уильям Бейтс писал: «По какой причине наши желания, подобно стреле, выпущенной из слабого лука, не достигают цели? Причина одна: мы не размышляем перед молитвой <...> Главная причина, по которой наши молитвы бесплодны, заключается в том, что мы не

53 Thomas Manton, *The Complete Works of Thomas Manton* (reprint, Worthington, PA: Maranatha Publications, n.d.), 272–273.
54 W. Farmer, "Memoir of the Author," in William Bates, *The Whole Works of the Rev. W. Bates*, arr. and rev. W. Farmer (reprint, Harrisburg, PA: Sprinkle, 1990), vol. 1, viii.

размышляем перед ними»[55]. Блестящим примером практических трудов, вышедших из-под пера пуритан, являются сочинения Уильяма Бриджа. Вот что он писал о размышлении:

> *Размышление — это «сестра» чтения и «мать» молитвы. Хотя человеческое сердце не расположено к тому, чтобы молиться, если человек хотя бы начнет размышлять о Боге и о божественном, его сердце вскоре обратится к молитве <...> Начните с чтения или слушания. Затем переходите к размышлению и завершайте молитвой <...> Чтение без размышления бесплодно, размышление без чтения опасно, а размышление и чтение без молитвы — это занятие, которое не снищет вам благословения[56].*

Современный британский писатель Питер Тун в своей книге «От ума к сердцу» подытоживает суть учения пуритан по этому вопросу:

> *Читать Библию и не размышлять считалось бесплодным упражнением: лучше прочитать одну главу и затем поразмышлять, чем прочитать несколько глав и совсем не размышлять. Подобным образом, если мы размышляем и при этом не молимся, мы будто готовимся к забегу, но так и не пересекаем линию старта. Пуритане предполагали, что эти три упражнения — чтение Писания, размышление и молитва — связаны между собой. И хотя иногда можно выполнять каждое*

---

[55]   William Bates, *The Whole Works of the Rev. W. Bates*, arr. and rev. W. Farmer (reprint, Harrisburg, PA: Sprinkle, 1990), vol. 3, 130.

[56]   William Bridge, *The Works of the Reverend William Bridge* (reprint, 1845; reprint, Beaver Falls, PA: Soli Deo Gloria, 1989), vol. 3, 132, 154.

из них по отдельности, когда речь идет о формальных обязанностях верующего перед Богом, лучше всего выполнять их в совокупности» [57].

Спустя двести лет после эпохи пуритан появился человек, который стал известен как один из самых одаренных Богом молитвенников. Его звали Джордж Мюллер. На протяжении более половины прошлого века он содержал приют для сирот в городе Бристоль в Англии. Лишь по молитве и по вере, не афишируя свою нужду и не влезая в долги, он прокормил, одел и выучил более десяти тысяч сирот (по две тысячи одновременно), а также поддерживал миссионерскую деятельность по всему миру. Через руки Мюллера прошли миллионы долларов (по сегодняшним деньгам), хотя он ни у кого не просил денег, и десятки тысяч ответов на его молитвы, которые он записал, стали легендарными.

Любой, кто слышал историю о Джордже Мюллере, наверняка задумывался о том, в чем же секрет действенности его молитв. Хотя существуют разные мнения по поводу того, в чем был этот «секрет», я полагаю, что успех его молитвенной жизни — это прежде всего воля всевластного Бога. Но если мы хотим подражать Мюллеру, я считаю, что нам следует обратить внимание на одну деталь, которую, насколько мне известно, никто не считал его «секретом».

Весной 1841 года Джордж Мюллер открыл для себя взаимосвязь между размышлением и молитвой, и это открытие

---

[57] Peter Toon, *From Mind to Heart: Christian Meditation Today* (Grand Rapids, MI: Baker, 1987), 93

преобразило его духовную жизнь. И вот как он описал свое новое открытие:

> Раньше я обычно молился утром, сразу после того, как одевался. Эта привычка была у меня по крайней мере последние десять лет. Но я осознал, что самое важное для меня — это предаться чтению Божьего Слова и размышлению над ним, чтобы получить утешение, ободрение, теплоту, наставление и обличение для своего сердца и чтобы посредством Божьего Слова, во время размышления над ним привести свое сердце в состояние эмпирического [58] общения с Господом.
>
> Поэтому я начал размышлять над Новым Заветом в самом начале дня, рано утром. После краткой молитвы о благословении Господа на Его драгоценное Слово я сразу же начинал размышлять над Божьим Словом, вникая в каждый стих, чтобы извлечь из него благословение. Я делал это не в целях подготовки к публичному служению или проповеди Слова и не ради того, чтобы проповедовать о том, о чем я размышлял, но для того, чтобы насытить свою душу.
>
> Почти неизменно я получал следующий результат: после нескольких минут размышления моя душа испытывала побуждение либо к исповеданию, либо к благодарению, либо к ходатайственной молитве, либо к прошению. Поэтому, хотя в это время я и не предавал себя молитве, как раньше, но занимался размышлением, почти сразу оно перерастало в молитву. Итак, после краткого исповедания, или ходатайства, или прошения, или благодарения я переходил к следующему слову или стиху в тексте и каждый раз молился по ним за себя или за других под водительством Слова. При

---

58 Говоря современным языком, «практического».

этом я старался всегда помнить, что главная цель моего размышления — это напитать собственную душу. Таким образом, в моем общении с Богом было много исповедания, благодарения, прошения или ходатайства, которые перемежались с размышлением, и мой внутренний человек почти неизменно получал пищу и укрепление. Поэтому к завтраку, за редким исключением, я всегда пребывал в мирном, а иногда даже счастливом расположении духа.

Итак, я изменил свой подход к молитве. Раньше, когда я вставал, я сразу же начинал молиться и обычно проводил все или почти все время до завтрака в молитве. Чтобы ни происходило, я почти всегда начинал с молитвы <...> Но каков был результат? Я часто проводил четверть часа, полчаса, а то и почти целый час на коленях и только после этого чувствовал, что получил утешение, ободрение и смирение для своей души. Часто первые десять или пятнадцать минут, или полчаса я сильно страдал от того, что мои мысли все время блуждали, и только потом я начинал по-настоящему молиться.

Сейчас же я почти не страдаю от этого. Ведь когда мое сердце насыщается истиной и входит в эмпирическое духовное общение с Богом, я обращаюсь к моему Отцу и Другу (хотя я грешен и недостоин этого) и молюсь о том, что Он показал мне в Своем драгоценном Слове. Теперь я часто удивляюсь, как я мог не замечать этого раньше. И все же сейчас, когда Бог научил меня этому, для меня совершенно ясно, что первое, что должно делать Божье дитя по утрам, — это питать своего внутреннего человека.

А что является пищей для внутреннего человека? Не молитва, а Божье Слово, и опять же не просто чтение Божьего

Слова, которое проходит через наш ум, как вода через трубу, но изучение того, что мы читаем, размышление над этим и применение этого к нашему сердцу.

Когда мы молимся, мы разговариваем с Богом. По сути говоря, если мы хотим долго молиться и не делать это не просто из чувства долга, нам нужно усилие или благочестивое желание. Поэтому лучше всего выполнять это упражнение души тогда, когда наш внутренний человек уже насытился размышлением над Божьим Словом, в котором наш Отец обращается к нам с ободрением, утешением, наставлением, смирением и обличением.

Поэтому мы можем с пользой для себя размышлять над Словом, получая Божье благословение, хотя мы всегда так немощны духовно; впрочем, чем мы слабее, тем больше мы нуждаемся в размышлении для укрепления нашего внутреннего человека. Таким образом, нам нужно бояться не столько блуждания ума, сколько молитвы без предварительного размышления.

Я так подробно говорю об этом, потому что сам получаю огромную духовную пользу и укрепление от применения этого метода. Поэтому я настоятельно и с любовью умоляю всех своих братьев и сестер серьезно задуматься над этим. Я полагаю, что по Божьему благословению, применяя этот метод, я получаю от Бога помощь и силу, благодаря которым я различными способами прохожу более трудные испытания, чем прежде. Я практикую этот метод уже более 14 лет и с полной уверенностью, в страхе Божьем, могу заявить, что он весьма надежен [59].

---

[59] Roger Steer, ed., *Spiritual Secrets of George Müller* (Wheaton, IL: Harold Shaw Publishers; and Robesonia, PA: OMF Books, 1985), 60–62, выделение автора.

Как нам научиться молиться? Как нам научиться молиться так, как молился Давид, пуритане, Джордж Мюллер? Мы учимся молиться посредством размышления над Писанием, потому что размышление является недостающим звеном, которое соединяет насыщение Божьим Словом и молитву.

Нам нужно молиться с другими

Ученики учились молиться, не только слушая учение Иисуса о молитве, но также находясь вместе с Ним, когда Он молился. Давайте не будем забывать, просьба «Господи! научи нас молиться» не была случайной. Ученики попросили Иисуса об этом после того, как были с Ним во время Его молитвы (Лк. 11:1). Подобным образом, мы можем научиться молиться, находясь рядом с теми людьми, которые сами умеют хорошо молиться и могут показать нам пример истинной молитвы.

Я не имею в виду, что мы должны просто заимствовать новые слова и выражения для молитвы. Когда мы учимся у других, как правило, мы перенимаем не только хорошее, но и плохое. Я слышал молитвы людей, которые, похоже, никогда не молились своими словами. Каждый раз, когда они молятся, они говорят одно и то же. Вполне очевидно, что они просто произносят высокопарные фразы, которых они нахватались от других за многие годы. Христос сказал: «А молясь, не говорите лишнего» (Мф. 6:7). Молитвы, пестрящие лишними фразами, редко исходят из сердца. Такие молитвы адресованы вовсе не Богу. На самом деле люди произносят такие молитвы для того, чтобы выполнить свой долг или произвести впечатление на слушающих.

Мы можем многому научиться у других верующих, когда молимся вместе с ними. Но мы молимся с ними для того, чтобы усвоить принципы молитвы, а не просто выучить отдельные фразы. Кто-то из верующих может показать вам, как при помощи библейских доводов доказывать Богу, что Он должен ответить на вашу молитву. А кто-то может показать, как молиться по отрывкам Писания. Молясь с теми, кто усердно совершает ходатайственные молитвы, мы можем научиться у этого человека тому, как молиться за миссионерскую работу. Если вы регулярно молитесь вместе с другими верующими, это может в значительной степени обогатить вашу христианскую жизнь. Бог нередко совершал великие дела в ответ на молитвы нескольких верующих, которые собирались вместе.

Вам нужно читать о молитве

Если мы будем просто читать о молитве, но не будем сами молиться, это нам не поможет. Но если мы будем читать о молитве и будем молиться сами, это может помочь нам узнать о молитве больше. «Железо железо острит, и человек изощряет взгляд друга своего» (Прит. 27:17). Прочитайте выводы, к которым пришли опытные молитвенники, находящиеся на передовой молитвы. Пусть эти выводы помогут вам отточить свое молитвенное оружие для участия в духовной брани.

Из Книги Притчей мы узнаем: «Обращающийся с мудрыми будет мудр...» (Прит. 13:20). Чтение книг, написанных опытными молитвенниками, дает нам возможность «общаться» с ними и усваивать те уроки о молитве, которые Бог преподнес им.

Мы знаем на собственном опыте, что другие иногда видят в Библии то, чего не видим мы, и могут объяснить известное библейское учение по-новому, что помогает нам глубже его понять. Аналогичным образом, уроки о молитве, которые извлекли для себя другие верующие в процессе изучения Писания и личного возрастания в благодати, могут стать средством, при помощи которого Бог будет учить нас тому, что мы бы никогда не узнали сами. Есть ли среди нас люди, которые ничего не узнали о молитве по вере из описания молитвенной жизни Джорджа Мюллера или не загорелись желанием молиться, прочитав биографию и дневник Дэвида Брэйнерда?

Я надеюсь, что эта глава, посвященная упражнению в молитве, убедит вас в том, что вы можете научиться молиться, читая о молитве!

Я хотел бы ободрить вас. Как бы трудно ни давалась бы вам сейчас молитва, если вы терпеливо будете ей учиться, то у вас всегда будет надежда на то, что ваша молитвенная жизнь станет более сильной и плодотворной в будущем.

БОГ ОТВЕЧАЕТ НА МОЛИТВЫ

Мне нравится обращение Давида к Богу в Псалме 64:3: «Ты слышишь молитву; к Тебе прибегает всякая плоть».

Пожалуй, чаще всего мы принимаем как данность именно этот принцип молитвы — истину о том, что Бог всегда отвечает на молитвы. Попробуйте прочитать следующее обетование Христа так, как будто вы слышите его впервые: «Просите, и дано будет вам; ищите и найдете; стучите и отворят вам. Ибо всякий просящий получает, и ищущий находит, и стучащему отворят» (Мф. 7:7–8).

Эндрю Мюррей предлагает смелое, но, на мой взгляд, верное истолкование этого обетования Христа:

> *«Просите, и дано будет вам … ибо всякий просящий получает». Таков нерушимый и вечный закон царства: если вы просите и не получаете, значит вы молитесь не так, как нужно, или вашей молитве чего-то недостает. Подождите; пусть Слово и Святой Дух научат вас правильно молиться, но пусть в вас не ослабевает дерзновение, которое Он стремится пробудить в вас: каждый, кто просит, получает <...> Пусть всякий, кто учится в школе Христа, принимает слова Учителя во всей их простоте <...> Давайте не будем ослаблять Божье Слово своей человеческой мудростью[60].*

Если мы знаем, что Бог отвечает на молитвы, но «просим и не получаем», нам следует задуматься: может, мы молимся «не так, как нужно», или нашей «молитве чего-то недостает». Быть может, Бог ответил на нашу молитву, но не так явно. Кроме того, иногда бывает, что с нашей молитвой все в порядке, но мы не получаем ответа от Бога только потому, что Он хочет, чтобы мы проявили большую настойчивость и молились об этой нужде еще больше. Кроме того, мы должны учиться исследовать свои молитвы. Может, мы просим о том, что противоречит Божьей воле и не прославляет Бога? Не эгоистичны ли наши мотивы? Может быть, мы не разобрались с каким-либо явным грехом, из-за кото-

---

[60] Andrew Murray, *With Christ in the School of Prayer* (Old Tappan, NJ: Spire Books, 1975), 33.

рого Бог воздерживается от того, чтобы отвечать на наши молитвы? Однако, какой бы ответ мы ни получали на молитвы, нам не следует слишком сильно привыкать к недостаткам нашей молитвы. Мы не должны просить о чем-то, не ожидая получить то, о чем мы просим. Из-за этого ослабевает наша вера в силу обетования Христа. Бог действительно отвечает на молитвы.

Моя жена Кэффи работает художником и иллюстратором-фрилансером для христианских изданий из домашней студии. Хотя она создала сотни иллюстраций для самых различных христианских организаций, у нее появляется работа лишь время от времени. Часто мы молимся Господу, чтобы Он даровал ей возможность иметь постоянную работу в этой сфере. У нее давно уже не было заказов, поэтому я недавно предложил ей начать молиться о том, чтобы у нее появились новые проекты. Уже на следующее утро Кэффи позвонила мне перед обедом и сказала: «Пожалуйста, больше не надо молиться о новых заказах! За сегодняшнее утро я получила столько заказов, что у меня уйдет много месяцев, чтобы выполнить их!» На нее никогда не обрушивался такой объем работы за такое короткое время. Мы также молились и о многом другом (не только о моих нуждах, но и о нуждах церкви и других людей), и Господь мог бы ответить на любую из этих молитв. Я не знаю, почему Ему было угодно ответить именно на эту нужду. Были ли все эти предложения о работе ответом на молитву, или это было всего лишь совпадение? Только Бог знает наверняка. Но я согласен с одним человеком, который сказал: «Если это совпадение, то такие совпадения наверняка случаются в моей жизни чаще, когда я молюсь, чем когда я молчу».

Бог не насмехается над нами, когда обещает ответить на наши молитвы. Сперджен сказал:

> Я не представляю себе, чтобы кто-нибудь из вас дразнил своего ребенка ложными надеждами, разжигая в нем желание получить то, чего он не собирается ему дать. Было бы очень некрасиво предложить милостыню нищему, а потом, когда он протягивает свою руку, осмеять его нищету отказом. Было бы неописуемой жестокостью привезти человека, страдающего мучительной болезнью, в больницу и оставить его там умирать без лечения и ухода. Если Бог побуждает вас молиться о чем-то, Он желает, чтобы вы получили это [61].

Через отрывки Писания о молитве и через Святого Духа Бог побуждает нас к молитве. Он побуждает нас молиться не для того, чтобы потом захлопнуть дверь небес прямо перед нашим носом. Давайте же упражнять себя в молитве и учиться ей, чтобы больше уподобляться Христу в том, как Он радовался ответам на Свои молитвы.

ДОПОЛНИТЕЛЬНОЕ ПРИМЕНЕНИЕ

*Зная, что Бог ожидает от вас молитв,
станете ли вы молиться?*

Я прямо призываю вас к этому, потому что я думаю, что нам необходимо принимать сознательные решения в отношении

---

[61] C. H. Spurgeon, "Thought-Reading Extraordinary," *Metropolitan Tabernacle Pulpit* (London: Passmore and Alabaster, 1885; reprint, Pasadena, TX: Pilgrim Publications, 1973), vol. 30, 539–540.

своеймолитвеннойжизни.Одинпастор,которыйпридер-
живается того же мнения, пишет:

> Чтобы меня поняли правильно, скажу, что одна из основных
> причин, почему столько детей Божьих не имеют подлинной
> молитвенной жизни, заключается отнюдь не в том, что
> мы не хотим вести ее. Когда мы хотим взять четырехне-
> дельный отпуск, мы не поднимаемся одним летним утром
> с постели, чтобы сказать: «Хорошо, поехали прямо сейчас!»
> Ведь у нас ничего не будет готово. Мы не будем знать, что
> где лежит. Мы не хотим, чтобы наш отпуск не был заранее
> распланирован.
>
> Но именно так некоторые люди трактуют молитву.
> Каждый день мы поднимаемся утром с постели, сознавая, что
> время, которое мы тратим на молитву, должно быть частью
> нашей жизни. Однако мы не готовы к ней. Мы не знаем, с чего
> начать. Ничто не запланировано. Нет времени. Нет подхо-
> дящего места. Мы не знаем, какую использовать методику.
> Но мы все знаем, что спонтанная молитва не может быть
> противоположностью планированию.
>
> Противоположность планирования — это рутина. Если
> мы не будем планировать отпуск, мы, скорее всего, останемся
> дома и не будем отходить от телевизора. Естественный,
> непринужденный ход духовной жизни снижается до самой
> низкой отметки жизненной энергии. Мы должны мчаться
> и бороться. Если мы хотим обновить нашу молитвенную
> жизнь, мы должны планировать ее, чтобы увидеть резуль-
> таты обновления [62].

---

[62] Джон Пайпер. Жаждущие Бога. Размышления христианского гедониста.
СПб.: «Мирт», 2004. С. 197–196.

Готовы ли вы молиться, чтобы возрастив благочестии? Сегодня? Планируете ли вы молиться я завтра? А послезавтра и позже?

Если молитве нужно учиться, готовы ли вы учиться молиться?

Когда вы больше узнаете о молитве, вы можете улучшить свою молитвенную жизнь. Однако, как и сама молитва, обучение молитве требует планирования. Готовы ли вы учиться молиться, связывая чтение Библии с молитвой посредством размышления? Запланировали ли вы молиться вместе с другими людьми? Желаете ли вы больше узнавать о молитве, читая о молитве? Что вы собираетесь прочитать? Существует множество книг о молитве, а также биографий великих молитвенников. Вы можете обратиться к источникам, приведенным в этой главе, а также спросить у своего пастора или верующего друга, который умеет молиться, какие книги они порекомендуют. Итак, когда вы начнете?

Если Бог отвечает на ваши молитвы, будете ли вы проявлять настойчивость в молитве?

Помните, что глаголы «просите», «ищите» и «стучите» из Евангелия от Матфея 7:7 в оригинале употребляются в настоящем продолженном времени. Это значит, что часто нам приходится проявлять настойчивость в молитве, и только потом мы получаем ответ. В Евангелии от Луки 18:1 Иисус начинает рассказывать целую притчу «о том, что должно всегда молиться и не унывать». Иногда мы не проявляем настойчивость в молитве потому, что, прежде всего, мы не относимся серьезно к нашему прошению. А иногда

Бог желает, чтобы мы проявляли настойчивость в молитве, потому что Он хочет укрепить нашу веру в Него. Мы не возрастали бы в вере, если бы Бог отвечал на все молитвы сразу. Настойчивая молитва также помогает нам быть более благодарными Богу. Мы радуемся рождению ребенка после нескольких месяцев ожидания также сильно, как мы радуемся, получив ответ на настойчивую молитву. Нынешнее поколение измеряет время в наносекундах и не желает признавать свою нужду в терпении, но Бог взращивает в нас терпение, подобное терпению Христа, требуя от нас настойчивости в молитве.

Джордж Мюллер заметил:

> *Часто Божьи дети совершают огромную ошибку: они не молятся с усердием. Они не проявляют постоянства и настойчивости в молитве. Если они желают чего-либо ради Божьей славы, они должны молиться об этом, пока не получат желаемого. Как же благ, добр, прекрасен и снисходителен наш Господь! Хотя я недостоин Его милости, Он дарует мне безмерно больше всего, о чем я прошу или помышляю![63]*

Возможно, мы не часто слышим такие свидетельства, потому что лишь немногие проявляют настойчивость в молитве. Однако, если мы с настойчивостью ищем Бога в молитве, Он обещает вознаградить нас за все то разочарование и уныние, которые мы испытали. Не позволяйте врагу искушать вас, подталкивая вас к безмолвному цинизму в вопросе о том, желает ли и может ли Бог отвечать на наши молитвы.

---

[63] Roger Steer, *George Müller: Delighted in God!* (Wheaton, IL: Harold Shaw Publishers, 1975), 310.

Пусть любовь к Богу побуждает вас к усердию в молитве Тому, Кто любит вас, даже когда Его судьбы непостижимы и Его пути неисследимы (Рим. 11:33).

Давайте остановимся и разберемся. Хотя Бог слышит все, в том числе каждую молитву и каждую мысль, Он отвращается от наших молитв и не отвечает на них (см. Ис. 59:2), пока мы не покаемся и не обратимся к Нему через веру в Иисуса Христа и Его жертву (см. Ин. 14:6). Чтобы склонить ухо Бога к нам, мы должны не полагаться на нашу искренность или духовность, но верить в праведность Христа. Евангелие учит нас, что Бог принимает нас «в Возлюбленном» (Еф. 1:6), поэтому мы всегда обращаемся к нашему Отцу во имя Его Сына в молитве с помощью Святого Духа. Мы все равно должны упражняться в молитве, потому что, даже если Бог дает нам желание молиться, наши повседневные обязанности могут легко отвлечь нас от привычной молитвы. Но по Своей благодати, явленной в Евангелии, Бог всегда принимает наши молитвы.

Тем не менее в конечном счете мы призваны упражнять себя в молитве для укрепления в благочестии. Там, где царит дух молитвы, есть и благочестие. В своей характерной образной манере Сперджен высказался об этом так: «Как луна вызывает приливы моря, так и молитва … вызывает приливы благочестия» [64].

Те, кто упражняет себя в молитве, возрастают в благочестии, потому что посвященность молитве Богу культивирует благочестие во всех сферах жизни. Мой пасторский опыт

---

[64] C. H. Spurgeon, "Prayer—The Forerunner of Mercy," in *New Park Street Pulpit* (London: Passmore and Alabaster, 1858; reprint, Pasadena, TX: Pilgrim Publications, 1981), vol. 3, 251.

подтверждает слова Джона Райла: «В чем причина того, что в некоторых верующих намного больше света и они более святы, нежели другие? Я полагаю, что в девятнадцати случаях из двадцати это объясняется различным отношением к личной, уединенной молитве. Я верю, что те, кто не отличается особой святостью, молятся мало, а те, кто действительно являет святость в своей жизни, молятся много [65].

Хотите ли вы уподобляться Христу? Тогда делайте так, как делал Он: упражняйте себя в том, чтобы усердно молиться.

---

[65] Джон Чарльз Райл. Призыв к молитве. СПб: Библия для всех, 2011. С. 23.

ГЛАВА 5

Поклонение для укрепления в благочестии

Истинное духовное самообладание держит верующих в рамках, а не в рабстве; оно расширяет пределы, открывает возможности и дает свободу.

Д. Кел

Одно из самых печальных событий моего детства произошло в день, когда мне исполнилось десять лет. Я заранее разослал письма с приглашением на праздник восьми моим друзьям. Этот день рождения обещал быть самым лучшим в моей жизни. Все друзья пришли ко мне домой сразу после школы. Мы играли во дворе в футбол и баскетбол до темна. Мой папа жарил хот-доги и гамбургеры на гриле, а мама доделывала праздничный торт. После того как мы съели всю глазурь с торта, мороженое и большую часть торта, пришло время дарить подарки. Честно говоря, я уже не помню, какие мне подарки подарили тогда, но я хорошо помню, что я прекрасно провел время с теми, кто мне их подарил. Поскольку у меня не было братьев, самое лучшее во всем этом событии было то, что я провел время с другими мальчишками.

Кульминацией этого великого торжества был мой подарок для них. Для друзей мне было ничего не жалко. Деньги не имели значения. Я собирался оплатить им билеты на самое увлекательное событие в городе — школьный баскетбольный матч. Я до сих пор помню, как в тот холодный вечер мы все со смехом повыскакивали из машины моих родителей и рванули в спортзал. В окружении друзей я подошел к окошку кассы, чтобы оплатить девять билетов стоимостью в 25 центов, и это было одно из самых простых, но лучших воспоминаний моей жизни. Я воображал себе, что это будет отличное завершение дня рождения десятилетнего мальчика. Я представил себе, как я сижу посередине, а справа и слева от меня сидят по четверо из моих друзей. Мы жуем попкорн, в шутку толкаем друг друга и вместе болеем за героев нашей школы. Я помню, что, когда я вошел в спортзал, я был настолько счастлив, что мне казалось, я счастливее Джимми Стюарта в заключительной сцене фильма «Эта замечательная жизнь».

Но вдруг моя прекрасная мечта разрушилась. Когда мы вошли в спортзал, все мои друзья разбежались, и я больше не видел их в тот вечер. Они так и не поблагодарили меня ни за веселье, ни за еду, ни за билеты. Никто даже не сказал: «Поздравляю тебя с Днем рождения, но я хочу сидеть с другими ребятами». Не сказав ни слова благодарности и не попрощавшись, они все оставили меня и даже не оглянулись. Мне пришлось провести остаток моего дня рождения на скамейке спортзала и встретить новый год своей жизни в одиночестве. Насколько я помню, матч прошел ужасно.

Я рассказываю эту историю не для того, чтобы вы посочувствовали мне в этой печальной истории из моего детства, но потому, что это напоминает мне о том, как мы часто обращаемся с Богом во время поклонения. Хотя мы и приходим на торжество, «виновником» которого является Бог, мы можем приносить Ему лишь формальные дары, петь Ему несколько привычных гимнов, а затем полностью забывать о Нем, сосредотачиваясь на других людях и с интересом наблюдая представление, которое разворачивается перед нашими глазами. Как мои десятилетние друзья, мы можем уйти без малейшего угрызения совести, без всякого осознания своей бесчувственности, с полной уверенностью, что мы исполнили свое обязательство.

Сам Иисус Христос повторял главную ветхозаветную заповедь «Господу Богу твоему поклоняйся» (Мф. 4:10), которую Он Сам исполнял. Поклоняться своему Творцу — это обязанность (и привилегия) каждого человека. В Псалме 94:6 мы читаем: «Придите, поклонимся и припадем, преклоним колени пред лицом Господа, Творца нашего». Вполне очевидно, что Бог ожидает от нас поклонения. В этом наша цель! Невозможно представить благочестие без поклонения Богу. Но все, кто стремится к благочестию, должны осознать, что можно поклоняться Богу тщетно. Иисус цитировал еще один ветхозаветный отрывок, предупреждая о том, что можно поклоняться Богу тщетно: «Приближаются ко Мне люди сии устами своими и чтут Меня языком; сердце же их далеко отстоит от Меня; но тщетно чтут Меня» (Мф. 15:8–9). Заметьте: Иисус говорит, что они «чтут» Бога. Но Бог отвергает их поклонение, называя его «тщетным».

Как мы можем поклоняться Богу так, чтобы наше поклонение не было тщетным? Как нам вместо этого «служить благоугодно Богу» (Евр. 12:28)? Мы должны научиться одному Духовному Упражнению, которое является неотъемлемым элементом уподобления Христу. Речь идет о библейском поклонении Богу.

ПОКЛОНЕНИЕ — ЭТО СОСРЕДОТОЧЕНИЕ НА БОГЕ И ОТКЛИК НА ЕГО КАЧЕСТВА

Очень трудно дать точное определение термина «поклонение». Сначала давайте найдем описание поклонения в Библии. Из Евангелия от Иоанна 20:28 мы узнаем, что, когда воскресший Христос является Фоме и показывает ему Свои раны на руках и на боку, Фома говорит Ему: «Господь мой и Бог мой!». Это не что иное, как поклонение. В Откровении 4:8 мы читаем о том, что вокруг Божьего престола стоят четыре животных, которые поклоняются Богу днем и ночью, восклицая: «Свят, свят, свят Господь Бог Вседержитель, Который был, есть, и грядет». Затем в стихе 11 говорится, что двадцать четыре старца, находящиеся вокруг Божьего престола на небесах, поклоняются Ему и полагают у ног Его свои венцы. Они повергают себя ниц перед Ним, говоря: «Достоин Ты, Господи, принять славу и честь и силу, ибо Ты сотворил все, и все по Твоей воле существует и сотворено». В следующей главе мы читаем, что тысячи и тысячи ангелов, старцы и четыре животных вокруг небесного престола Иисуса Христа, Агнца Божьего, громко восклицают в поклонении: «Достоин Агнец закланный принять силу и богатство, и премудрость и крепость, и честь и славу и благословение» (5:12). И сразу после этого Богу начинает поклоняться «всякое творение»: «Сидящему на престоле и Агнцу благословение и честь, и слава и держава во веки веков!» (5:13).

Теперь давайте опишем то, что мы наблюдаем в этих отрывках. Поклоняться Богу значит приписывать Ему достоинство, которое принадлежит Ему по праву; признавать Его достойным похвалы; приходить и обращаться к Нему в соответствии с Его достоинством. Наш Бог святой и всемогущий, Творец и Вседержитель, а также верховный Судья, Которому мы дадим отчет, поэтому Он достоин всякой чести и хвалы, которую только можно Ему воздать, и бесконечно больше этого. К примеру, заметьте, что в Откровении 4:11 и 5:12 существа, которые находятся вокруг Божьего престола, восклицают, что Бог «достоин» всего того, что перечисляется дальше.

Чем больше мы сосредотачиваемся на Боге, тем больше мы понимаем и ценим Его бесконечное достоинство. А когда мы начинаем понимать и ценить это, мы не можем не отреагировать на это поклонением. Подобно тому, как живописный закат или захватывающая дух горная вершина вызывает в нас спонтанное восхищение, осознание достоинства Бога не может не побудить нас к поклонению. Если бы в этот момент вы смогли бы увидеть Бога своими глазами, вы бы настолько глубоко осознали Его достоинство, которое заслуживает поклонения, что моментально упали бы ниц и поклонились бы Ему. Вот почему в Откровении говорится, что те, кто находится у Божьего престола и видит Бога, падают ниц и поклоняются, а те животные, которые стоят к Нему ближе всего, настолько изумлены Его достоинством, что всю вечность непрестанно поклоняются Ему, восклицая: «Свят, свят, свят». Конечно, можно было бы говорить об этом более подробно, но я бы хотел дать этому термину простое определение: поклонение — это сосредоточение на Боге и реакция на Его достоинство.

Однако мы еще не на небесах и пока что не можем сосредотачивать свое внимание на Господе и видеть Его воочию. Как же Бог открывает Себя нам здесь, на земле, чтобы мы могли сосредотачивать свое внимание на Нем? Во-первых, Он явил Себя в творении (Рим. 1:20). Таким образом, правильная реакция на прекрасный закат или живописный вид на горы — это поклонение Творцу, Который создал такую красоту и великолепие. Во-вторых, Бог оставил более конкретное откровение о Себе: Он явил Себя в Своем непогрешимом письменном Слове, Библии (2 Тим. 3:16; 2 Пет. 1:20–21), а также в Своем воплощенном Слове, Иисусе Христе (Ин. 1:1; 14; Евр. 1:1–2). В ответ на это мы должны искать Бога, обращаясь ко Христу, явленному в Библии. Когда мы будем это делать и Святой Дух будет открывать наши духовные очи, мы будем видеть Бога таким, каким Он являет Себя в Писании, и реагировать на это поклонением. Например, только что мы прочитали в Библии (см. Откр. 4:8), что Бог свят. Когда мы будем размышлять над этим и все больше узнавать, что значит, что Бог свят, нас будет переполнять желание поклоняться Ему, которое зарождает в нас Святой Дух. Но как именно мы можем больше узнать о том, что значит, что Бог свят? Об этом нам расскажет Библия, самый надежный и авторитетный источник информации о Божьей святости. А чтобы больше узнать из Библии о том, что такое святость Бога, мы будем читать, среди прочего, отрывки о Христе, потому что святой Бог наиболее ясно открывает Себя в Иисусе Христе, Который есть Бог во плоти. Если мы посредством размышления будем сосредотачиваться на личности и деле Христа, которые описаны в Библии, мы больше узнаем, каков наш Бог, потому что Иисус Христос «явил» Его (Ин. 1:18). И в той степени, в которой мы по-настоящему понимаем, каков наш Бог, мы будем отвечать Ему нашим поклонением.

Именно поэтому всякое поклонение Богу — публичное, семейное[66] или личное — должно быть основано на Библии и укоренено в библейском учении. Библия открывает нам Бога, чтобы мы могли Ему поклоняться, и в той степени, в которой мы сосредотачиваемся на Нем, мы будем поклоняться Ему. Поэтому, если мы мало изучаем откровение Бога о Себе Самом, мы мало сосредотачиваемся на Нем. А если мы мало сосредотачиваемся на Нем, мы мало поклоняемся Ему. И наоборот, если мы хорошо знаем Его откровение о Себе, мы будем больше сосредотачиваться на Нем и, следовательно, больше поклоняться Ему.

Чтение и проповедь Библии являются главными элементами публичного поклонения Богу, потому что это инструменты для наиболее ясного, прямого и полного описания Бога на богослужении. По тем же самым причинам изучение Библии и размышление над ней — это основа личного поклонения. Во время поклонения Богу мы также должны петь песни, пронизанные библейским учением[67], которые провозглашают истины о Боге в музыкальной форме и представляют собой библейский отклик на откровение о Боге. Молитва —

---

[66]   В этой главе я буду рассматривать только публичное и личное поклонение с акцентом на последнее. Эта тема кратко рассматривается с исторической и практической точки зрения в следующем источнике: Дональд Уитни, Семейное поклонение: в Библии, в истории и в твоем доме (Саратов: Евангелие и жизнь, 2018).
[67]   Согласно Посланию к Ефесянам 5:19 и Посланию к Колоссянам 3:16, мы должны воспевать «псалмы и славословия и песнопения».

это библейское средство выражения нашего посвящения Богу в поклонении и зависимости от Него в соответствии с библейским учением. То же самое касается и служения добровольных пожертвований. Бог также учредил крещение и Вечерю Господню, которые являются неотъемлемыми элементами публичного поклонения. Они также видимым образом провозглашают Божью истину и напоминают ее нам. Все элементы публичного поклонения, предписанные в Библии, помогают нам сосредоточить свое внимание на Боге.

Поскольку поклонение — это сосредоточение на Боге и реакция на Его качества, то, чем бы мы ни занимались, если мы не думаем о Боге, значит мы не поклоняемся Ему. Вы можете слушать здравую библейскую проповедь, но, если вы не думаете о том, что говорится в ней о Боге или что Бог говорит вам через нее, вы не поклоняетесь Ему. Вы можете петь: «Свят, свят, свят», но, если вы не думаете о Боге во время пения, вы не поклоняетесь Ему. Вы можете слушать чью-то молитву, но, если вы не молитесь вместе с этим человеком и не думаете о Боге в этот момент, вы не поклоняетесь Ему. В некотором смысле можно сказать, что все, что мы совершаем в послушании Господу, даже повседневные дела на работе и дома, — это поклонение. Но все это не заменит библейское поклонение Богу, в процессе которого мы сосредотачиваем наше внимание лишь на Боге и не думаем ни о каких других делах.

Часто во время поклонения мы произносим определенные слова и совершаем определенные действия, но поклонение не сводится к ним, потому что оно предполагает сосредоточение ума и сердца. Поклонение — это сосредоточенность на Боге и отклик души на Божий характер. Во время поклонения наше внимание полностью поглощено Богом. Поэтому, что бы вы ни говорили, о чем бы ни пели и что бы вы ни делали в конкретный момент времени, вы поклоняетесь Богу только в том случае, если вы сосредотачиваете свое внимание на Нем. Однако, когда вы действительно сосредотачиваете свое внимание на безграничном достоинстве Бога, вы всегда будете реагировать на это поклонением, как луна всегда отражает свет солнца. Такое поклонение не будет тщетным. Кроме того, наше поклонение не тщетно в случае, описанном ниже.

Поклонение совершается в духе и в истине

Самый фундаментальный отрывок о поклонении в Новом Завете находится в Евангелии от Иоанна 4:23–24. Христос говорит здесь: «Но настанет время, и настало уже, когда истинные поклонники будут поклоняться Отцу в духе и истине, ибо таких поклонников Отец ищет Себе: Бог есть дух, и поклоняющиеся Ему должны поклоняться в духе и истине».

Чтобы мы поклонялись в духе и истине, внутри нас должен обитать Тот, Кого Библия называет «Духом истины» (Ин. 14:17). Он обитает только в тех, кто обратился ко Христу с покаянием и верой. Без Него истинное поклонение невозможно. В 1 Коринфянам 12:3 мы читаем о том, что «никто не может назвать Иисуса Господом, как только Духом Святым». Это вовсе не означает, что никто не можем произнести слова «Иисус — Господь» без Святого Духа. Любой человек, который умеет разговаривать, может сказать это. Речь идет о том, что это не будет истинным исповеданием послушания Христу в поклонении, если в человеке не действует возрождающая сила Святого Духа, Который обитает в нем. Именно Святой Дух открывает нам Бога, обличает нас во грехе против Бога и делает Христа и Его спасительную силу неотразимой для нас. Святой Дух открывает наш разум к познанию истины Писания и оживляет наше сердце, которое раньше было мертвым для Бога. Святой Дух зажигает сердца, которые некогда были холодными к поклонению, пламенной любовью ко Христу.

То, что Святой Дух обитает в нас, не гарантирует, что мы всегда будем поклоняться в духе и истине, но Его присутствие в нашей жизни означает, что мы можем так поклоняться. Поклоняться Богу в духе значит поклоняться Ему изнутри. Это также требует искренности в каждом акте поклонения. Какой бы духовной ни была песня, которую вы поете, какой бы поэтической ни была ваша молитва, если все это неискреннее, тогда это не поклонение, а лицемерие.

Вторая характеристика истинного поклонения, которая дополняет первую, — это поклонение в истине. Поклонение в истине — это поклонение в соответствии с истиной Писания. Во-первых, мы поклоняемся Богу в соответствии с библейским откровением о Нем, а не в соответствии с собственными представлениями. Мы поклоняемся Ему согласно истине, которую Он открыл о Себе Самом: Он явил Себя Богом милостивым и справедливым, любящим и гневающимся, принимающим людей к Себе в рай и осуждающим других на муки в аду. Во-вторых, поклонение Богу в истине — это такое поклонение, которое Бог предписывает нам совершать в Библии. Иначе говоря, мы должны поклоняться Богу так, как Бог повелевает нам поклоняться Ему в Писании[68].

Только что мы поговорили о том, что значит поклоняться Богу в соответствии с истиной Писания. А сейчас я хотел бы вернуться к поклонению в духе и высказать еще пару

---

[68] Вы должны осознать, насколько это важно. Чтобы определить, поклоняемся ли мы Богу в истине Писания, мы можем оценить каждый элемент своего поклонения и задать себе вопрос: «Где в Библии Бог повелевает нам поклоняться Ему таким образом?»

мыслей по этому поводу. О каком бы поклонении мы ни говорили — о публичном или личном, нам нужно осознать, что, если в этот процесс не вовлечено наше сердце, мы не испытаем побуждения к поклонению. Один современный пастор выразил эту истину просто: «Там же, где чувства к Богу выхолощены, богослужение мертво»[69]. Он пояснил это следующим образом:

> *Поклонение — это радостное отражение сияния Божьего достоинства в ответ Богу. Это невозможно, если мы всего лишь выполняем свой долг. Это можно сделать это лишь тогда, когда в сердце человека спонтанно возникнет любовь к Богу.*
>
> *Рассмотрим аналогию с юбилеем свадьбы. Мой юбилей — 21 декабря. Предположим, что в этот день я прихожу домой с букетом красивых красных роз для моей жены Ноуэл. Она встречает меня у двери, я протягиваю ей букет, и она говорит: «О Джонни, они прекрасны. Спасибо тебе». После этого она крепко обнимает меня. Теперь предположите, что я поднимаю руку и сухо произношу: «Не стоит благодарности. Это мой долг».*
>
> *Что произойдет тогда? Разве долг — это не благородство? Разве мы не чтим тех, кто, сознавая свой долг, служит другим людям? Нет, не всегда это так. Долг вовсе не так замечателен, если к нему не приложено сердце. Розы, подаренные в качестве покорности долгу, несут в себе противоречие. Если мной не движет спонтанное чувство любви к жене как к личности, своими розами я ни в коей мере не оказываю ей честь. В действительности они умаляют ее ценность как*

---

[69] Джон Пайпер. Жаждущие Бога. Размышления христианского гедониста. СПб.: «Мирт», 2004. С. 90.

личности. Они — лишь неубедительное оправдание моей невысокой оценки ее; это лишь попытка зажечь во мне хоть какое-то чувство любви. Все, что я могу в себе зажечь, — это подсчитанное до мелочей проявление супружеского долга <...>

Когда мы поклоняемся Богу, потому что мы должны это делать, наш долг не заключается просто во внешнем действии, например, в совершении литургии. Наш долг заключен в действии внутреннем, в заповедях: «Утешайся Господом» (Пс. 36:4) и «Веселитесь о Господе и радуйтесь» (Пс. 31:11).

Такое поклонение действительно можно назвать подлинным по той причине, что именно оно отдает Богу честь. Бессодержательное исполнение ритуалов не прославляет Бога. Если я приглашаю свою жену отметить юбилей нашей свадьбы в ресторане, и она спрашивает меня: «Зачем нам идти туда?», я, если хочу оказать ей честь, должен ответить так: «Потому что ничто не сделает меня более счастливым сегодня вечером, чем быть вместе с тобой».

«Это мой долг» — такой ответ бесчестит ее.

«Мне доставляет это радость» — вот что чтит ее.

Как мы можем почтить Бога во время поклонения? Тем, что скажем: «Это мой долг»? Или же тем, что скажем: «Мне доставляет это радость»? [70]

Таким образом, мы должны поклоняться и в духе, и в истине, вовлекая в поклонение сердце и разум, чувства и мысли. Если мы слишком сильно увлекаемся поклонением в духе, мы можем пренебрегать истиной, забывать о ней и поклоняться так, как подсказывают нам чувства. А это может привести, с одной стороны, к халатной, безосновательной

---

[70] Пайпер, 93—95, с разрешения автора.

терпимости ко всем проявлениям поклонения, а с другой, к неконтролируемому всплеску духовных переживаний. И наоборот, если мы поклоняемся в истине без духа, тогда наше поклонение будет скучным, унылым и легко предсказуемым.

На самом деле, эти две характеристики — поклонение в духе и поклонение в истине — уравновешивают и дополняют друг друга. Очень важно осознавать это, потому что, честно говоря, все верующие иногда пытаются принести Богу жертву поклонения, но обнаруживают, что на жертвеннике их сердца нет огня. Правильное размышление над истиной может пробудить в нас эмоции, необходимые для того, чтобы поклоняться в духе. И наоборот, если у нас правильное состояние сердца и мы готовы поклоняться Богу в духе, мы будем любить Божью истину и желать, чтобы она направляла нас. Поэтому, даже если мы более склонны к поклонению в духе или к поклонению в истине, в нашем поклонении должно быть как первое, так и второе. Иисус высказал похожую мысль в Евангелии от Марка 12:30, где Он сказал, что величайшая заповедь — это любить Бога всем своим сердцем и всем своим разумом. Поклонение, которое исходит из сердца, воспламененного истиной, и выражается в искренних мыслях, сосредоточенных на Боге, не будет тщетным для Бога.

Но что, если мы уже долгое время находимся в духовной «пустыне» и почти каждый раз во время поклонения нам кажется, что мы просто лицемерим? Зачем продолжать упражняться в поклонении, если мы чувствуем, что увязли в рутине тщетного поклонения? Может, нам нужно прекратить посещать богослужения или перестать общаться с Богом лично, если нам не удается сохранять нужный баланс между поклонением в духе и истине?

Нет, мы не должны переставать поклоняться Богу, даже если у нас нет необходимых чувств для поклонения. Даже если нам не хочется совершать некоторые действия, мы все равно должны проявлять упорство в этом, хотя бы потому, что мы знаем, что это правильно. Помните, что даже наше «самое лучшее» поклонение во многом несовершенно, какими бы незначительными ни казались нам эти недостатки. Однако мы не призываем перестать поклоняться всего лишь потому, что наше поклонение небезупречно. Самое главное — это то, что духовный «прорыв», который возвращает нам радость и свободу поклонения, чаще всего наступает в процессе самого поклонения.

Люди часто рассказывают мне, что у них не было настроения приходить на служение в церковь, но они приняли решение прийти и именно на том служении в их жизни произошло что-то такое, что восстановило их силы и вернуло их в обычное духовное состояние.

На своем пути в небесную страну всем верующим суждено пройти не одну духовную «пустыню». Некоторые из этих пустынь можно преодолеть за один час или за несколько дней. А иногда вам, возможно, придется странствовать неделями, почти полностью истощив свои душевные силы. Проявляйте упорство в своем поклонении. Просите Бога, чтобы Он снова послал в вашу жизнь «реки воды живой» (то есть Святого Духа), которые Иисус обещал всем верующим в Евангелии от Иоанна 7:38. Но не переставайте поклоняться. Не сдавайтесь, находясь в пустыне. Вы ведь не знаете, сколько она будет длиться. Возможно, вы уже почти преодолели ее.

БОГ ОЖИДАЕТ ОТ НАС КАК ПУБЛИЧНОГО, ТАК И ЛИЧНОГО ПОКЛОНЕНИЯ

Согласно Посланию к Евреям, Бог ожидает от верующих, что они будут регулярно участвовать в церковных богослужениях вместе с другими верующими. Он предупреждает их, в частности, о том, что они не должны «оставлять собрания своего, как есть у некоторых обычай». Итак, суть такого Духовного Упражнения, как поклонение, заключается в том, что мы вырабатываем привычку регулярно посещать собрания верующих, главной целью которых является поклонение Богу.

Церковь Иисуса Христа — это не собрание «одиночек». В Новом Завете церковь сравнивается с телом (1 Кор. 12:12), со зданием (Еф. 2:21) и с семьей (Еф. 2:19). Каждый из этих образов указывает на взаимоотношения между отдельными верующими и церковью в целом. Если вы выражаете и переживаете свою христианскую веру почти всегда на индивидуальном уровне (то есть вне контекста церковной общины), вы совершаете грех, сознательно лишая себя многих Божьих благословений и силы. В Послании к Евреям 10:25 говорится, что те, кто оставляет приобретенную большим трудом привычку собираться вместе с другими верующими, приобретают иной, совершенно нехристианский обычай.

Нет никаких сомнений, что «собрание» означает поклонение Христу в физическом присутствии других верующих. Это слово не допускает иного истолкования. К тому же, во время написания Послания к Евреям это выражение невозможно было понять иначе. Поэтому мы не можем убеждать себя в том, что посещаем «собрание» верующих, когда мы смотрим трансляцию служения по электронным средствам связи. Есть веские причины на то, чтобы транслировать и записывать на видео церковные служения, но ни одна из этих причин не может быть оправданием для того, чтобы заменять физическое посещение церкви просмотром трансляции, когда у нас есть возможность посещать церковь.

Кроме того, такое благословение, как регулярная и полноценная молитвенная жизнь, не освобождает вас от необходимости поклоняться Богу вместе с другими верующими. У вас может быть такая же насыщенная молитвенная жизнь, как у Джонатана Эдвардса или Джорджа Мюллера, но вы нуждаетесь в совместном поклонении верующих точно так же, как эти люди и те еврейские христиане, к кому обращены слова из Послания к Евреям 10:25. В поклонении и христианской жизни существует определенный элемент, который невозможно испытать в личном поклонении или при участии в трансляции служения. Некоторые благословения Бог изливает на нас только тогда, когда верующие собираются вместе.

Пуританский проповедник Дэвид Кларксон объясняет это в своей назидательной проповеди «Публичное поклонение предпочтительнее личного»:

> *Самые чудесные дела, которые совершаются на земле сейчас, происходят на общем собрании [то есть во время публичного поклонения], хотя, будучи обыденными и невидимыми, они могут казаться менее чудесными <...> Здесь Господь вдыхает дыхание жизни в сухие кости и воскрешает мертвые души из могил и гробов греха <...> Здесь мертвые слышат голос Сына Божьего и Его посланников, и те, кто слышит, оживают. Здесь Он дает зрение слепорожденным. Ведь, когда проповедуется*

истинное Евангелие, у грешников открываются глаза и они обращаются от тьмы к свету. Здесь Он исцеляет Своим Словом больные души, которые не в силах исцелить ни люди, ни ангелы <...> Здесь Он лишает силы дьявола и изгоняет нечистых духов из душ грешников, которые долгое время были одержимы ими. Здесь Он побеждает начальства и силы, разрушает власть тьмы и низвергает дьявола, который падает с неба, как молния. Здесь Он изменяет естественный ход событий в душах грешников, в результате чего древнее проходит и наступает все новое. Все это чудеса, и мы почитали бы их таковыми, если бы они не были обычными делами, которые совершаются на общем служении. Несомненно, Господь не ограничивает Себя лишь тем, что совершает чудеса только перед людьми. Однако общее собрание — это единственное обыденное средство, которое Он использует для этого [71].

С другой стороны, как бы нам ни было приятно и полезно посещать регулярные собрания церкви, есть благословения, которые Бог дарует нам только во время нашего личного поклонения. Иисус регулярно поклонялся Богу публично каждую субботу в синагоге, а также во время собраний в Иерусалимском храме, которые Бог установил для Израиля. Однако евангелист Лука отмечает, что, помимо этого, Иисус «уходил в пустынные места и молился» (Лк. 5:16). Известный пуританский толкователь Мэтью Генри сказал: «Публичное поклонение не дает нам права не участвовать в тайном поклонении» [72].

[71] David Clarkson, *The Works of David Clarkson* (London: James Nichol, 1864; reprint, Edinburgh, Scotland: The Banner of Truth Trust, 1988), vol. 3, 193–194.
[72] John Blanchard, comp., *Gathered Gold: A Treasury of Quotations for Christians* (Welwyn, Hertfordshire, England: Evangelical Press, 1984), 342.

Как мы можем поклоняться Богу публично раз в неделю, если мы не желаем поклоняться Ему лично в течение недели? Можем ли мы ожидать, что пламя нашего поклонения Богу будет ярко пылать перед людьми в воскресный день, если оно еле светится для Него в тайне от людей в другие дни недели? Может, наше коллективное поклонение нас часто разочаровывает потому, что мы недостаточно поклоняемся Богу, когда остаемся наедине с Ним? Валлийский пастор Джеффри Томас сказал: «Те, кто пренебрегает тайным поклонением, не имеют возможности испытать общение с Богом во время общего служения в день Господа (т.е. в воскресенье)»[73].

Однако мы не должны забывать, что Бог ожидает от нас личного поклонения для того, чтобы благословить нас. Когда мы пренебрегаем ежедневным личным поклонением Богу, мы лишаем себя радости. Одно из величайших благословений в том, что Бог не ограничивает наш доступ к Нему и наслаждение Его присутствием всего лишь одним днем в неделю! Каждый день Бог готов посылать нам укрепление, водительство, ободрение, прощение и радость, а также многие другие благословения, которые Он может нам дать. В нашей жизни нет ни одного дня, когда бы Бог не призывал нас испытать близость общения с Самим Иисусом Христом.

Только представьте: Господь Иисус Христос готов провести время с вами лично так долго, как вы захотите. Он готов это сделать и даже очень желает встречи с вами каждый день! Вообразите, что вы один из тех многих тысяч людей, которые следовали за Иисусом повсюду на протяжении последних трех с половиной лет Его земной жизни. Можете ли вы

---

[73] Geoffrey Thomas, "Worship in Spirit," The Banner of Truth, август-сентябрь 1987 г., 8.

представить, насколько бы вы обрадовались, если бы к вам подошел один из Его учеников и сказал: «Учитель просил передать вам, что Он желает встретиться с вами наедине в любое удобное для вас время и провести с вами столько времени, сколько вы захотите. Он будет очень ждать этой встречи каждый день»? Какая честь! Кто бы стал жаловаться на то, что от него ожидают такого? Что же, эта великая честь выпала вам, и Бог всегда ожидает встречи с вами! Не упустите эту возможность и ответьте на этот призыв ради Божьей славы и общения с Богом навеки.

ПОКЛОНЕНИЕ — ЭТО ТО, В ЧЕМ НАМ СЛЕДУЕТ УПРАЖНЯТЬСЯ

Христос сказал: «Господу Богу твоему поклоняйся» (Мф. 4:10). Чтобы поклоняться Богу каждый день всю свою жизнь, нам необходима дисциплина. Без дисциплины наше поклонение будет непостоянным и непоследовательным. Конечно, поклонение не сводится лишь к дисциплине: это не только произнесение правильных слов и совершение правильных действий. Поэтому, когда говорю, что поклонение — это сосредоточение на Боге и отклик на Его качества, я надеюсь, эти слова отражают мое убеждение в том, что истинное поклонение всегда показывает то, что у нас в сердце. Поклонение невозможно просчитать или сымитировать. Поклонение можно только пробудить в нашем сердце: это отклик сердца, которое восхищается красотой, славой и привлекательностью того, на ком сосредоточен наш разум, — святого Бога. При этом мы также не должны забывать, что поклонение — это навык, над которым нам нужно работать, как и над любыми другими отношениями, которые мы стремимся укреплять и взращивать.

Поклонение — это Духовное Упражнение, которое является как средством, так и целью. Поклонение Богу — это наша конечная цель, потому что, согласно нашему определению, поклонение — это сосредоточение на Боге и отклик на Его качества. Нет более высокой цели или большего удовольствия, чем сосредоточение на Боге и отклик на Его действия. Однако поклонение — это также и средство в том смысле, что оно помогает нам возрастать в благочестии. Чем больше мы искренне поклоняемся Богу, тем больше мы уподобляемся Ему через поклонение.

Поклонение помогает людям возрастать в благочестии, потому что они становятся более похожими на объект своего поклонения. Мы подражаем тому, о ком думаем. Дети воображают себя теми героями, о которых они мечтают. Подростки одеваются, как их кумиры — известные спортсмены или популярные музыканты. Мы проявляем эти наклонности даже тогда, когда становимся взрослыми. Те, кто стремится пробиться в элиту, читают книги, написанные представителями высших кругов общества, а затем перенимают их стиль ведения бизнеса и «секреты» их успеха. Приведу более грубый пример: люди, зависимые от порнографии, как правило, подражают тому, что они смотрят. Если мы сосредотачиваем свое внимание на этом мире больше, чем на Господе, мы будем перенимать мирские привычки, а не возрастать в благочестии. Но если мы хотим быть благочестивыми, мы должны сосредотачивать внимание на Боге. Благочестие требует дисциплинированного поклонения.

«Я пытался», — скажет кто-то с разочарованием, — «но мне это не помогло! Я регулярно посещаю церковь. Я пытаюсь читать Библию и молиться каждый день, но это не приносит ожидаемого результата. Хотя я делаю все это, мне кажется, что я почти не возрастаю в благочестии».

Механическое повторение одних и тех же действий — это не то же самое, что правильное выполнение Духовного Упражнения. Если я буду просто читать Библию каждый день, это не сделает меня автоматически более благочестивым, точно так же, как я не стану бизнесменом, если просто каждый день буду читать деловую газету «Уолл-стрит Джорнал». К тому же, если мы не наблюдаем в себе желаемого духовного роста, это совсем не значит, что средства, которые Бог определил для нашего уподобления Христу (то есть Духовные Упражнения), неэффективны. Поэтому, если вас расстраивает, что вы возрастаете духовно очень медленными темпами, посоветуйтесь с теми, кто возрастает в благочестии через публичное и личное поклонение. Поговорите со зрелым христианином, у которого хорошо налажена молитвенная жизнь. Пересмотрите первые главы этой книги, особенно те, которые посвящены размышлению и молитве. Обучение любому делу — будь то игра в гольф или игра на фортепьяно — практически всегда требует привлечения внешней помощи со стороны более опытных людей. Так что не удивляйтесь тому, что вам нужна помощь в возрастания в Духовных Упражнениях, которые уподобляют нас Христу, и не бойтесь просить о помощи.

Описывая современного человека, один автор написал: «Он поклоняется работе, работает во время игры и играет во время поклонения». Готовы ли вы вопреки этому стереотипу упражняться в поклонении?

ДОПОЛНИТЕЛЬНОЕ ПРИМЕНЕНИЕ

*Примете ли вы решение упражняться
в ежедневном поклонении?*

«Если вы не будете поклоняться Богу семь дней в неделю, вы не станете поклонятся Ему и один день в неделю»[74], — говорил Эйден Тозер. Не стоит обманывать себя. Поклонение — это не событие, которое происходит раз в неделю. Мы не должны ожидать, что поклонение будет изливаться из наших уст воскресенье, если мы сдерживаем его в своем сердце в другие дни. Поток поклонения должен непрестанно изливаться из нашего сердца, ведь Бог никогда не перестает быть Богом и всегда будет достойным поклонения. Однако мы должны направлять поток нашего поклонения в конкретное русло и как минимум раз в день проводить время в поклонении Богу.

Сейчас все больше верующих готовы выполнять Духовные Упражнения в отрыве от поклонения Богу вместе с другими верующими. Они считают, что их личные духовные переживания важнее любых проявлений коллективного поклонения, поэтому они пренебрегают публичным служением Божьего Слова. Остерегайтесь этой крайности. Однако в своем пасторском служении я встречал гораздо больше людей, называющих себя христианами, которые впадают в противоположную крайность. Они усердно упражняются в том, чтобы посещать церковные богослужения, но пренебрегают регулярной практикой личного поклонения Богу. Пожалуй, это самое распространенное заблуждение среди верующих, которое

---

[74] John Blanchard, comp., *More Gathered Gold: A Treasury of Quotations for Christians* (Welwyn, Hertfordshire, England: Evangelical Press, 1986), 344.

мешает им возрастать в благочестии. Многие не достигают успеха в уподоблении Христу по той простой причине, что они не упражняются в личном поклонении. Не допускайте, чтобы такое происходило с вами.

Готовы ли искренне поклоняться Богу
во время вашего «поклонения»?

То, что Дэвид Кларксон сказал о публичном поклонении, касается всех проявлений поклонения — как личного, так и публичного:

> *Делайте изо всех сил то, что вы делаете во время публичного поклонения. Стряхните с себя ленивое, вялое и равнодушное настроение, которого не терпит Бог <...> Не думайте, что Господу достаточно, чтобы вы представили Ему свое тело. Поклонение телом — это всего лишь оболочка поклонения, а сущность поклонения — это поклонение душой. Те, кто приближается к Богу только своими устами, обнаружат, что Бог от них довольно далеко. В публичном поклонении мы должны вовлекать в служение Богу не только уста, рот и язык, но и разум, сердце и любовь; не только колени, руки и глаза, но сердце, совесть и память. Давид не только говорит: «По Тебе томится плоть моя», но и добавляет: «Тебя жаждет душа моя». Господь приблизится к нам, лишь тогда, когда все наше естество будет служить Ему. Мы найдем Господа лишь тогда, когда взыщем Его всем сердцем[75].*

Когда во время поклонения мы не поклоняемся Богу искренне, это жалкое лицемерие. Поэтому, если поклонение утомляет вас, значит, вы не поклоняетесь Богу на самом деле.

---

[75]   Clarkson, 209.

Бог не может никого утомить. Представьте себе, что одно из четырех животных, поклоняющихся у престола, говорит: «Фу, мне надоело!» Такая мысль никогда не приходила и не придет в голову этим существам на протяжении всей вечности. Наоборот, мы видим, что они настолько сильно поражены Божьей славой, что день и ночь непрестанно поклоняются Богу (Откр. 4:8). Конечно, мы пока что не можем видеть и переживать в поклонении всего того, чем имеют честь наслаждаться эти существа. Тем не менее на их примере мы видим, что бессмысленное поклонение — это вовсе не поклонение. Поскольку объектом нашего поклонения является славный и величественный Бог небес, то, если наше поклонение утрачивает смысл, проблема не в объекте (то есть в Боге), а в субъекте поклонения (то есть в нас). Итак, «придите, поклонимся» (Пс. 94:6) единому истинному Богу, Который повелел нам упражняться в поклонении Ему публично, в семье и лично. Бог даровал нам это благодатное средство для того, чтобы мы принимали Его благодать для возрастания в уподоблении Христу. Ведь, когда мы возрастаем в поклонении Богу, мы возрастаем в уподоблении Христу.

Однако нам не следует забывать, что, хотя Христос — это пример всего, к чему мы должны стремиться по Божьей воле, Он не просто явил нам пример. Он должен был прожить жизнь и принять смерть, чтобы сделать нас поклонниками, которые угодны Богу. Наше поклонение становится угодным Богу только тогда, когда мы приходим к Нему через веру в праведность Христа. Таким образом, по вере в Божьего Сына Иисуса Христа и по Божьему Слову, как увещевает нас Послание к Евреям 12:28, давайте «будем служить благоугодно Богу», а не поклоняться Ему тщетно, как говорил Иисус.

ГЛАВА 6

Благовестие для укрепления в благочестии

> Дисциплинированная вера — это вера, которая наверняка выстоит и которая пробудит веру в других.
>
> Алистер Макграт

Искренний, неописуемый восторг, который мы испытываем во время поклонения Богу, может сравниться лишь с той радостью, которая возникает у нас, когда мы рассказываем другим об Иисусе Христе.

Наибольшее удовлетворение я испытывал во время миссионерских поездок, когда я только и делал, что рассказывал людям о Христе. Я благовествовал на улицах и в домах, беседовал как с отдельными людьми, так и с группами людей днями напролет. Я испытываю те же чувства, когда благовествую в своей культуре: ничто не радует меня так сильно, как разговор о Христе с теми, кто не знает Его. Однако мой опыт не уникален; свидетельство о Христе может вызывать такие же восторженные чувства у любого верующего.

Тем не менее ничто так не смущает меня и других верующих, заставляя их опускать глаза и переминаться с ноги на ногу, как разговор о том, что благовестие — это наша обязанность. Я знаю многих верующих, которые с уверенностью могут сказать, что они исполняют повеление Господа об изучении Библии, пожертвованиях или практическом служении. Но я точно не знаю ни одного христианина, который бы смело заявил: «Я прилагаю все усилия в том, чтобы благовествовать».

Благовестие — это обширная тема, и я не ставлю цель полностью раскрыть ее в этой главе. Я хотел бы донести до читателя одну мысль: если мы стремимся к благочестию, мы обязаны упражняться в благовестии. Я убежден, что многие из нас не свидетельствуют о Христе действенно и безбоязненно прежде всего потому, что мы не упражняемся в этом.

БОГ ОЖИДАЕТ ОТ НАС БЛАГОВЕСТИЯ

Большинство читателей этой книги не нуждаются в том, чтобы их убеждали, что Бог ожидает, что каждый христианин будет благовествовать. Никто не требует, чтобы все христиане пользовались одинаковыми методами евангелизации, но само благовестие ожидается от всех христиан.

Прежде чем продолжить, давайте дадим определение ключевым терминам. Что такое благовестие? Если мы хотим дать этому понятию точное определение, мы можем сказать, что «благовествовать значит так в силе Святого Духа представить Христа Иисуса людям, чтобы они через Него стали уповать на Бога, приняли Его как своего Спасителя и служили Ему как своему Царю, став частью Его Церкви»[76]. А если выразить это более простыми словами, можно сказать, что новозаветное благовестие — это изложение истин Евангелия. Любой человек, который точно излагает главные истины вести о Божьем спасении через Иисуса Христа, благовествует. Можно благовествовать в устной или письменной форме, а также посредством аудио- и видеозаписи. Можно благовествовать одному человеку или группе людей.

Сам Иисус Христос повелел нам благовествовать. Обратите внимание на то, что Христос имеет власть давать следующие повеления:

- «Итак идите, научите все народы, крестя их во имя Отца и Сына и Святого Духа, уча их соблюдать все, что Я повелел вам; и се, Я с вами во все дни до скончания века. Аминь» (Мф. 28:19–20).

- «И сказал им: идите по всему миру и проповедуйте Евангелие всей твари» (Мк. 16:15).

- «И проповедану быть во имя Его покаянию и прощению грехов во всех народах, начиная с Иерусалима» (Лк. 24:47).

- «Иисус же сказал им вторично: мир вам! как послал Меня Отец, так и Я посылаю вас» (Ин. 20:21).

- «Но вы примете силу, когда сойдет на вас Дух Святый, и будете Мне свидетелями в Иерусалиме и во всей Иудее и Самарии и даже до края земли» (Деян. 1:8).

Эти заповеди относятся не только к апостолам. Например, жители США согласятся, что апостолы Христа ни разу

---

[76] Джеймс Пакер. Проповедь Евангелия и всевластие Бога. Минск: Евангелие и Реформация, 2011. С. 40.

не были в этой стране. Весть Евангелия принесли в США другие верующие, которые исполнили повеление Христа и проповедовали здесь о Христе. Эти люди понимали, что повеление «идти и научить все народы» относится в том числе и к ним. Апостолы не приходили к вам домой, в ваш район города или к вам на работу. Для того чтобы исполнить Великое Поручение в этих местах и засвидетельствовать о Христе «до края земли», такие христиане, как вы, должны упражнять себя в благовестии.

Некоторые христиане полагают, что благовестие — это дар и обязанность только тех, кто имеет этот дар. В подтверждение этой мысли они ссылаются на Послание к Ефесянам 4:11: «И Он поставил одних Апостолами, других пророками, иных Евангелистами, иных пастырями и учителями». Несомненно, Бог наделяет некоторых верующих даром евангелиста, но Он призывает всех верующих быть Его свидетелями и дает им силу для свидетельства, а также могущественную весть. Однако, несмотря на то, что Бог призывает всех верующих свидетельствовать о Нем, Он призывает только некоторых Своих свидетелей к благовестническому служению. Подобно тому, как, независимо от духовных даров или служения, все верующие призваны любить других, они также призваны благовествовать, независимо от того, есть ли у них дар благовестника или нет.

Давайте поразмышляем о нашей обязанности благовествовать людям лично в свете отрывка из 1 Петра 2:9: «Но вы — род избранный, царственное священство, народ святый, люди, взятые в удел». Многие верующие хорошо знают эту часть стиха, но знаете ли вы его продолжение? Дальше говорится о том, что мы, христиане, получили эти привилегии, «дабы возвещать совершенства Призвавшего вас из тьмы в чудный Свой свет». Мы привыкли считать, что в этом стихе говорится о священстве всех верующих.

Однако справедливо будет сказать, что здесь также говорится о пророческом служении всех верующих. Бог ожидает от каждого из нас, что мы будем «возвещать совершенства» Иисуса Христа.

БОГ ДАЕТ НАМ СИЛУ ДЛЯ БЛАГОВЕСТИЯ

Если почти для всех христиан очевидно, что мы должны благовествовать, то почему же тогда почти все христиане так редко исполняют это повеление?

Некоторые считают, что им нужно пройти длительный курс специальной подготовки, чтобы эффективно свидетельствовать о Христе. Они боятся говорить кому-либо о Христе, пока не почувствуют уверенность в том, что у них достаточно библейских знаний и что они смогут ответить на любой вопрос или возражение. Однако эта уверенность так и не приходит. Что было бы, если бы слепой, которого Иисус исцелил в главе 9 Евангелия от Иоанна, тоже так думал? Почувствовал ли бы он когда-нибудь, что готов свидетельствовать фарисеям, которые хорошо разбирались в Писании и были критически настроены по отношению ко Христу? И все же спустя несколько часов, а может, несколько минут после встречи с Иисусом он смело говорит им о том, что ему известно об Иисусе.

Иногда мы не желаем рассказывать о Христе из-за страха, что люди подумают, что мы странные, и отвергнут нас.

Когда я учился на юридическом факультете университета, я подружился с одним студентом. Когда я понял, что он неверующий, я начал думать о том, как поделиться с ним Евангелием. Я всячески старался явить ему характер Христа и молился, чтобы Господь дал мне возможность засвидетельствовать ему. Однажды, в конце учебного года, сразу после того, как прозвенел первый звонок перед началом занятия, он задал мне вопрос, который удивил меня: «Почему ты всегда такой счастливый?» Несмотря на то, что вот-вот должно было начаться занятие, я мог ясно засвидетельствовать своему другу, пусть даже в одном предложении. Я бы мог ему ответить так: «Я счастлив благодаря Иисусу Христу». Или я мог сказать: «Я объясню тебе после занятия». Но когда наконец мне представилась возможность, о которой я молился, я замер от страха, потому что я боялся, что он может плохо обо мне подумать из-за моей веры. Я просто сказал ему: «Не знаю».

Иногда мы боимся благовествовать, потому что применяем неподходящий метод благовестия. Если нам предстоит встретиться с человеком, с которым мы не знакомы, и начать с ним разговор о Христе, большинство из нас будут в ужасе от этого и вовсе не придут на встречу. Хотя некоторым это нравится, большинство людей трепещет при мысли о том, что им придется благовествовать от двери к двери. Мы можем испытывать страх, даже благовествуя друзьям или родственникам, если методы, которые мы применяем, основаны на принуждении, заставляют нас идти на конфронтацию и создают неестественные условия общения. Это приводит к тому, что мы боимся поделиться самой лучшей новостью в мире с теми, кого мы больше всего любим.

Я никогда не слышал, чтобы так кто-то говорил, но я думаю, что главная причина, по которой мы боимся благовестия, заключается в том, что это очень серьезное дело. Мы осознаем, что, когда мы говорим с кем-либо о Христе, решается вопрос о том, где этот человек проведет вечность — в раю или в аду. На кону вечная участь этого человека. И даже если мы признаем, что исход нашей встречи зависит от Господа и что мы не ответственны за то, как тот человек отреагирует на Евангелие, мы все равно осознаем всю серьезность нашего долга верно преподать евангельскую весть. При этом нас охватывает святой страх: мы боимся сказать и сделать что-либо такое, что может стать камнем преткновения для спасения этого человека. Многие христиане чувствуют, что не готовы принять такой вызов, или им просто не хватает веры, и они боятся начинать разговор, который влияет на вечную участь человека.

Один исследователь предлагает еще один ответ на вопрос о том, почему христиане боятся благовествовать:

" *Одна из главных причин, по которым все больше и больше христиан не хотят делиться своей верой с неверующими, связана с их негативным опытом свидетельства о своей вере. Мы провели опрос среди христиан по поводу того, как они оценивают свое благовестие. Опрос показал, что девять из десяти человек чувствуют себя неудачниками каждый раз, когда они пытаются рассказать о своей вере и богословских взглядах другим <...> Дело в том, что большинству людей свойственно избегать того, в чем они чувствуют себя неудачниками. По своей природе мы склонны искать удовольствия или комфорта, поэтому мы сосредотачиваемся на* *тех сферах и занятиях, в которых мы больше всего одарены и чувствуем себя уверенно. Таким образом, несмотря на Божье повеление проповедовать Слово, многие христиане тратят свои силы на духовные дела, которые приносят им максимальное удовлетворение и в которых они вероятнее всего достигнут успеха [77].*

Как выглядит успех в благовестии? Разве мы не хотим, чтобы человек, которому вы свидетельствуете, пришел ко Христу? Конечно же, именно этого мы и ожидаем. Но если мы измеряем успех в благовестии только числом обратившихся к Богу, получается, мы терпим неудачу каждый раз, когда мы делимся с людьми Евангелием, а они отвергают его? Терпел ли Христос «неудачу» в благовестии, когда люди отвергали Его Самого и Его послание, как, например, богатый юноша (см. Мк. 10:21–22)? Очевидно, нет. Поэтому и мы не являемся неудачниками, когда рассказываем о Христе и проповедуем Его весть, а люди отворачиваются от нас в неверии. Нам необходимо уяснить, что мы имеем успех в благовестии тогда, когда благовествуем. Мы должны изо всех сил стремиться спасать души людей и постоянно молить Бога, чтобы посылал нам больше спасенных. Но обращение — это плод, который нам может дать только Бог.

В этом отношении нас можно сравнить с работниками почты. Для почтальона успех — это своевременная и точная доставка почты, а не ответ получателя. Всякий раз, когда мы делимся Евангелием (с призывом к покаянию и вере), мы

---

[77] Слова Джорджа Барны, процитированные в журнале Discipleship Journal, выпуск 49, с. 40.

имеем успех. Поэтому библейское благовестие является успешным в любом случае, несмотря на результат.

Сила для благовестия — это Святой Дух. С того момента, как Он поселяется в нас, Он дает нам силу для свидетельства. Христос подчеркнул эту мысль в Деяниях 1:8: «Но вы примете силу, когда сойдет на вас Дух Святый, и будете Мне свидетелями в Иерусалиме и во всей Иудее и Самарии и даже до края земли». Христос ожидает, что все христиане будут благовествовать, потому что Святой Дух наделяет каждого верующего силой для благовестия. Однако христиане часто неверно понимают, в чем заключается эта сила. Дело не в том, что Святой Дух дает всем верующим силу благовествовать одними и тем же способом. Все верующие наделены силой быть свидетелями Иисуса Христа. Доказательством того, что у вас есть сила для свидетельства, является ваша измененная жизнь. Та самая сила Святого Духа, которая изменила вашу жизнь во славу Христа, — это сила для свидетельства о Христе. Итак, если Бог Своим Духом изменил вашу жизнь, не сомневайтесь: Бог дал вам силу, о которой говорится в Деяниях 1:8. Это значит, что у вас есть сила делиться Евангелием с людьми теми способами, которые соответствуют вашему типу личности, темпераменту, духовным дарам, возможностям и т.д. Если у вас есть сила, описанная в Деяниях 1:8, это также означает, что во время вашего свидетельства Бог может подействовать через вашу жизнь и ваши слова незаметным для вас образом. Иначе говоря, Святой Дух может дать вам огромную силу для свидетельства во время евангелизационной беседы, даже если вы не осознаете и не почувствуете этого.

Святой Дух не только дает силу тем, кто благовествует. В самом Евангелии, которым мы делимся, также заключена сила Святого Духа. «Я не стыжусь благовествования Христова, — сказал апостол Павел в Римлянам 1:16, — потому что оно есть сила Божия ко спасению всякому верующему, во-первых Иудею, потом и Еллину». Вот почему люди могут обратиться к Богу независимо от того, от кого они услышат Евангелие — от подростка, преподающего в летней библейской школе, или от выпускника семинарии с докторской степенью по благовестию. Они могут прочитать Евангелие в книге, написанной таким богословом из Оксфордского университета, как Клайв Льюис, или в обычной евангелизационной брошюре. Бог благословляет слова Евангелия, как никакие другие слова.

Это не значит, что Евангелие является волшебной палочкой, которой мы размахиваем над неверующими и из которой исходит Божья сила, обращающая к Богу всех, кто слышит Евангелие. Как и я, вы наверняка слышали Евангелие много раз, прежде чем уверовать. Несомненно, вы знаете немало людей, которые уже несколько раз слышали Евангелие, но еще не получили рождения свыше. Бог должен даровать нам веру, когда мы слышим Евангелие (Еф. 2:8), «потому что оно есть сила Божия ко спасению всякому верующему». Тем не менее именно через Евангелие Бог дает силу уверовать. Вот об этом говорится в Послании к Римлянам 10:17: «Итак вера от слышания, а слышание от слова Божия».

Когда вы делитесь Евангелием, вы делитесь Божьей силой «ко спасению всякому верующему». Когда вы делитесь Евангелием, вы словно ходите среди людей в грозу и раздаете им молниеотводы. Вы не знаете, когда ударит молния или кого она ударит, но вы знаете, по чему она ударит — по молниеотводу, которым является Евангелие.

И когда она ударит, этот молниеотвод зарядится Божьей силой и человек уверует.

Поэтому мы можем быть уверены, что кто-то обязательно уверует, если мы верно и посвященно будем рассказывать людям Евангелие. Божья сила ко спасению — это Евангелие, а не наше красноречие или убедительность. У Бога есть избранные, которых Он призовет и которых Он предопределил призвать через Евангелие (Рим. 8:29–30; 10:17). Иначе мы бы отчаялись, видя, как люди отвергают Евангелие, и их неверие бы отбило у нас желание благовествовать. Но сила, благодаря которой люди могут восстановить отношения с Богом, заключена в вести о Его Сыне. Если мы будем провозглашать ее, мы можем быть уверены, что кто-то откликнется на этот призыв.

Те, кто открыто посвятил себя Христу, также подкрепляют свое христианское свидетельство своей жизнью. Как бы странно это не прозвучало, я хотел бы проиллюстрировать действие этой силы на примере одной из моих любимых шашлычных. Реклама этого ресторана не похожа на обычную рекламу, которая рассчитана на то, чтобы воздействовать на глаза и уши покупателей. Реклама этого ресторана воздействует на обоняние покупателей. В сезон работы ресторана там жарят говядину и свинину, и заманчивый запах распространяется по всей четырехполосной магистрали, которая проходит рядом. Каждый день проезжающих мимо людей привлекает «послание» ресторана — приятный запах шашлыка.

В 2 Коринфянам 2:14–17 Павел описывает силу благочестия так: «Но благодарение Богу, Который всегда дает нам торжествовать во Христе и благоухание познания о Себе распространяет нами во всяком месте. Ибо мы Христово благоухание Богу в спасаемых и в погибающих: для одних запах смертоносный на смерть, а для других запах живительный на жизнь. И кто способен к сему? Ибо мы не повреждаем слова Божия, как многие, но проповедуем искренно, как от Бога, пред Богом, во Христе». Господь наделяет жизнь (стихи 14–16) и слова (стих 17) искренне верующих людей силой духовного притяжения, благодаря чему они благоухают, привлекая других к вести о Божьем Сыне.

Самым сильным и убедительным христианским свидетельством всегда была проповедь Божьего Слова из уст тех, кто живет по нему. Несколько лет назад Кэффи начала проводить у нас дома женское изучение Библии по инициативе двух новообращенных женщин. На вторую встречу они привели нашу общую подругу Дженет, которая относилась к христианству очень цинично. Позже она сочинила песню о своем духовном странствовании, в которой были такие слова: «Моей «троицей» были секс, наркотики и рок-н-ролл». Ее мышление еще больше затуманилось, когда она попала в секту. Но в тот вечер произошло что-то такое, о чем знала только Дженет. Спустя несколько месяцев она призналась, что с самой первой встречи благоухание, исходящее от христианской жизни Кэффи, особенно в семье, в сочетании с пищей из Божьего Слова на библейском разборе возбудило в ней желание вкусить этой жизни. Дженет с упоением внимала благоухающей вести, которая так сильно изменила жизнь этих людей. Сегодня сама Дженет является свежим и живым «благоуханием Христовым среди спасаемых и погибающих».

У нас есть сила для благовестия благодаря самой природе Святого Духа и Священного Писания.

БЛАГОВЕСТИЕ — ЭТО УПРАЖНЕНИЕ

Благовестие является естественным проявлением христианской жизни. Каждый христианин должен уметь рассказывать о том, что сделал для него Господь и какое место Он занимает в его жизни. Однако благовестие — это также Духовное Упражнение, потому что мы должны упражнять себя в том, чтобы использовать любой повод засвидетельствовать о Христе, а не просто ждать подходящей возможности.

В Евангелии от Матфея 5:16 Христос сказал: «Так да светит свет ваш пред людьми, чтобы они видели ваши добрые дела и прославляли Отца вашего Небесного». Фраза «да светит свет ваш пред людьми» не просто означает, что мы не должны мешать своему свету светить. Нам следует рассматривать это повеление в более проактивном ключе: «Пусть в вашей жизни сияет свет ваших добрых дел. Пусть ваша жизнь излучает свидетельство о богоугодных переменах. Пусть отныне будет так! Готовьтесь к этому!»

Почему же тогда мы не благовествуем более активно? Как мы уже упоминали ранее, по мнению некоторых, это связано с тем, что многих христиан специально не обучают делиться своей верой. Несомненно, я хотел бы, чтобы все больше людей получали доступ к качественному обучению, чтобы освоить азы благовестия. Однако, если мы снова вспомним о слепом, которого Иисус исцелил в Евангелии от Иоанна 9:25, мы понимаем, что не можем оправдывать свое нежелание свидетельствовать о Боге недостаточной подготовкой. Хотя этот слепой уверовал во Христа лишь за несколько мгновений до этого и не имел вообще никакой подготовки в благовестии, у него было желание рассказать другим о том, что сделал для него Иисус («Одно знаю, что я был слеп, а теперь я вижу»). Более того, у любого христианина, который слышал библейскую проповедь, посещал разборы Библии, а также читал Писание и христианскую литературу, должно быть достаточное представление о главной вести христианства, чтобы делиться ей с другими. Если мы сами поняли Писание в достаточной мере для того, чтобы обратиться, мы наверняка будем знать его достаточно хорошо (даже если мы пока что больше ничего не знаем о вере), чтобы рассказать другим, как обратиться к Богу.

Кроме того, стоит упомянуть о том, что часто люди оправдывают свое нежелание благовествовать нехваткой времени. Когда мы заняты работой, семьей и церковными делами, у нас просто не хватает времени на то, чтобы «идти благовествовать». Прежде чем согласиться с этим утверждением, подумайте кое о чем: разве мы настолько заняты, что не можем исполнять Великое Поручение Иисуса Христа идти и научить все народы (Мф. 28:19—20)? Разве мы можем надеяться на то, что на суде Христос простит нас за то, что мы не выполнили Его главное повеление, когда мы скажем: «У меня не было времени»?

Многие исходят из предпосылки о том, что большую часть дел или даже все дела, которые отнимают у нас время, нам дал Сам Бог. Чисто теоретически можно допустить, что в нашем расписании действительно нет места для еще одного дела. Но даже если Бог поручил нам совершать все эти дела, Он также дал нам и Великое Поручение. Он все равно желает, чтобы все Его последователи находили возможность делиться Евангелием с неверующими. Какими бы ни были жизненные обстоятельства, которые Бог посылает нам, Он призывает нас стремиться исполнять Великое Поручение в этих обстоятельствах, как бы они ни ограничивали нашу свободу действий. Один из способов исполнить Великое Поручение — это воспитывать детей «в учении и наставлении Господнем». Еще один способ, который может подойти нам, — это финансово поддерживать служение церкви или миссионерское служение. А как насчет неверующих, которые не являются нашими родственниками? И кто должен заниматься служением благовестия в церкви, как не вы, члены этой церкви?

Согласитесь: мы не благовествуем прежде всего потому, что мы не упражняем себя в благовестии. Конечно, Бог иногда неожиданно посылает вам удобную возможность дать «отчет в вашем уповании» (1 Пет. 3:15). Тем не менее я осмелюсь утверждать, что, если мы не будем упражняться в благовестии, большинство из нас будут редко делиться Евангелием.

Поскольку я являюсь пастором, иногда я провожу 24 часа в сутки семь дней в неделю с верующими людьми, но даже этого недостаточно, чтобы сделать все, что нужно. Учитывая то, что мне нужно готовиться к проповеди, заниматься душепопечением, участвовать в собраниях церковного комитета, проводить разборы Библии, посещать членов церкви в больнице и так далее, я мог бы все время служить только верующим (кроме случаев, когда мы проводим массовые мероприятия или когда неверующие хотят встретиться со мной лично). Поскольку мое служение Божьему народу никогда не заканчивается, я мог бы так же легко, как и все остальные, найти «оправдание» тому, что я недостаточно встречаюсь с неверующими лично. Но какова вероятность того, что кто-то обратится ко Христу через мое благовестие, если я не провожу времени с неверующими? Ноль! Когда бы я еще мог поделиться Евангелием с неспасенным грешником, если это не входит в мои обязанности по работе? Никогда. Но так не должно быть.

Служители и другие верующие, которые целыми днями работают в церквах, христианских организациях и учреждениях, не единственные, кто находится в таком положении. Верующая домохозяйка, которая редко видится с кем-либо, кроме своих детей и друзей из церкви, сталкивается с похожей проблемой.

Кто-то может сказать: «Это меня не касается! На работе я целый день нахожусь в окружении самыми закоренелых язычников, которых вы только можете себе представить». Если допустить, что вы не рассказываете им Евангелие в рабочее время, когда еще вы можете это сделать? Дело даже не в том, как много неверующих вы встречаете каждый день, а в том, как часто вы оказываетесь в ситуации, в которой уместно поделиться с ними Евангелием. Кроме важных разговоров по работе, как часто вы на протяжении дня заводите с коллегами серьезные беседы, в ходе которых вы затрагиваете духовные темы? Если у вас никогда не бывает возможности поговорить о Христе, то, сколько бы неверующих вы ни встречали, ваш потенциал как благовестника ничем не лучше моего.

Именно поэтому я считаю благовестие Духовным Упражнением. Если мы не упражняем себя в благовестии, нам очень легко найти себе оправдание, чтобы никогда не делиться Евангелием с другими.

Заметьте, что в Послании к Колоссянам 4:5–6 употребляются слова, которые показывают, что мы должны тщательно продумывать и планировать наше благовестие: «С внешними обходитесь благоразумно, пользуясь временем. Слово ваше да будет всегда с благодатью, приправлено солью, дабы вы знали, как отвечать каждому» (курсив автора). Мы должны продумывать каждый наш разговор с внешними, «правильно используя время» (ст. 5, НРП). Чтобы знать, как беседовать с людьми лично, мы должны размышлять об этом и готовиться к разговору. Эти принципы можно применять по-разному в зависимости от конкретной ситуации благовестия. Тем не менее в совокупности они отражают идею о том, что, за исключением случаев спонтанного свидетельства, благовестие является Духовным Упражнением.

Для меня это значит, что я должен упражнять себя в том, чтобы общаться с неверующими. Иногда мы с Кэффи планируем встретиться на обед с соседями, которые не знают Христа. Мы всегда стараемся приносить какое-нибудь угощение или подарок новой семье, которая переезжает на нашу улицу, и встречаться с ними, чтобы познакомиться с ними поближе. Мы также стараемся проведывать соседей, которые переживают тяжелые времена. Я стараюсь обращать внимание на гостей на социальных мероприятиях в нашей церкви, хотя у меня больше общего с верующими и обычно мне больше нравится общаться с ними. Опять же, суть не в том, чтобы просто проводить время с неверующими. Мы должны разговаривать с ними так, чтобы открыть их умы и сердца для Евангелия.

Мы можем упражняться в благовестии, если время от времени будем приглашать своих соседей и коллег на кофе или на обед и будем учиться задавать хорошие вопросы о личной стороне их жизни. У вас могут возникать возможности для общения с неверующими во время спортивных и социальных мероприятий, которые организует ваша компания, или в свободное время, когда вы едете в командировку с коллегами. Разговаривая с ними и слушая их, вы узнаете об их насущных нуждах и даже, возможно, расскажете им об их главной нужде — нужде во Христе.

Я пришел к выводу, что, независимо от того, хорошо ли вы знаете человека или встречаетесь с ним в первый раз, лучший способ начать разговор на духовную тему — это спросить у него, как вы можете молиться за него. Хотя верующие часто задают этот вопрос друг другу, у большинства неверующих нет никого из знакомых, кто бы молился о них. Я обнаружил, что многих неверующих трогает такое необычное (для них) проявление заботы. У меня был сосед, с которым на протяжении семи лет у меня никак не получалось успешно поговорить о Боге. Но первый раз, когда я сказал ему, что часто молюсь о нем, и поинтересовался, о чем конкретно я могу молиться, он начал рассказывать мне о некоторых своих семейных проблемах, о существовании которых я не знал. Однажды я посещал соседей и спрашивал их, как за них может молиться наша церковь на вечернем молитвенном служении. Я был поражен тем, что почти все семьи откликнулись на эту просьбу и были удивительно открыты к разговору на духовные темы. Спустя несколько дней или недель они были готовы продолжить общаться о своих молитвенных нуждах, что, в свою очередь, часто давало мне возможность делиться с ними Евангелием.

Когда я говорю обо всех этих возможностях, моя главная мысль в том, что вам все равно нужно упражнять себя в том, чтобы создавать эти возможности. Они не появляются сами по себе. Вам нужно упражнять себя в том, как спрашивать ваших соседей об их молитвенных нуждах или приглашать их на обед. Следует упражнять себя в том, чтобы собираться с вашими коллегами в свободное от работы время. Многие возможности для благовестия могут так и не появиться, если вы будете просто ждать, пока они появятся. Мир, плоть и дьявол сделают все, чтобы так и было. Однако, вооружившись непреодолимой силой Святого Духа, вы можете сделать так, чтобы эти враги Евангелия не победили вас.

Как я уже говорил ранее, я не хочу, чтобы у вас сложилось впечатление, что Упражнение в благовестии требует, чтобы все мы делились Евангелием одинаково. При чтении этой главы вам могли прийти на ум методы благовестия, которые кажутся вам пугающими. Однако тот стиль благовестия, с которым вам доводилось сталкиваться раньше и который вас отталкивает, необязательно будет самым подходящим для вас способом исполнить поручение Христа научить все народы.

В своем первом послании апостол Петр разделяет все духовные дары на две общие категории — служение и говорение (1 Пет. 4:11). Кто-то считает, что ему ближе благовестие делами. А кто-то чаще благовествует словами. Евангельское служение может проявляться в том, что мы приглашаем к себе домой гостей и показываем им пример жизни по Евангелию. Когда они замечают что-то необычное в вашем доме и семейной жизни, в этот момент или позже вам может представиться возможность поделиться с ними Евангелием. Вы можете приготовить угощение для гостей или пожарить парубургеров, чтобы предоставить своему супругу или супруге возможность рассказать гостям о своей вере. Я слышал, что каждая семья переживает какой-либо кризис в среднем раз в полгода. Если вы служите семьям, которые столкнулись с болезнью, потерей работы, финансовыми затруднениями, рождением ребенка, смертью члена семьи и так далее, это часто помогает им осознать истинность вашей веры и пробуждает их интерес. Когда вы служите другим, у вас может появиться возможность подарить им евангелизационную литературу или найти творческий подход к тому, чтобы завязать с ними разговор о Евангелии.

Я хорошо знаю одну церковь, члены которой проводят евангелизационные собрания у себя дома. Они приглашают соседей, коллег и друзей к себе домой и открыто говорят о том, ради чего они собираются: они будут слушать выступление приглашенного гостя об Иисусе Христе и смогут задать ему вопросы о христианстве и Библии. Возможно, хозяева дома не вполне уверены в том, что они способны достаточно ясно объяснить Евангелие другим, особенно группе людей, но, служа своим гостеприимством, они предоставляют возможность для благовестия тем, кто действительно силен в словесном изложении Евангелия. Когда мы открываем двери своего дома для людей и служим вместе с другими верующими, у нас появляются возможности для благовестия, которые бы не возникли при других обстоятельствах. Конечно, такое служение, которое мы совершаем ради благовестия, все равно требует дисциплины, как и любое другое служение. Нужна дисциплина для того, чтобы выбрать дату в календаре, пригласить людей, приготовить еду, молиться об этой встрече и так далее. Без такой дисциплины служение с целью благовестия невозможно.

Тем не менее есть люди, которые обладают ярко выраженной способностью рассказывать Евангелие прямо. Как я уже отмечал ранее, если вам легче рассказывать Евангелие, чем служить, вы можете сотрудничать с другими верующими, которые совершают практическое служение в помощь благовестникам. Благодаря этому у вас будет больше возможностей для свидетельства, чем раньше. Однако тем, кто служит, нужно служить для того, чтобы у них появилась возможность лично рассказывать Евангелие. Подобным образом, тем, кто силен в словесном свидетельстве, нужно упражнять себя в служении, чтобы у них появлялась возможность свидетельствовать. Если сказать вкратце, проповедникам часто приходится сначала послужить, чтобы затем проповедовать Евангелие, а служителям рано или поздно также приходится проповедовать Евангелие. Даже если мы стесняемся благовествовать или думаем, что мы не умеем этого делать, мы не должны убеждать себя, что мы неспособны и никогда не сможем словесно изложить Евангелие.

Я слышал историю об одном человеке, который стал христианином во время евангельского пробуждения в одном городке в тихоокеанской части северо-запада США. Когда этот человек рассказал об этом своему начальнику, тот ответил:

– Прекрасная новость! Я сам христианин, и я молился за вас многие годы!

Новообращенный верующий огорчился:

– Почему же вы никогда не говорили мне об этом? Ведь вы были той самой причиной, по которой Евангелие не интересовало меня все эти годы.

– Как так? — удивился начальник. — Я же изо всех сил старался являть вам христианский пример.

– В этом-то все и дело, — сказал рабочий. — Вы показывали мне пример своей жизнью, но не говорили мне, что эти перемены произвел в вас Христос, поэтому я убеждал себя, что, если у вас может быть такая хорошая и счастливая жизнь без Христа, то я тоже так смогу.

Библия говорит в 1 Коринфянам 1:21, что «благоугодно было Богу юродством проповеди спасти верующих». Обычно Бог открывает сердца людей для Евангелия через весть о кресте Христа, которую являют и демонстрируют в своей жизни верующие, но через провозглашенную (устно или письменно) весть о кресте Христа Божья сила спасает тех, кто верит в суть этой вести. Как бы мы ни старались являть Евангелие своей жизнью (а мы должны являть его своей жизнью, потому что иначе мы будем мешать другим принимать его), рано или поздно мы должны рассказать человеку суть Евангелия, чтобы он мог последовать за Христом. Христианский пример еще никого не спас, но «силой ко спасению» (Рим. 1:16) является христианская весть, то есть Евангелие.

Перед тем, как завершить этот раздел, я хотел бы отметить, что одним из способов упражнения в благовестии также является финансовая поддержка миссионерской деятельности. По тем же причинам, по которым мы должны упражнять себя в свидетельстве о Христе окружающим нас людям, мы также должны упражнять себя в том, чтобы помогать тем, кто исполняет Великое Поручение в дальних уголках мира. Когда мы упражняем себя в том, чтобы поддерживать миссионерскую работу своими пожертвованиями и молитвами, следить за новостями о миссионерах, а также быть готовыми откликнуться на Божий призыв, если Он призовет нас к этому служению (или отпустить своих детей, если Бог призовет их), мы также возрастаем в благочестии.

ДОПОЛНИТЕЛЬНОЕ ПРИМЕНЕНИЕ

*Если Бог ожидает, что вы будете благовествовать,
готовы ли вы исполнять повеление
Господа и свидетельствовать?*

В некотором смысле, конечно, каждый христианин постоянно свидетельствует. Своими словами и жизнью мы каждую секунду свидетельствуем — положительно или отрицательно — о силе Иисуса Христа. Но в данном случае я имею в виду сознательное свидетельство, не свидетельство по умолчанию.

Желаете ли вы повиноваться Иисусу Христу и целенаправленно свидетельствовать о Нем? Конечно, на ваше целенаправленное благовестие будут влиять ваши духовные дары, таланты, личностные особенности, распорядок дня, семейное положение и так далее. Принимая все это во внимание, каждый верующий должен осознать, что не искать возможности распространять весть о Господе Иисусе Христе — это грех.

Я не хочу, чтобы у вас сложилось впечатление, что, поскольку я написал эту главу и привел несколько примеров успешного благовестия, я всегда безбоязненно и активно благовествую сам. Помимо случая неудачного благовестия, о котором я рассказывал ранее, я мог бы перечислить многие другие случаи, когда я должен был рассказать о Христе, но не делал этого, чаще всего из-за страха. Тем не менее я верю, что мы можем выработать долгосрочную стратегию борьбы со своей непоследовательностью в благовестии и недостатком свидетельства о Христе, если будем упражнять себя в благовестии.

Если у вас есть сила для благовестия, верите ли вы, что Бог может использовать ваши слова для спасения других?

Бог благословляет слова — слова Евангелия. Бог благословлял слова Господа Иисуса, слова Петра, слова Павла для того, чтобы обращать людей к Себе в новозаветные времена, но Он также благословляет наши слова сегодня. Он благословит и ваши слова, когда вы будете возвещать истины Его могущественного Евангелия.

Некоторые боятся свидетельствовать потому, что они не уверены в своей способности убеждать других и отвечать на возможные возражения о Евангелии. Однако сила для благовестия заключена не в наших способностях. Она заключена в Божьем Евангелии. Возможно, вы даже и не представляли, что Бог может возродить неверующего человека благодаря словам о Христе, которые он слышит из ваших уст. Однако это не смирение; это сомнение, это отрицание того, что Бог может благословлять Свое Евангелие, когда его провозглашаете вы. Не сомневайтесь в силе Божьей, которая способна излить благословение на ваши слова, когда вы будете говорить о Христе.

Всю свою жизнь автор книги «Путешествие пилигрима» Джон Буньян утверждал, что поворотным моментом в его обращении ко Христу стал разговор с одной бедной женщиной, которая говорила о Боге, сидя на крыльце дома в лучах солнечного света. Верьте, что Господь может использовать ваши слова, чтобы подтолкнуть человека к обращению.

Я полагаю, что есть много христиан, которые могут ясно изложить Евангелие и хотят рассказывать другим о Господе, но не делают это из-за страха, что заметный грех, который проявляется в жизни изо дня в день, подрывает силу их свидетельства.

Такие люди думают: «Как я могу свидетельствовать моему начальнику, когда я так рассердил его?» Или: «Я никогда не смогу рассказать моей соседке о силе Христа, потому что она видела, как я только что кричала на своих детей».

Но если бы Бог не использовал таких людей, как мы с вами, в качестве Своих свидетелей, у Него бы не было свидетелей среди людей. Но совершенных людей не существует, поэтому нет и совершенных свидетелей. Однако это никак не влияет на тот факт, что, чем благочестивее наша жизнь, тем убедительней наши слова о Христе. Нам нужно делать все возможное, чтобы устранить любой грех, который лишает наши слова смысла. Тем не менее, пытаясь разобраться с грехом, мы не должны убеждать себя, что нам нужно отложить наше свидетельство до тех пор, пока мы не достигнем безгрешного совершенства. В противном случае мы никогда не будем делиться Евангелием! Мы возвещаем миру прекрасную весть: Бог спасает таких грешников, как мы. По сути, Святой Дух может обернуть наше согрешение в возможность рассказать о Спасителе. Я знаю христиан, которые встречались с теми, кто был свидетелем или жертвой их греха, исповедали свой грех перед ними, просили у них прощения, и это становилось поводом для сильного свидетельства о Боге. Такое свидетельство измененной жизни привлекает внимание неверующих. В подчинении у вашего начальника есть другие люди, которые злят его, а ваша соседка видит, как многие женщины кричат на своих детей. Но когда вы смиряетесь и признаете, что поступили неправильно, а также просите прощения, вы проводите различие между собой и другими людьми, которые злят своего начальника и кричат на своих детей. Если мы последовательны в своей христианской жизни, это подкрепляет наше благовестие, но, если мы решаем проблему нехристианского поведения по-христиански, это дает нам возможность свидетельствовать по-другому, более убедительно. Через свои неудачи и слабости мы можем показывать славу и могущество силы Христа, которая изменяет жизнь человека.

Если благовестие — это Упражнение, готовы ли вы планировать его в своей жизни?

Когда Чарльз Сперджен проповедовал об обязанности благовествовать в своей общине в Лондоне в 1869 году, он сказал:

> Если бы я никогда не обращал души ко Христу, я бы печалился об этом. Я бы сокрушался в своем сердце о том, что не мог сокрушить их сердца. Хотя я могу понять, почему искренне сеющий может так и не пожать плода, я не могу понять, как искренне сеющий не пожинает плода и довольствуется этим. Я не могу понять ни одного христианина, который пытается обращать души, но удовлетворен тем, что не имеет результата [78].

Если вы недовольны тем, как вы пожинаете души для Христа, будете ли вы планировать ваше благовестие, чтобы более дисциплинированно подходить к сеянию? Отметите ли вы в календаре дату проведения евангелизационного мероприятия? Запланируете ли вы обед с коллегами или соседями? Может, вы предложите своему пастору, чтобы

---

[78] C. H. Spurgeon, "Tearful Sowing and Joyful Reaping," in *Metropolitan Tabernacle Pulpit* (London: Passmore and Alabaster, 1869; reprint, Pasadena, TX: Pilgrim Publications, 1970), vol. 15, 237.

выпровелиу себядомаевангелизационнуювстречу?Где выможетевзятьевангелизационнуюлитературу,которую можнораздатьневерующим?У коговыможетеспросить о егомолитвенныхнуждах?Готовыливывыбратьхотябы одинконкретныйметоддлятого,чтобыцеленаправленно благовествовать в ближайшем будущем?

В книгах о духовности и уподоблении Христу не часто упоминаетсяо благовестии.Такдействительнолиблаговестие является таким важным Духовным Упражнением? Об этом нам напоминает следующий пересказ 1 Коринфянам 13:

> *Если я говорю языками научного мира и применяю общеприня-*
> *тые педагогические методы, но не привожу других ко Христу*
> *или не созидаю их христианскую зрелость, то я словно вой*
> *ветра в сирийской пустыне.*
>
> *Если я применяю лучшие методы, разгадал все загадки*
> *психологии религии и имею всякое библейское знание, но не*
> *посвящаю себя всецело привлечению людей ко Христу, то*
> *я облако тумана в открытом море.*
>
> *Если я читаю всю литературу Воскресной школы, посе-*
> *щаю все конференции и семинары Воскресной школы, а также*
> *летнюю библейскую школу, но я довольствуюсь меньшим ре-*
> *зультатом, чем привлечение людей ко Христу и наставление*
> *других в христианской зрелости, нет мне в том никакой пользы.*
>
> *Служитель, приводящий души ко Христу и созидающий*
> *зрелость, долготерпит и милосердствует. Он не превозно-*
> *сится над теми, кто не исполняет задачу служителя. Он не*
> *гордится и не завидует. Такой служитель не бесчинствует от*
> *воскресенья до воскресенья, не ищет своего, не раздражается.*
> *Все покрывает, всему верит, всего надеется.*

А теперь пребывают сии три: знание, методология и Весть. Но Весть из них больше [79].

Несомненно, существует связь между стремлением к благочестию и желанием провозглашать Божью весть. Чем больше мы похожи на Христа, тем больше мы желаем провозглашать о Нем. Однако без упражнения в благовестии даже самые лучшие благовестнические намерения остаются нереализованными. Давайте же упражнять себя и учиться жить так, чтобы мы могли провозгласить вместе с апостолом Павлом: «Сие же делаю для Евангелия, чтоб быть соучастником его» (1 Кор. 9:23).

---

[79] Слова Джозефа Кларка, процитированные в следующем источнике: Ernest C. Reisinger, *Today's Evangelism: Its Message and Methods* (Phillipsburg, NJ: Craig Press, 1982), 142–143.

ГЛАВА 7

Служение для укрепления в благочестии

Сердца людей, которые служат, приучены к труду, потому что они постоянно выходят из своей зоны комфорта. Они ставят себя в уязвимое положение и берут на себя обязательства, которые дорого им обходятся. Они изнемогают ради Христа, платят высокую цену, пересекают бушующее море. Но они идут под поднятым парусом, потому что их направляет Божий Дух.

Кент Хьюз

Этакомпанияпересталасуществоватьбольшесталетназад, но люди все еще узнают ее название. «Пони Экспресс» — это частная почтовая служба, которая осуществляла доставку почту курьерами на лошадях по 184 станциям. ВосточнымконцоммаршрутабылгородСент-Джозефв штате Миссури,а западнымконцом —городСакраментов штате

Калифорния. Пересылка небольшого письма службой «Пони Экспресс» стоила от 25 до 125 долларов по современным деньгам в зависимости от того, на каком этапе существования этой службы осуществлялась пересылка. Если лошади были в хорошем состоянии, погода не препятствовала и на пути не попадались индейцы, письмо проходило более трех тысяч километров всего за восемь-десять дней, как, например, письмо с инаугурационной речью Линкольна.

Вам может показаться удивительным, что служба «Пони Экспресс» просуществовала только с 3 апреля 1860 года по 18 ноября 1861 года — всего 19 месяцев. Когда между двумя городами была проведена телеграфная линия, в конной почте уже не было необходимости.

Работа развозчика почты в службе «Пони Экспресс» была очень тяжелой. От него требовалось, чтобы он проезжал от 120 до 160 километров в день. Ему приходилось ехать из всех сил днем и ночью, меняя лошадей каждые 25—30 километров. Кроме почты, все, что было у развозчика, — это револьвер и нож. Чтобы он ехал налегке и мог ловко и быстро уйти от преследования индейцев, развозчик всегда ездил в рубашке с короткими рукавами, иногда даже в суровую зиму.

Как бы вы искали добровольцев на такую опасную работу? В 1860 году в газете «Сан-Франциско» был напечатан текст объявления о наборе курьеров в службу «Пони Экспресс»: «Требуются: молодые, стройные, выносливые ребята не старше восемнадцати лет. Они должны хорошо управлять лошадью и быть готовыми рисковать своей жизнью каждый день. Отдается предпочтение сиротам» [80].

---

[80] Christopher Corbett, *Orphans Preferred* (New York, NY: Broadway Books, 2004), 84.

Так звучали честные требования к развозчикам почты в «Пони Экспресс», но, как ни странно, в этой службе никогда не было недостатка в развозчиках.

Нам также нужно быть честными по поводу фактов, которые касаются такого Упражнения, как служение Богу. Как и работа курьера в «Пони Экспресс», служение Богу — это работа, которая не подходит для случайно заинтересовавшихся людей. Вам придется платить высокую цену. Бог призывает, чтобы вы посвятили этому труду свою жизнь. Он требует, чтобы служение Ему стало для нас приоритетом, а не просто развлечением. Ему не нужны служители, которые будут посвящать Ему остаток времени после выполнения других обязательств. К тому же, служение Богу — это не краткосрочная обязанность. В отличие от службы «Пони Экспресс», Божье Царство никогда не исчезнет, несмотря на научно-технический прогресс в мире.

Когда мы представляем себе работу в «Пони Экспресс», в нашем воображении возникает та же картина, что и у молодых людей, которые читали это объявление в 1860-м году. Когда они гордой походкой заходили в офис «Пони Экспресс», чтобы наниматься на работу, в своем уме они представляли острые ощущения, братские отношения и захватывающие приключения. Мало кто из них понимал, что увлекательные приключения будут лишь изредка случаться среди долгих часов тяжелой работы, которую им предстоит выполнять в одиночестве.

Упражнение в служении можно сравнить с этой работой. Несмотря на то, что невозможно себе представить более великий и благородный путь в жизни, чем следование призыву Христа к служению, обыденная действительность жизни служителя такая же приземленная и прозаичная, как умывание чьих-то ног. В книге «Цена ученичества» Дитрих Бонхеффер писал: «Когда Христос призывает человека, Он повелевает ему прийти и умереть»[81]. Такой призыв к служению Христу ассоциируется у нас с образами легендарных мучеников, которые бесстрашно переносили гонения и с торжеством принимали смерть, посвятив всю свою жизнь тому, чтобы водрузить знамя Евангелия среди недостигнутых народов. Но на самом деле, мы видим, что гораздо чаще Христос призывает верующих к тому, чтобы умирать медленной смертью и умывать ноги другим в неизвестности. Нас привлекает мысль о служении, когда оно сулит нам смелые приключения, но чаще происходит то, что нас отталкивает: мы чувствуем себя изгоями, когда служим Христу в одиночестве в унылом уголке какого-то безвестного места. Служить Иисусу на протяжении трех лет во время Его земного служения было бы увлекательным приключением, но служить Ему тремя годами ранее в качестве подметальщика и точильщика пил в Его столярной мастерской было бы не так привлекательно.

Служение Богу может быть публичным, как, например, проповедь и учительство, но чаще оно скрыто от глаз людей, как, например, служение в детской комнате. Служение может быть у всех на виду, как, например, сольное пение, но обычно оно остается незамеченным, как служение звукооператора, который настраивает звуковую аппаратуру, чтобы усилить звучание сольного пения. За какое-то служение нас могут благодарить люди, например, за хорошее свидетельство на богослужении, но обычно наше служение остается без благодарности, как, например, мытье посуды после церковного

---

[81] Dietrich Bonhoeffer, *The Cost of Discipleship*, trans. R. H. Fuller (1937; New York: Macmillan, 1963), 99.

собрания. В большинстве случаев то служение, которое мы видим, в том числе и наиболее привлекательные для нас виды служения, — это всего лишь верхушка айсберга. Только Божье око видит все то служение, которое скрыто от нас.

Наше служение за стенами церкви может выражаться в том, чтобы мы присматриваем за соседскими детьми, приносим еду нуждающейся семье, помогаем по хозяйству прикованным к дому людям, помогаем с транспортом тем, у кого сломалась машина, кормим домашних животных и поливаем растения у тех, кто уехал в отпуск, и, что самое трудное, просто готовы служить членам собственной семьи. Обычно практическое служение выглядит так же непривлекательно, как те практические нужды, которые оно призвано восполнять.

Именно поэтому служение должно стать для нас Духовным Упражнением. Плоть противится неброскости и однообразию служения. Против служения восстают два самых страшных человеческих греха — лень и гордыня. Они ослепляют наши глаза и сковывают цепями наши руки и ноги, чтобы мы не служили так, как нужно, и даже так, как мы хотим. Если мы не упражняем себя в том, чтобы служить во славу Христа и ради Его Царства, а также чтобы возрастать в благочестии, мы будем «служить» только время от времени, когда это удобно или в наших интересах. В результате количество и качество нашего служения будет таким, что мы будем сожалеть об этом, когда настанет день, когда мы дадим отчет Богу за свое служение.

Далеко не каждый акт служения является тем самым служением, в котором мы должны упражняться. В большинстве случаев мы совершаем служение всего лишь из любви к Богу и другим людям. Как и поклонение и благовестие, наше служение часто должно проистекать из нашего сердца, и для этого не нужно упражнять себя. Это следствие действия обитающего в нас Святого Духа, Который преображает нашу жизнь. Однако мы также должны упражнять себя в служении, потому что Дух Христа, обитающий в нас, дает нам желание уподобляться Христу, а в нашем сердце все еще проявляются эгоистические наклонности. Те, кто упражняет себя в служении, убеждаются в том, что служение — это один из самых надежных и практичных способов возрастания в благодати.

Чтобы мы не думали, что служить Богу необязательно, давайте сделаем краеугольным камнем нашей христианской жизни следующую истину.

БОГ ОЖИДАЕТ, ЧТО КАЖДЫЙ ВЕРУЮЩИЙ БУДЕТ СЛУЖИТЬ

Когда Бог призывает Своих избранных к Себе, Он никого не призывает к безделью. Когда Он дает нам рождение свыше и прощает наши грехи, кровь Христа очищает нашу совесть, согласно Посланию к Евреям 9:14, для «служения Богу живому». Библия призывает каждого верующего служить Господу с веселием (Пс. 99:2). В Библии нет места для духовных безработных и духовных пенсионеров или для любого другого описания человека, который называет себя христианином, но не служит Богу.

Конечно же, очень важно служить Богу с правильными мотивами. В Библии упоминается как минимум шесть мотивов для служения.

Служение Богу из послушания

Во Второзаконии 13:4 Моисей сказал: «Господу, Богу вашему, последуйте и Его бойтесь; заповеди Его соблюдайте, и гласа Его слушайте, и Ему служите, и к Нему прилепляйтесь». Все, о чем сказано в этом стихе, описывает послушание Богу. Среди этих заповедей мы находим повеление «служить Ему». Мы должны служить Господу потому, что мы желаем быть послушными Ему.

Джон Ньютон, бывший работорговец, который после своего обращения ко Христу стал пастором и написал несколько христианских гимнов, в том числе и гимн «О благодать», описывает послушное служение так:

> *Представьте, что Бог одновременно дал двум Своим ангелам поручение: один должен был пойти и править величайшей империей земли, а другой — пойти и подметать улицы в одной деревушке в этой империи. Но им бы было абсолютно безразлично, кому какое служение досталось — служение правителя или служение дворника, потому что для ангелов радость — это просто повиноваться Божьей воле [82].*

Разве можно себе представить, чтобы один из этих ангелов отказался служить? Об этом трудно даже подумать. Однако некоторые Божьи ангелы однажды превратились в бесов именно из-за отказа служить Богу. Как может человек, называющий себя христианином, считать, что вполне нормально не участвовать в духовном труде и наблюдать, как другие трудятся для Божьего Царства? Каждый истинный христианин скажет, что он хочет повиноваться Богу. Однако, если

---

[82] E. M. Bounds, *The Essentials of Prayer* (Grand Rapids, MI: Baker, 1979), 19.

мы не служим Богу, мы не повинуемся Ему. Отказ служить Богу — это грех.

Служение из благодарности

Пророк Самуил призывал Божий народ к служению такими словами: «Только бойтесь Господа и служите Ему истинно, от всего сердца вашего; ибо вы видели, какие великие дела Он сделал с вами» (1 Цар. 12:24). Когда нам кажется, что служение Богу обременительно для нас, подумайте о том, какие великие дела Он совершил ради нас, и это ощущение исчезнет.

Помните ли вы, что каково это не знать Христа, быть без Бога и без надежды? Помните ли вы, каково это быть виновным перед Богом и непрощенным? Помните ли вы тот ужас, который вы испытывали, когда поняли, что оскорбили Бога и что Он воспылал на вас гневом? Помните ли вы свои ощущения, когда вы поняли, что вы на волосок от ада? А теперь вспомните, что вы чувствовали, когда увидели Иисуса Христа глазами веры и впервые поняли, кто Он на самом деле и что Он совершил для нас Своей жизнью, смертью и воскресением. А помните ли вы ту радость, которую вы ощутили, когда вы впервые осознали, что получили прощение и избавление от суда и ада? Помните ли вы свои первые ощущения, когда вы почувствовали уверенность в том, что у вас есть вечная жизнь на небесах? Когда огонь вашего служения Богу ослабевает, вспоминайте о тех великих делах, которые Господь совершил ради вас.

Самое лучшее, что Бог мог совершить для любого человека, в том числе и нас, — это привлечь вас к Себе. Что было бы, если бы Он каждое утро клал по десять миллионов долларов на ваш счет в банке до конца вашей жизни, но не спас бы вас?

Что было бы, если бы Он дал вам самое красивое тело и лицо, которое было у кого-либо из живущих на земле, и ваше тело не старело бы тысячу лет, но потом, после смерти, Он бы не пустил вас в рай и отправил бы навечно в ад? Какой другой дар, который Бог дал кому-либо, мог бы сравниться со спасением, которое Он даровал верующим? Вы видите, что Бог не мог сделать для вас ничего большего и лучшего, чем подарить вам Себя? Если мы не можем быть благодарными служителями Того, Кто является всем и в Ком мы имеем все, что еще может сделать нас благодарными?

Служение из радости

В Псалме 99:2 мы находим богодухновенную заповедь: «Служите Господу с веселием». Мы должны служить Богу не с недовольством, неохотой и кислым лицом, но с радостью.

При дворе древних царей слуг часто казнили всего лишь за то, что, когда они прислуживали царям, у них был грустный вид. В Книге Неемии 2:2 мы читаем о том, что Неемия опечалился из-за новостей, которые он услышал, о том, что Иерусалим все еще был разрушен, несмотря на возвращение многих иудеев из Вавилонского плена. Когда он однажды служил царю Артаксерксу во время обеда, царь спросил его: «Отчего лице у тебя печально; ты не болен, этого нет, а верно печаль на сердце?» Это могло очень плохо обернуться для Неемии, поэтому он написал: «Я сильно испугался». Вы не должны ходить с унылым или грустным видом, когда вы служите царю. Это не только выглядит так, как будто вы не хотите служить царю, но это показывает, что вы недовольны тем, как он ведет дела.

Кто не может служить Господу с радостью, тот в сердце противоречит тому, что говорит своими устами. Я понимаю, почему человек, который служит Богу только из чувства долга, не служит Ему с радостью. Я понимаю, почему человек, который служит Богу, чтобы заслужить место в раю, не служит Ему с радостью. Но христианин, который с благодарностью осознает, что Бог сделал для него, должен уметь служить Богу с радостью и весельем.

Для верующего служение Богу является не бременем, а привилегией. Представьте, что Бог позволил вам выбрать кого-нибудь в этом мире, кому бы вы служили и с кем бы были близки, но не позволил бы вам служить Себе. Представьте, что Бог позволил вам занимать любую политическую должность или любую позицию в деловых кругах этого мира, но не позволил бы вам служить в Его Царстве. Представьте, что Он разрешил вам служить самим себе, распоряжаясь своей жизнью, как угодно, и живя беззаботно и беспечно, но вы не могли бы познавать Бога. Даже самые лучшие из этих возможностей — это жалкое рабство в сравнении с радостной привилегией служить Богу. Именно поэтому псалмопевец говорил: «Ибо один день во дворах Твоих лучше тысячи. Желаю лучше быть у порога в доме Божием, нежели жить в шатрах нечестия» (Пс. 83:11).

Служите ли вы в церковном комитете с радостью или с мрачным видом? Служите ли вы вашим ближним охотно или с неохотой? Складывается ли у ваших детей впечатление, что вам искренне нравится служить Богу или что вы с трудом это переносите?

Служение из благодарности за прощение, а не из чувства вины

Вспомните известную историю о видении, в котором пророк Исаия увидел Бога. Заметьте, как Исаия отреагировал нато, что Бог простил его: «Тогда прилетел ко мне один из серафимов, и в руке у него горящий уголь, который он взял клещами с жертвенника, и коснулся уст моих и сказал: вот, это коснулось уст твоих, и беззаконие твое удалено от тебя, и грех твой очищен. И услышал я голос Господа, говорящего: кого Мне послать? и кто пойдет для Нас? И я сказал: вот я, пошли меня» (Ис. 6:6–8). Как собака на поводке, Исаия изо всех сил пытался хоть как-то послужить Богу. Потому что он чувствовал себя виноватым? Нет! Потому что Бог удалил его вину!

Под влиянием тех же чувств, которые испытал Исаия, король проповедников всего Лондона Чарльз Сперджен сказал в своей проповеди 8 сентября 1867 года:

> *Наследник небес служит своему Господу просто из благодарности; ему не нужно зарабатывать спасение, он не потеряет право быть в раю <…> Просто из любви к Богу, Который избрал его и Который заплатил такую огромную цену за его искупление, он желает полностью посвятить себя служению своему Господину. О вы, ищущие спасение по делам закона, какая жалкая, должно быть, у вас жизнь <…> Вы получите это, если вы всегда будете усердно повиноваться Богу, и, возможно, вы обретете вечную жизнь, но, увы! Никто из вас не смеет заявить, что вы уже достигли ее. Вы трудитесь и трудитесь, но никогда не получаете то, ради чего вы трудитесь, и никогда не получите, ибо «делами закона не оправдается перед Ним никакая плоть» <…> Божье дитя трудится не для того, чтобы получить жизнь, но потому, что оно имеет жизнь; оно трудится не для того, чтобы быть спасенным, но потому, что оно уже имеет спасение[83].*

---

83   C. H. Spurgeon, "Serving the Lord with Gladness," in *Metropolitan Tabernacle*

Божий народ служит Богу не для того, чтобы получить прощение, но потому, что мы уже прощены. Когда верующие служат Богу только из чувства вины, они служат, как каторжники, к ногам которых приковано цепью тяжелое ядро. В таком служении нет любви, а только тяжелый труд. В нем не радости, а только повинности изнурительный труд. Но христиане не должны вести себя, как недовольные заключенные, приговоренные к труду в Божьем Царстве из-за своей вины. Мы можем служить Богу с охотой и желанием, потому что смерть Христа освободила нас от вины.

Служение из смирения

Иисус был безупречным служителем. Он проявил Свое величие в том, что готов был испытать унижение для того, чтобы послужить элементарным нуждам Своих двенадцати друзей.

> *Когда Он закончил омывать им ноги, Он оделся в Свою одежду и вернулся на Свое место. «Вы понимаете, что Я для вас сделал? — спросил Он их. — Вы называете меня Учителем и Господом, и это правильно, ибо Я им и являюсь. Если же Я, ваш Господь и Учитель, омыл ваши ноги, значит и вы должны омыть ноги друг другу. Я показал вам пример, чтобы вы делали так, как Я сделал для вас. Истинно, истинно говорю вам: раб не больше господина своего, и посланник не больше пославшего его. Если это знаете, блаженны вы, когда исполняете» (Ин. 13:12–17).*

С поразительным смирением Иисус Христос, Господь и Учитель, омыл ноги Своим двенадцати ученикам, показав

Pulpit (London: Passmore and Alabaster, 1868; reprint, Pasadena, TX: Pilgrim Publications, 1989), vol. 13, 495–496.

им пример смиренного служения, которому должны подражать все Его последователи.

В этом мире христиане всегда будут иметь склонность ко греху (которую Библия называет «плотью»). Голос плоти будет говорить им: «Если мне нужно служить, я хочу, чтобы это было мне выгодно. Если я могу получить за это награду и приобрести репутацию смиренного человека или использовать это ради собственной выгоды, тогда я постараюсь произвести на других впечатление смиренного человека и буду служить». Однако это служение не похоже на служение Христа. Это лицемерие. Лицемерные «служители» не будут служить, если не получат признания или «какой-либо отдачи» от вложенного времени. Они могут жаждать похвалы, всеобщего признания, одобрения в социальных сетях, гарантированных результатов и почитания их примера. Но сложнее всего различить их стремление заработать себе репутации святых, жертвенных или особо духовных людей. Лицемеры делают это, потому что не расположены к служению, которое замечает и вознаграждает только Бог. Поэтому, если потребуется, под маской ложной скромности они будут изобретать хитрые, но приемлемые в церкви способы завоевать хотя бы как-то внимание людей. Если это им не удастся, они попытаются добиться какой-либо взаимности в служении. Силой Святого Духа мы должны отвергать самоправедное, лицемерное служение, которое основано на греховной мотивации, и служить «по смиренномудрию», почитая «других выше себя» (Флп. 2:3).

Можете ли вы служить своему начальнику и коллегам по работе, помогая им преуспевать? Можете ли вы быть довольным даже тогда, когда они продвигаются по карьерной лестнице, а ваших заслуг никто не замечает? Можете ли вы работать так, чтобы способствовать успеху других и при этом не таить зависти в своем сердце? Можете ли вы служить нуждам тех людей, которых Бог возвышает и которых почитают люди, в то время как вас обходят вниманием? Можете ли вы молиться о том, чтобы служение других людей процветало, если это приведет к тому, что ваше служение окажется в тени?

Когда вы упражняем себя в служении, Бог ожидает от нас не только того, чтобы мы хорошо сделали свое дело, потому что даже люди в мире хорошо служат ради прибыли. Бог также призывает нас служить со смирением, потому что это помогает нам уподобляться Христу.

Служение из любви

Согласно Посланию к Галатам 5:13, основой нашего служения должна быть любовь: «К свободе призваны вы, братия, только бы свобода ваша не была поводом к угождению плоти; но любовью служите друг другу».

Нет лучшего топлива для служения, которое горело бы дольше и производило бы больше энергии, чем любовь. В своем служении Богу я совершаю некоторые дела, которые я не стал бы делать за деньги, но я готов делать их из любви к Богу и другим. Я читал об одном миссионере в Африке, которого спросили, нравится ли ему то, чем он занимается. Его ответ был просто шокирующим: «Нравится ли мне эта работа? Нет! Мы с женой не любим грязь. Мы довольно утонченные натуры. Нам не нравится пробираться в жалкие хибары через кучи козьего навоза <...> Но разве человек должен делать для Христа только то, что ему нравится? Пусть Бог будет милостив к нему, если так. Здесь не важно, что нам нравится или что не нравится. Мы получаем повеление идти, вот мы и идем. Нами движет любовь».

Когда нами движет или управляет любовь Христа, это приводит к тому, что живущие уже живут не для себя, «но для умершего за них и воскресшего» (2 Кор. 5:14–15). Они служат Богу и другим, но это служение основано на любви. Любовь является его движущей силой. Иисус сказал в Евангелии от Марка 12:28–31, что величайшая заповедь — это любить Бога всем своим естеством, а вторая по важности заповедь — это любить ближнего, как самого себя. В свете этих слов у нас нет сомнений, что, чем больше мы любим Бога, тем больше мы будем жить ради Него и служить Ему, а чем больше мы любим других, тем больше мы будем им служить.

Каждый христианин наделен дарами для служения

Духовные дары

В момент спасения, когда в вас поселяется Святой Дух, Он дает нам Свой дар. Из 1 Коринфянам 12:4–11 мы узнаем, что дары различны и что по Своей суверенной воле Святой Дух определяет, какой дар дать какому верующему: «Дары различны, но Дух один и тот же... все же сие производит один и тот же Дух, разделяя каждому особо, как Ему угодно». Немаловажно и то, что в 1 Петра 4:10 апостол утверждает, что у каждого христианина есть особый дар, который он должен применять для служения: «Служите друг другу, каждый тем даром, какой получил, как добрые домостроители многоразличной благодати Божией».

Наверняка вы знаете, что вопрос о духовных дарах часто вызывает споры в церкви. Ключевые отрывки на эту тему — это Римлянам 12:4–8; 1 Коринфянам 12:5–11, 27–31;

1 Коринфянам 14; Ефесянам 4:7–13; 1 Петра 4:11. Я призываю вас молитвенно прочитать все эти отрывки. Какой бы точки зрения мы ни придерживались по поводу учения о духовных дарах, нам следует уяснить две важнейших истины, которые мы находим в 1 Петра 4:10, а именно: (1) если вы христианин, вы точно обладаете хотя бы одним духовным даром, и (2) Бог дал вам этот дар для того, чтобы вы служили им для Его Царства.

Возможно, вы мало что слышали о духовных дарах или никогда не пытались определить свой духовный дар. Успокойтесь. Многие христиане верно и плодотворно служат Богу всю жизнь, не зная, в чем их духовный дар. Я не говорю, что вы не должны пытаться определить его. Я не имею в виду, что вы останетесь сидеть на скамье запасных в Божьем Царстве, пока не определите свой дар. Изучите библейские отрывки о духовных дарах и прочтите лучшие книги на эту тему, которые вы сможете выбрать из огромного количества литературы о духовных дарах. Однако, что бы там ни было, не переставайте служить, потому что можно успешно служить Богу, не зная, как назвать свой дар. Джеймс Пакер напоминает нам: «Во все времена самыми значимыми дарами в жизни Церкви были освященные природные способности человека» [84].

Сохраняйте баланс. Бог дал вам духовный дар, но это не то же самое, что природная способность. Этот природный талант, должным образом освященный для употребления на служение Богу, часто указывает нам на наш истинный духовный дар. Однако тот самый особый дар, который Бог вам дал, должен проявиться, если вы будете служить Богу со всем усердием, не имея четкого представления о своем даре.

---

[84]   John Blanchard, comp., *More Gathered Gold: A Treasury of Quotations for Christians* (Welwyn, Hertfordshire, England: Evangelical Press, 1986), 291.

Более того, помимо изучения Писания, самый лучший способ определить и подтвердить свой духовный дар — это служение. Если у вас есть способность к тому, чтобы учить, вы никогда не узнаете, что ваш дар — это учительство, пока вы не попробуете провести занятие. В процессе служения скорбящим людям вы можете прийти к выводу, что ваш дар — это милосердие. И наоборот, участвуя в определенном служении, вы можете понять, каким даром вы не обладаете. Много лет назад я думал, что у меня один дар, пока в процессе служения не стало совершенно очевидно, что у меня абсолютно другой дар.

Я призываю вас упражнять себя в том, чтобы регулярно участвовать в постоянном служении в вашей поместной церкви. Вовсе необязательно занимать официальную должность и быть избранным на служение. Однако постарайтесь побороть искушение служить только тогда, когда это удобно или приносит удовольствие. Это не упражнение в служении. Люди, обладающие сердцем и глазами служителя, всегда будут служить из любви в различных ситуациях, которые не связаны с их «официальным» служением. При этом они не станут пренебрегать служением в поместной общине.

Вам может казаться, что вас не замечают, вас может ограничивать ваше нестандартное расписание, или вы можете быть физически неспособны это делать, но все равно вы можете найти способ служить. Люди с нестандартным расписанием или с физическими ограничениями часто активно ходатайствуют за других в молитвенном служении. Несмотря на свои ограничения, люди, чье сердце желает служить, всегда найдут возможность послужить.

В нашей церкви есть стюардесса, которая работает на международных авиарейсах. Иногда ее не бывает дома по несколько дней. У нее не такое расписание, как у всех, с понедельника по пятницу. Раньше эта сестра всегда писала людям ободрительные письма и служила тем, что раздавала книги, но, когда она присоединилась к нашей церкви, она начала искать возможность регулярно участвовать в служении вместе с другими верующими, а не служить в одиночку. Но как это сделать при таком рабочем графике? Вскоре выяснилось, что ее духовный дар — это практическое служение. Она также отличается особым гостеприимством. Сейчас эта сестра состоит в команде, ответственной за служение гостеприимства в нашей церкви. Поскольку этим служением занимается целая группа людей, этой сестре не нужно присутствовать каждый раз, когда они совершают свое служение. Но когда она дома, она всегда участвует в этом служение.

Духовные дары предназначены для того, чтобы мы их применяли в служении. Если бы Бог не предназначил ваши дары для применения, то ваша жизнь утратила бы смысл. Позволил ли бы Бог нам жить, не принося Ему никакой пользы? По Своей премудрости и провидению Он наделил каждого верующего дарами для служения и сохраняет жизнь, пока Он хочет, чтобы мы служили Ему.

Главная цель этой главы, однако, — призвать вас к тому, чтобы упражняться в служении, чтобы мы могли все больше уподобляться Христу. Некоторые духовные дары предназначены для служения, которое совершается в тени и которое большинство людей не замечает. И все же, несмотря на то, сколько признания мы получаем в служении, как и Христа, Бог также иногда призывает нас служить в тени. Независимо от того, каковы ваши дары или таланты, применяйте их во славу Христа и ради Его Царства. «У некоторых есть дар вспоможения, и этот дар обычно проявляется в служении естественным образом, — пишет Джерри Уайт. — Для большинства христиан служение требует целенаправленных усилий»[85]. Эту мысль можно сформулировать по-другому: «Служение требует дисциплины».

Зачастую служение — это тяжелый труд

Некоторые учат, что, как только вы определите свой духовный дар, служение будет вам только в радость и не будет требовать от вас никаких усилий. Однако новозаветное христианство не таково. В Послании к Ефесянам 4:12 апостол Павел писал о совершении «святых на дело служения». Иногда служение Богу и другим — это на самом деле тяжелый труд.

Писание называет верующих не только Божьими детьми, но и Божьими служителями. Вспомните, как Павел обычно начинает свои послания: он представляется как Божий служитель, как, например, в Послании к Римлянам 1:1. Каждый христианин является Божьим служителем, а служители должны трудиться.

В Послании к Колоссянам 1:29 Павел описывает свое служение Богу такими словами: «Для чего я и тружусь, и подвизаюсь силою Его, действующею во мне могущественно». Слово «трудиться» означает работать до изнеможения, а от греческого слова, переведенного как «подвизаться», произошло слово «агония». Итак, для Павла служить Богу означало «испытывать сильные мучения, трудиться до изнеможения». Это не значит, что служение для Павла было унизительным

---

85   Jerry White, *Choosing Plan A in a Plan B World: Living Out the Lordship of Christ* (Colorado Springs, CO: NavPress, 1986), 97.

223

трудом; на самом деле Павел трудился так ради Бога потому, что единственное, что он любил больше, чем служение Богу, — это Самого Бога. Господь наделяет нас желанием и силой служить Ему, и мы изо всех сил трудимся «силою Его, действующей … могущественно» в нас. Истинное служение не является побуждением плоти. Истинное служение никогда не совершается силой плоти. Однако следует понимать, что, когда в нас могущественно действует Божья сила, мы часто трудимся до изнеможения.

Это значит, что, когда вы служите Господу в поместной церкви или в любом служении, часто вам будет трудно. Если вы служите так, как Павел, иногда это будет мучительный и изнуряющий труд. Это будет отнимать у вас время. Часто нам будет казаться, что наше служение более напряженное и менее приятное, чем другие занятия, которым мы могли бы посвятить свою жизнь. Однако служение Богу — это тяжелый труд хотя бы потому, что оно предполагает служение людям. Несмотря ни на что, помните, что служение, которое нам ничего не стоит, не достигает ничего.

Даже если служение Богу кажется мучительным и изнуряющим трудом, оно приносит нам наибольшее удовлетворение и сполна оправдывает себя. В Евангелии от Иоанна 4:34 мы читаем о том, как Иисус разговаривал с самарянкой. Перед этим Он был в пути целый день шел. Он устал, жаждал и был голоден. Он был изнурен потому, что служил Своему Отцу. Пока Иисус отдыхал у колодца близ селения Сихарь, к колодцу пришла самарянка. Она поговорила с Иисусом, и ее жизнь навсегда изменилась. Когда женщина пошла в Сихарь рассказать другим об Иисусе, Его ученики вернулись из города, куда они ходили купить еды. Когда они предложили Ему еды, Он сказал: «Моя пища есть творить волю Пославшего Меня и совершить дело Его».

Дело служения Богу приносило Иисусу такое удовлетворение, что Он называл его Своей пищей. После служения Богу Он часто настолько сильно уставал физически, что мог заснуть в лодке даже тогда, когда ее со всех стороны били бушующие волны. Однажды Иисус ничего не ел сорок дней. В Его служении Ему часто приходилось спать на улице, на земле. Ему приходилось вставать до рассвета, чтобы побыть хоть немного одному. Но посреди всей этой усталости, голода, жажды, боли и неудобств Иисус заявлял, что дело служения Богу было настолько важным, что оно было Его пищей! Служение питало и укрепляло Иисуса. Оно насыщало Его, и Он питался от него. Служение Богу — это труд, но никакой другой труд не приносит такого удовлетворения.

Кроме того, дисциплинированное служение — это труд, который всегда будет актуальным. В отличие от некоторых наших занятий, служение Богу никогда не обесценится. Тот же Павел, который трудился до изнеможения в служении Богу, напоминает нам: «Итак, братия мои возлюбленные, будьте тверды, непоколебимы, всегда преуспевайте в деле Господнем, зная, что труд ваш не тщетен пред Господом» (1 Кор. 15:58).

Когда вы начинаете служить Богу, у вас сразу же появляется искушение думать, что ваш труд тщетен. Вас посещают мысли о том, что ваше служение — это пустая трата времени. Вы не получаете желаемого результата, а иногда и вовсе не видите никакого результата. Тем не менее вопреки тому, что вы думаете или видите, Бог обещает, что ваш труд никогда не тщетен. Это не значит, что у вас не будет появляться чувство, что ваши усилия не привели ни к чему или что однажды вы увидите все те плоды, которые вы надеетесь увидеть и о которых вы молитесь. Однако Божье обетование означает, что ваше служение Богу никогда не тщетно, даже если вы не видите доказательств этому.

Бог видит и знает ваше служение Ему и никогда не забудет о нем. Он наградит вас на небесах за это. Потому что Он верный и справедливый Бог. Мне нравится Послание к Евреям 6:10: «Ибо не неправеден Бог, чтобы забыл дело ваше и труд; любви, которую вы оказали во имя Его, послуживши и служа святым».

Дисциплинированное служение Богу — это труд, который бывает тяжелым и изнурительным, но он пребывает вечно.

ДОПОЛНИТЕЛЬНОЕ ПРИМЕНЕНИЕ

Поклонение — это основа служения, а служение — это выражение поклонения. Благочестие требует от нас дисциплины в том, чтобы сохранять баланс между поклонением и служением.

Те, кто может спокойно служить, не участвуя в регулярном коллективном поклонении Богу и не поклоняясь Ему лично, служат по плоти. Неважно, как долго они уже служат таким образом и как хорошо другие отзываются об их служении, они подвизаются не Божьей силой, как Павел, а собственной силой.

Наше общение с Богом и познание Его истины в процессе поклонения обновляет наше понимание важности служения, а также наше желание служить. Исаия сказал «вот я, пошли меня» только после того, как увидел Бога в видении. Порядок действий таков: мы начинаем поклоняться, и наше поклонение побуждает нас к служению. Эйден Тозер сказал: «Общение с Богом напрямую приводит к поклонению и добрым делам. Это порядок, установленный Богом, и его нельзя изменить»[86]. Служение требует больших затрат сил, поэтому невозможно долго заниматься служением, если не черпать силу для служения в поклонении.

В то же самое время одним из критериев истинности поклонения (как личного, так и коллективного) является вопрос о том, приводит ли оно к желанию служить. Опять же, классический пример этому — пророк Исаия (см. библейскую цитату выше). В этой связи следует снова процитировать Тозера: «Никто не может поклоняться Богу в духе и истине, пока долг совершать священное служение не станет для него непреодолимым»[87].

Таким образом, мы должны верить в то, что, если мы стремимся к благочестию, мы должны упражнять себя в поклонении и служении. Делать одно без другого — значит не делать ни того, ни другого.

*Бог ожидает, что вы будете служить, и дает вам
дары для служения, но желаете ли вы служить?*

Израильтяне не сомневались в том, что Бог ожидает, чтобы они служили Ему, но Иисус Навин однажды посмотрел им в глаза и бросил им вызов, чтобы возбудить в них желание служить Богу: «Если же не угодно вам служить Господу, то

---

[86] A. W. Tozer, *Signposts: A Collection of Sayings from A. W. Tozer,* comp. Harry Verploegh (Wheaton, IL: Victor, 1988), 183.
[87] Тозер, 183.

изберите себе ныне, кому служить... а я и дом мой будем служить Господу» (Нав. 24:15).

Когда я размышляю о верности в служении, я вспоминаю об одном неприметном маленьком человечке из церкви, в которой я когда-то служил. По воскресеньям никто не замечал, как он приходил в церковь, потому что он приходил задолго до того, как приходили все остальные. Этот человек ставил свою старую машину в самом дальнем и темном углу стоянки, чтобы оставить лучшие места другим. Он открывал все двери, брал листовки с программой богослужения и выходил на крыльцо. Когда люди подходили к церкви, он, широко улыбаясь, протягивал им программу богослужения. Но он не мог разговаривать. Он чувствовал себя неловко, когда люди, которые впервые приходили в церковь, задавали ему вопросы. Много лет назад что-то случилось с его голосом. Когда я познакомился с ним, ему было далеко за шестьдесят, и он жил один. Когда у него ломалась машина, а это случалось часто, он никому никогда об этом не говорил, и ему приходилось идти около двух километров до церкви пешком. Поскольку он был физически уязвим, его несколько раз грабили и избивали, по крайней мере, дважды за те три года, пока я служил в той церкви. «Старожилы» церкви рассказали мне, что, по их мнению, этот человек потерял голос из-за того, что его однажды очень сильно избили много лет назад. У него была тяжелая стадия артрита, из-за чего он сутулился и не мог поворачивать шею. Поэтому ему было трудно открывать двери церкви и раздавать листовки с программой богослужения. Но он всегда приходил, всегда улыбался, даже несмотря на то, что не мог сказать ни слова. Все в его жизни складывалось так, что он всегда оставался в тени, на заднем плане. Его даже звали Джимми Смол [88]. И все же, несмотря на все трудности, препятствия, немощи и много других обстоятельств, которые бы могли стать для него оправданием, он с огромным желанием служил Богу. К тому же, он упражнялся в служении Богу, поэтому Бог не считал его служение незначимым или тщетным.

Господь Иисус всегда был слугой, слугой для всех, слугой из слуг, Слугой с большой буквы. Он сказал: «А Я посреди вас, как служащий» (Лк. 22:27). Иисус Христос — великий пример служителя для нас. Однако Он пришел на землю, жил и умер не только ради того, чтобы сделать нас более способными к служению, а потому, что у нас была гораздо более серьезная нужда. Из-за нашего греха нам необходимо было примириться с Богом, но никто не может стать угодным Богу, если просто будет подражать примеру Христа в служении. Никто не может служить настолько много и настолько хорошо, чтобы стать достаточно праведным перед Богом. Чтобы стать праведными перед Богом, мы должны понимать и принимать Божье Евангелие.

Евангелие Иисуса Христа превращает грешников, восстающих против Бога, в Божьих служителей. Действуя через Евангелие, Святой Дух превращает тех, кто служит своим идолам (богатство, карьера, спорт, секс, дом, земля, образование, хобби, наркотики, политика и т. д.), в Божьих служителей, как Он делал во времена апостола Павла, когда тот писал новообращенным христианам такие слова: «Вы обратились к Богу от идолов, чтобы служить Богу живому и истинному» (1 Фес. 1:9). Те, кто верит в Евангелие Иисуса Христа, обретают сердце служителя, подобно Христу. Таким образом, одним

---

88   В переводе с английского «маленький» — *Прим. пер.*

из самых очевидных признаков искренней веры в Евангелие Христа является то, что, подобное Христу, человек обретает новое желание послужить, которое начинает побеждать эгоистичное желание принимать служение других. Человек начинает искать возможность сделать что-то для Христа и Его церкви, особенно то, что послужит распространению Евангелия. Сотворило ли в вас Евангелие, в которое вы поверили, сердце служителя? Основано ли ваше служение на Евангелии?

При этом мы не должны забывать, что, если человек, преображенный Евангелием и наделенный сердцем служителя, хочет уподобляться Христу, он непременно должен упражнять себя в том, чтобы служить так, как служил Христос. А вы готовы это делать?

ТРЕБУЮТСЯ: добровольцы, обладающие необходимыми дарами для выполнения трудного служения в местном представительстве Божьего Царства. Мотивацией для служения должно быть повиновение Богу, радость, благодарность, прощение, смирение и любовь. Служители редко становятся знаменитыми. Иногда они будут подвергаться сильному искушению оставить свое место служения. Добровольцы должны оставаться верными, несмотря на сверхурочную работу, незначительный результат или отсутствие видимого результата работы, а также возможное отсутствие признания со стороны людей, но гарантированное признание Богом в вечности.

ГЛАВА 8

Распоряжение Божьими дарами для укрепления в благочестии

Как часто мы сегодня слышим о духовных упражнениях в христианской жизни? Как часто мы говорим о них? Как часто они лежат в основе нашей христианской жизни в соответствии с Евангелием? В истории христианской Церкви была эпоха, когда духовные упражнения имели важнейшее значение для христиан. Я глубоко убежден, что нынешняя Церковь находится в таком положении именно из-за пренебрежения духовными упражнениями. Более того, я не вижу никакой надежды на пробуждение и обновление до тех пор, пока мы вновь не обратимся к ним.

Мартин Ллойд-Джонс

Задумайтесь на мгновение: какое из недавних событий в вашей жизни вызывает у вас больше всего беспокойства? Может, вас потрясло какое-то событие, которое произошло на прошлой неделе? Связано ли это с тем, что у вас слишком много работы по дому, по работе, на учебе, в церкви или в какой-либо другой сфере? Может, это оплата счетов? Опоздание на встречу? Недостаточный отдых? Сложная финансовая ситуация? Пробка на трассе? Незапланированный ремонт машины или расходы на лечение? Нехватка денег до дня зарплаты?

Подобные обстоятельства, которые заставляют нас сильно переживать, связаны с распоряжением либо временем, либо деньгами. Только подумайте, сколько ежедневных дел и проблем связаны с ними. Время и деньги — это настолько важные элементы нашей жизни, что не можем обойти стороной эту тему, если собираемся серьезно говорить о благочестивой жизни.

ДИСЦИПЛИНИРОВАННОЕ РАСПОРЯЖЕНИЕ ВРЕМЕНЕМ

Благочестие является результатом дисциплинированной духовной жизни, но основой дисциплинированной духовной жизни является дисциплинированное распоряжение временем. Если мы хотим уподобляться Христу, мы должны считать распоряжение временем Духовным Упражнением. Все дни и даже мгновения земной жизни Христа были настолько идеально упорядочены, что Он молился Отцу такими словами: «Я прославил Тебя на земле, совершил дело, которое Ты поручил Мне исполнить» (Ин. 17:4). Как и Христу, Бог дает нам дар времени, а также поручает нам работу, которую нужно выполнить за это время. Чем больше мы уподобляемся образу Христа, тем больше мы понимаем, почему так важно дисциплинированно пользоваться временем, которое нам дает Бог. В Библии можно выделить десять причин (многие из которых прояснились для меня, когда я читал книгу Джонатана Эдвардса «Драгоценность времени и важность разумного его использования»[89]).

Пользуйтесь временем мудро, «потому что дни лукавы»

Мы должны пользоваться временем мудро, «потому что дни лукавы». Это интересное выражение, которое апостол Павел по вдохновению от Духа записал в Послании к Ефесянам 5:15–16: «Итак смотрите, поступайте осторожно, не как неразумные, но как мудрые, дорожа временем, потому что дни лукавы». Возможно, Павел увещевал христиан в Эфесе дорожить временем, потому что, похоже, эфесяне, как и он сам, переживали гонения и сопротивление (напр., см. Деян. 19:23; 20:1). Как бы там ни было, мы и сегодня также должны использовать каждое мгновение своей жизни с мудростью, «потому что дни лукавы».

Даже без преследований и гонений, которые обрушивались на христиан в дни Павла, в современном мире очень трудно распоряжаться временем с мудростью, особенно, если мы хотим возрастать в библейской духовности и благочестии. На самом деле, лукавство наших дней — это активное зло.

[89]   Jonathan Edwards, "The Preciousness of Time and the Importance of Redeeming It," in *Sermons and Discourses,* 1743–1758, vol. 25 of *The Works of Jonathan Edwards*, ed. Wilson H. Kimnach (New Haven, CT: Yale University Press, 2006), 243–260. Доступно на сайте: Edwards.yale.edu.

Великие похитители времени — это приспешники мира, плоти и дьявола. Это могут быть как высокотехнологичные, социально приемлемые развлечения, так и обычная пустая болтовня или неконтролируемые мысли. Но наш разум, наше тело, наш мир и наши дни естественным образом склоняют нас ко злу, а не к уподоблению Христу. Мысли нужно дисциплинировать, иначе они, как вода, либо будут течь с горы, либо застоятся.

Именно поэтому в Послании к Колоссянам 3:2 мы находим повеление: «О горнем помышляйте, а не о земном». Если мы не будем сознательно, активно и дисциплинированно направлять свои мысли, в лучшем случае они будут непродуктивными, а в худшем — злыми и лукавыми. Наши тела склонны к комфорту, удовольствию, обжорству и лени. Если мы не будем проявлять самообладание, наши тела будут склоняться к служению злу, а не Богу. Мы должны старательно упражнять себя в том, чтобы праведно «ходить» в этом мире, иначе мы будем сообразовываться с путями мира, а не путями Христа. И наконец, лукавство наших дней — это активное зло, потому что в наше время действует множество различных искушений и злых сил. То, как мы пользуемся временем, очень важно, потому дни состоят из времени. Если мы не будем упражняться в том, чтобы использовать время для возрастания в благочестии в эти лукавые дни, то эти лукавые дни помешают нам стать благочестивыми.

Мудрое распоряжение времени — это подготовка к вечности
Вы должны готовиться к вечности, пока вы живете во времени. Это выражение можно истолковать двояко. Это

значит, что вы должны готовиться к вечности уже сейчас, то есть в этой жизни, потому что у вас не будет второго шанса, когда вы перейдете в безвременную вечность. Мне недавно приснился незабываемый сон, который отрезвил меня и напомнил мне о действительности (я не приписываю никакой пророческой ценности этому сну, а просто рассказываю его для того, чтобы проиллюстрировать свою мысль). На меня и других верующих устроили гонения. Когда нас словили, нас привели в комнату, где наши гонители убивали всех верующих, вводя им смертельную инъекцию. Ожидая своей очереди, я вдруг осознал, что через считанные секунды я перейду в вечность и моя подготовка к этому событию уже завершилась. Я встал на колени и начал произносить последнюю молитву в этой жизни, предавая мой дух Господу Иисусу Христу. И тут я проснулся в приливе адреналина, который случается у человека перед казнью. Моей первой сознательной мыслью после того, как я понял, что это был всего лишь сон, было то, что однажды это уже будет не сон. Уже назначен конкретный день, когда моя подготовка к вечности на самом деле закончится. Поскольку это может быть любой день, я должен распоряжаться своим временем мудро, потому что только сейчас у меня есть время для того, чтобы готовиться к тому моменту, когда я перейду в вечную жизнь.

Осознаете ли вы, что то, как вы проведете вечность — в бесконечной радости или в нескончаемых муках, зависит от того, что происходит в такие моменты вашей жизни? Есть ли что-либо более ценное, чем время? Итак, подобно тому, как маленький штурвал определяет направление огромного океанского лайнера, маленький отрезок времени в нашей жизни влияет на всю вечность. Это подводит нас ко второму значению фразы «готовиться к вечности во времени». Речь идет о том, что нужно готовиться к вечности, пока еще не поздно. Классический текст Писания на эту тему гласит: «Вот, теперь время благоприятное, вот, теперь день спасения» (2 Кор. 6:2). Именно теперь время готовиться к тому, чтобы встретить вечность. Если для вас этот вопрос еще не решен, то это нужно сделать прямо сейчас. Нет никакой гарантии, что у вас будет время подготовиться к вечности. Не стоит откладывать решение откликнуться на призыв Того, Кто создал вас и дал вам это время. Подготовьтесь к вечности, придя с верой к предвечному Божьему Сыну Иисусу Христу. Придите к Нему, пока есть время, и Он привлечет вас к Себе в вечности.

Время коротко

Чем меньше у нас времени, тем оно ценнее. Золото и бриллианты не имели бы ценности, если бы их можно было подобрать, как камни на дороге. Точно так же и время не было бы таким драгоценным, если бы мы не умирали. Но поскольку нас от вечности отделяет всего лишь один вздох, то, как мы распоряжаемся временем, имеет большое значение в вечности. Но даже если вы проживете еще несколько десятков лет, факт остается фактом: «Вы... пар, являющийся на малое время, а потом исчезающий» (Ик. 4:14). Даже самая длинная жизнь является секундой в сравнении с вечностью. Несмотря на все то время, которое уже прошло, вы наверняка помните счастливые и печальные события вашего детства и юности так ясно, будто они произошли вчера. И это не просто потому, что у вас хорошая память, а потому, что на самом деле это было не так-то уж и давно. Если представить, что десять лет — это всего лишь 120 месяцев, огромный промежуток времени вдруг начинает казаться коротким. Поэтому, независимо от того, сколько у вас еще осталось времени для возрастания в уподоблении Христу, на самом деле это немного. Пользуйтесь им мудро.

Время проходит

Время коротко, но и то время, что осталось, быстротечно. Время — это не пакет со льдом, который вы можете в любой момент вытащить из морозильника. Время похоже на песок в песочных часах: то, что осталось, быстро ускользает. Апостол Иоанн говорит об этом прямо: «Мир проходит и похоть его» (1 Ин. 2:17).

Мы употребляем выражения «сберечь время», «приобрести время», «компенсировать время» и так далее, но все это иллюзии, потому что время всегда проходит. Мы должны распоряжаться временем мудро, но даже, если мы будем распоряжаться временем лучше всех, мы не сможем перевернуть страницы календаря назад.

Детям кажется, что время тянется медленно. Сейчас я все чаще ловлю себя на мысли о том, что я говорю так, как говорили мои родители, когда я был ребенком: «Даже не верится, что прошел еще один год! Куда так быстро время ушло?» Чем старше я становлюсь, тем больше мне кажется, что я как будто плыву по реке Ниагара: чем ближе подплываю к концу, тем быстрее плывет лодка. Если я не упражняюсь в том, чтобы мудро распоряжаться временем для возрастания в благочестии сейчас, то позже мне будет только труднее это делать.

Неизвестно, сколько у нас осталось времени

Время не только коротко и проходит быстро, но мы даже не знаем, сколько у нас осталось времени на самом деле и как быстро оно пройдет. Поэтому мы должны внимать премудрости, заключенной в Книге притчей 27:1: «Не хвались завтрашним днем; потому что не знаешь, что родит тот день». Сегодня в вечность перешли тысячи людей, многие из которых моложе вас и еще вчера и подумать не могли, что сегодняшний день для них будет последним. Если бы они знали об этом, они бы задумались о важности мудрого распоряжения временем.

Когда бы вы ни читали эти строки, вероятно, вы можете вспомнить недавнюю новость о смерти какого-нибудь известного перспективного или состоявшегося профессионального спортсмена, знаменитого музыканта или киноактера. Вероятно, вы до сих пор в шоке от неожиданной смерти знакомого ребенка или подростка. Это напоминает нам, что ни молодость, ни сила, ни слава, ни известность не обязывает Бога продлить нашу жизнь хотя бы на час. Сколько бы мы ни хотели или не стремились прожить на земле, наши дни в Его руках (Пс. 30:16).

Конечно, мы должны строить планы на жизнь, будто мы будем жить еще многие годы. Однако, если мы хотим трезво оценивать реальность, мы должны распоряжаться своим временем для возрастания в благочестии таким образом, будто неизвестно, будем ли мы живы завтра. Это известный факт, что нам это на самом деле неизвестно.

Потерянное время не вернуть

Многое в нашей жизни можно потерять, но затем вернуть. Многим людям, которые объявляли себя банкротами, позже удавалосьсколотитьещебольшеесостояние.Современем всеобстоитиначе.Еслионоушло,значитоноушлонавсегда и егоуженевернуть.Дажееслибывызаручилисьпомощью всехлюдейназемле,чтобывернутьпотраченноевремя,ни усилия,нибогатство,нитехнологиивсегомиранепомогли бы вам вернуть назад ни одной минуты.

Бог предлагает вам время упражнять себя в благочестии уже сейчас. В Евангелии от Иоанна 9:4 Иисус сказал: «Мне должно делать дела Пославшего Меня, доколе есть день; приходит ночь, когда никто не может делать». Сейчас, доколе есть «день», время совершать Божьи дела, то есть жить благочестиво.

Для каждого из нас «приходит ночь», но никто из нас не может остановить или замедлить наступление этой ночи и солнце и продлить день. Если вы неправильно распоряжаетесь временем, которое предлагает вам Бог, Он больше не предложит вам его.

Возможно, многие из тех, кто читает эти строки, сейчас сожалеют о напрасно потраченных годах своей жизни. Но дажеесливынеправильнораспоряжалисьсвоимвременем в прошлом,вы можетеиспользоватьоставшеесявремялучше. Божья воля относительно вашей жизни сейчас выражается в словах апостола Павла: «...забывая заднее и простираясь вперед, стремлюсь к цели, к почести вышнего звания Божия во Христе Иисусе» (Флп. 3:13–14). Благодаря тому, что совершил Христос ради всякого кающегося грешника, Бог простит нам каждую секунду, которой мы неправильно распорядились в прошлом. Ему приятно, когда вы упражняетесь в том, чтобы разумно распределять свое время для возрастания в благочестии.

Ответственны ли вы перед Богом за свое время?

Вряд ли можно найти более отрезвляющий стих в Писании, чем Послание к Римлянам 14:12: «Итак каждый из нас за себя даст отчет Богу». Слова «каждый из нас» относятся как к верующим, так и к неверующим. И хотя верующие спасаются не делами, а по благодати, наша награда на небесах будет зависеть от наших дел. Господь «испытает качество дела каждого», и каждый либо «получит награду свою», либо «потерпит урон, впрочем, сам спасется, но как бы от огня» (1 Кор. 3:13–15). Итак, мы не только отчитаемся за потраченное время, но от этого напрямую будет зависеть наша вечная награда.

Идею о том, что Бог спросит у нас на Суде, использовали ли мы наше время для того, чтобы упражняться в благочестии, можно проследить в Послании к Евреям 5:12. В этом стихе говорится, что Бог осуждает христиан-евреев за то, что они не использовали свое время для того, чтобы возрастать в духовной зрелости: «Ибо, судя по времени, вам надлежало быть учителями; но вас снова нужно учить первым началам слова Божия, и для вас нужно молоко, а не твердая пища». Если Бог привлекает к ответу верующих, живущих на земле, за то, что они не использовали свое время, чтобы упражняться в благочестии, то, несомненно, Он сделает то же самое и на последнем Суде.

Христос сказал: «Говорю же вам, что за всякое праздное слово, какое скажут люди, дадут они ответ в день суда» (Мф. 12:36). Если мы дадим отчет Богу за всякое праздное слово, то тем более мы должны будем дать отчет за каждый час, который мы провели праздно (то есть потратили напрасно). Кроме того, в Евангелии от Матфея 25:14–30 Христос говорит, что мы ответственны за все таланты, которые получили, и за то, как мы использовали их в служении нашему Господину. А если мы дадим отчет Богу за таланты, которые Он нам дал, то, конечно же, нам придется отвечать за то, как мы распорядились таким драгоценным Божьим даром, как время. В ответ на эту истину мудрый человек должен оценить, как он распоряжается временем, и проводить его так, чтобы ему не было стыдно перед Богом на суде. А если вы не можете ответить своей совести, используете ли вы свое время для возрастания в уподоблении Христу, то как вы сможете ответить Богу позже?

Не следует долго обдумывать или откладывать на потом решение упражняться в мудром распоряжении временем для возрастания в благочестии. Помните, что каждый прожитый час — это еще один час, за который вам придется дать отчет.

Время так легко потерять

В Книге Притчей ни один персонаж, кроме «глупца», не является объектом такого презрения, как нерадивый «ленивец». Почему? Потому что из-за своей лени этот человек тратит время впустую.

Никто не придумывает такие искусные оправдания, как ленивец, который не желает выполнять свои обязанности и распоряжаться временем мудро. В Книге Притчей 26:13–14 мы читаем: «Ленивец говорит: "лев на дороге! лев на площадях!" Дверь ворочается на крючьях своих, а ленивец на постели своей». Современный ленивец — это человек, который не хочет ходить на работу или в церковь. Он говорит: «На автомагистрали так опасно!» Или он может сказать: «Если я буду упражнять себя в мудром распоряжении временем для укрепления в благочестии, я могу пропустить что-то интересное по телевизору или в Интернете, или я буду настолько занят, что у меня не будет времени для отдыха!» И он плюхается на диван или переворачивается в постели.

У ленивца никогда не находится времени на то, что на самом деле важно, особенно на занятия, которые требуют дисциплины. Но прежде, чем он это осознает, он уже потратит время и упустит имеющиеся возможности. Как сказано в Притчах 24:33–34: «Немного поспишь, немного подремлешь, немного, сложив руки, полежишь, — и придет, как прохожий, бедность твоя, и нужда твоя — как человек вооруженный». Заметьте: здесь говорится о том, что достаточно всего лишь «немного» поспать, «немного» подремать, «немного» полежать, сложив руки, и это обернется для вас крахом: вы потратите время и упустите возможности. Очень легко потерять так много: нужно всего лишь терять понемногу за раз. Чтобы потерять время, вам не нужно ничего делать.

Многие люди ценят время так, как ценили серебро во дни Соломона. В 3 Царств 10:27 мы читаем: «И сделал царь серебро в Иерусалиме равноценным с простыми камнями». Нам кажется, что времени так много, что, если потерять много времени, это не страшно. Люди тратят зря не только время, но и деньги, но, если бы кто-то стал разбрасывать свои деньги, как многие бросают на ветер свое время, мы бы подумали, что этот человек сошел с ума. А ведь время намного более ценно, чем деньги, потому что за деньги время не купишь. Однако вы можете научиться не тратить время напрасно, если будете упражнять себя в благочестии.

Мы начинаем ценить время перед лицом смерти

Человек, у которого закончились деньги, ценит их больше всего тогда, когда их нет. Подобным образом, мы ценим время больше всего перед лицом смерти, когда наше время истекло.

Для некоторых людей осознание этой истины является более трагическим, чем для других, особенно для тех, кто отвергает Христа. Знаменитый французский атеист Вольтер сказал своему доктору перед смертью: «Я дам вам половину всего, что у меня есть, если вы продлите мою жизнь на полгода». Его предсмертные вопли были настолько ужасными, что сиделка, которая ухаживала за ним, сказала: «За все богатства Европы я бы не согласилась наблюдать смерть еще одного атеиста» [90]. Английский скептик Томас Хоббс перед смертью сказал: «Если бы я владел всем миром, я бы отдал его за еще один день жизни» [91].

Главный урок, который мы должны усвоить из этих примеров, — это то, что нужно прийти ко Христу, пока еще есть время. А те, кто уже посвятил свою жизнь Христу, должны понять следующую истину: если бы в момент нашей смерти Бог решил бы дать нам еще несколько лет жизни, это было бы бесполезно для тех, кто не готов начать мудро распоряжаться своим временем. Поэтому время нужно ценить сейчас, а не перед смертью. Нам нужно стремиться к благочестию именно сейчас, и для тех, кто получил прощение по благодати, Бог предусмотрел средство для достижения этой цели — Духовные Упражнения.

---

[90] Herbert Lockyer, *Last Words of Saints and Sinners* (Grand Rapids, MI: Kregel, 1969), 133.
[91] Локайер, 132.

Большинство людей стремятся в своей жизни испытывать удовольствие, а не радость от выполнения Божьих Упражнений. Бог предупреждает их в Библии, что они будут сильно сожалеть об этом, когда их время закончится. Представьте себе душевную боль человека, который умирает так: «И ты будешь стонать после, когда плоть твоя и тело будут истощены, — и скажешь: "зачем я ненавидел наставление, и сердце мое пренебрегало обличением, и я не слушал голоса учителей моих, не приклонял уха моего к наставникам моим? Едва не впал я во всякое зло среди собрания и общества!"» (Прит. 5:11–14). Что, если бы вы, как этот человек, вдруг осознали, что у вас больше нет времени, разве вы бы стали сожалеть о том, как проводили время в прошлом? С другой стороны, то, как вы проводите свое время сейчас, может быть большим утешением для вас в последний час. Конечно, вы будете сожалеть о некоторых моментах своей жизни, но разве вы не будете счастливы, вспоминая времена, когда вы жили в исполнении Святым Духом, а также все случаи, когда вы повиновались Христу? Разве вас не будет радовать каждый момент вашей жизни, который вы провели в изучении Писания, молитве, поклонении, благовестии, служении, посте и так далее, чтобы стать больше похожим на Того, перед Кем вы предстанете на суде (Ин. 5:22–29)? Стремитесь к такой жизни, которую избрал для себя Джонатан Эдвардс: «Я решил для себя, что хочу жить так, как хотел бы жить в предсмертный час»[92].

Почему бы нам не решить этот вопрос, пока у нас еще есть время?

---

[92] Jonathan Edwards, "Resolutions," in *Letters and Personal Writings*, vol. 16 of *The Works of Jonathan Edwards*, ed. George S. Claghorn (New Haven, CT: Yale University Press, 2006), 755. Доступно на сайте: Edwards.yale.edu.

Ценность времени в вечности

Я сомневаюсь, что на небесах мы будем сожалеть о чем-либо, но даже если бы было так, то мы бы сожалели о том, что не использовали свое время на земле во славу Бога и для возрастания в Его благодати. И наоборот, те, кто попадет в ад, будут вечно стенать в страшных муках, сожалея о том, что они так глупо потратили время.

В Евангелии от Луки 16:25 Библия описывает мучительную скорбь о напрасно прожитой жизни на примере истории о богаче, который попал в ад, и Лазаре, который попал на «лоно Авраамово». Иисус говорит, что богач, который испытывал великие мучения, поднял глаза и увидел вдали Лазаря, пребывающего в радости с Авраамом. Богач попросил Авраама послать к нему Лазаря с водой, но Авраам сказал: «Чадо! вспомни, что ты получил уже доброе твое в жизни твоей, а Лазарь — злое; ныне же он здесь утешается, а ты страдаешь».

Какую бы ценность придавали такие люди, как этот богач, упустивший всякую возможность жить вечно, времени, которое есть сейчас у нас? Пуританский автор Ричард Бакстер задает вопрос: «Разве их сердца не разрываются в вечности от мысли о том, что они бессмысленно прожили свою жизнь и впустую потратили время, которое Бог дал им, чтобы подготовиться ко спасению? Разве те, кто сейчас находится в аду, думают, что люди, которые праздно проживают жизнь и впустую тратят свое время на земле, поступают мудро?»[93] Если бы те, кто страдает сейчас по ту сторону вечности,

---

[93] Richard Baxter, *The Practical Works of Richard Baxter in Four Volumes*, A Christian Directory (1673; reprint, Ligonier, PA: Soli Deo Gloria Publications, 1990), vol. 1, 237.

где нет милости, владели тысячами миров, они отдали бы их все (если бы могли) за один из дней нашей жизни. Они на собственном опыте научились ценить время — но было уже поздно. Давайте и мы будем учиться этому, принимая истину и упражняя себя в благочестии. В конце концов, если вы отдали свою жизнь Христу, «вы не свои … вы куплены дорогою ценою» (1 Кор. 6:19–20). «Ваша» жизнь и «ваше» время теперь принадлежат Богу. Самый лучший и самый радостный способ потратить их — использовать их так, как хочет Бог.

ДИСЦИПЛИНИРОВАННОЕ РАСПОРЯЖЕНИЕ ДЕНЬГАМИ

С точки зрения Библии, отражением нашего духовного состояния является не только наше распоряжение временем, но и наше распоряжение деньгами. Если мы упражняемся в том, чтобы мудро распоряжаться деньгами, мы должны обращаться с ними так, чтобы восполнять свои личные нужды и нужды своей семьи. Библия даже называет лицемером всякого христианина, который из-за своей финансовой безответственности беспечной тратой денег пренебрегает материальными нуждами своей семьи. В 1 Тимофею 5:8 мы находим категоричное заявление: «Если же кто о своих и особенно о домашних не печется, тот отрекся от веры и хуже неверного».

Поэтому вопрос о том, как мы тратим деньги на себя, на других и особенно на нужды Божьего Царства, является сугубо духовным вопросом.

Почему Бог считает, что для возрастания в благочестии нам необходимо распоряжаться деньгами, а также другими ресурсами по-библейски? В Писании мы находим на удивление много отрывков, которые касаются того, как мы должны распоряжаться своим богатством и имуществом. Если мы игнорируем их или относимся к ним легкомысленно, наше «благочестие» — это всего лишь притворство. Однако главная причина, по которой распоряжение деньгами и имуществом, приобретаемым с их помощью, является одним из наиболее достоверных показателей нашей духовной зрелости и благочестия, заключается в том, что мы посвящаем огромную часть нашей жизни зарабатыванию денег. Поскольку большую часть жизни мы работаем, чтобы зарабатывать деньги, в некотором вполне реальном смысле трата этих денег является отражением нашей жизни. Другими словами, то, как мы распоряжаемся ими, показывает наши приоритеты, ценности и состояние нашего сердца. Мы возрастаем в благочестии в той мере, в которой мы распоряжаемся деньгами и другими ресурсами по-христиански.

Все, что мы сказали о дисциплинированном распоряжении временем, можно также отнести к распоряжению деньгами и имуществом (хотя, в отличие от времени, эти вещи можно приобрести снова, если мы теряем их). Было ли бы излишним повторять все эти истины, которые касаются распоряжения временем, и применять их к деньгам. Вместо этого давайте рассмотрим, как, согласно Писанию, мы должны упражнять себя «в благочестии» в конкретной сфере — в том, как мы жертвуем ради Христа и Его Царства.

Если мы возрастаем в благочестии, мы будем возрастать в понимании следующих десяти принципов материального служения.

Богу принадлежит все, чем вы владеете

В 1 Коринфянам 10:26 апостол Павел цитирует Псалом 23:1, где говорится: «Господня земля и что наполняет ее». Богу принадлежит все, включая все наше имущество, потому что Он сотворил все. «Моя вся земля», — говорит Господь в Исходе 19:5. Он провозглашает это еще раз в Книге Иова 41:3: «Под всем небом все Мое».

Это значит, что мы управляющие, или, говоря библейским языком, «управители», которые распоряжаются тем, что дал им Бог. Будучи рабом, Иосиф стал управителем, когда Потифар поставил его управляющим над всем своим домом. Иосифу не принадлежало ничего, ведь он был рабом. Но он управлял всем владением Потифара. Управляя имуществом Потифара, Иосиф имел право удовлетворять свои личные нужды, но его главной обязанностью было распоряжаться им в интересах Потифара. В этом и наша обязанность по отношению к Богу. Он желает, чтобы мы пользовались и наслаждались тем, что Он дал нам, но, будучи управителями, мы должны понимать, что это имущество принадлежит Богу и мы должны распоряжаться им прежде всего в интересах Его Царства.

Таким образом, дом или квартира, в которой вы живете, принадлежат Богу. Деревья у вас во дворе — это Божьи деревья. Трава, которую вы косите, — это Божья трава. Сад, который вы посадили, — это Божий сад. Машина, которую вы водите, — это Божья машина. Одежда, которая на вас и которая висит у вас в шкафу, — это Божья одежда. Еда у вас на кухне также принадлежит Богу. Книги на ваших полках — это Божьи книги. Вся ваша мебель и все остальное в вашем доме принадлежит Богу.

Нам не принадлежит ничего. Все принадлежит Богу, а мы всего лишь Его управители. Большинство из нас сейчас живет в «своих домах», которые несколько лет назад были «своими домами» для других людей. И через несколько лет этот дом опять кто-нибудь назовет «своим». Вы владеете землей? Через несколько лет этой землей будет владеть кто-нибудь другой. Мы всего лишь временно управляем имуществом, которое принадлежит Богу. Наверняка вы верите в это теоретически, но то, как вы жертвуете на Божье дело, покажет, как сильно вы верите в это.

Бог прямо сказал, что Ему принадлежит не только наше имущество, но даже деньги на нашем счету в банке и наличные деньги в наших кошельках. В Книге пророка Аггея 2:8 Он сказал: «Мое серебро и Мое золото, говорит Господь Саваоф». Поэтому вопрос не в том, сколько своих денег мы должны пожертвовать Богу, а в том, сколько Божьих денег мы можем оставить себе.

Когда мы жертвуем на Божье дело, мы должны жертвовать с верой в то, что все, что мы имеем, принадлежит Богу, и с готовностью распорядиться этим всем так, как хочет Он.

Материальное служение — это акт поклонения

В Послании к Филиппийцам 4:18 апостол Павел благодарит христиан из греческого города Филиппы за их пожертвование в поддержку его миссионерского служения. Он пишет: «Я получил все и избыточествую; я доволен, получив от Епафродита посланное вами, как благовонное курение, жертву, приятную Богу». Он называет их пожертвование «благовонным курением, жертвой, приятной Богу», сравнивая их с ветхозаветными жертвами, которые людиприносилиприпоклоненииБогу.Другимисловами, Павелговорит,чтоихпожертвованиенаБожьеделобыло актом поклонения.

Вы когда-нибудь задумывались о том, что материальное служение — это поклонение Богу? Вы знаете, что воспевание гимнов хвалы, молитва, благодарение и слушание Божьего Слова, через Которое Он говорит к нам, — все это поклонение. Но думали ли вы когда-нибудь о том, что материальное служение Богу — это один из способов почитания Бога и поклонения Ему, которые ясно предписывает нам Библия?

В своей книге «Дар даяния» Уэйн Уоттс писал:

> *Изучая библейские принципы даяния, я размышлял над темой поклонения. Честно говоря, я никогда раньше не изучал тему поклонения детально, чтобы понять Божий взгляд на нее. Я пришел к заключению, что даяние, наряду с благодарением и хвалой, является поклонением. Раньше я брал на себя обязательство жертвовать в церковь определенную сумму денег каждый год. Раз в месяц я выписывал чек и клал его в блюдо для сбора пожертвований. Иногда я посылал чеки в церковь по почте из офиса. Моей целью было до конца года полностью пожертвовать ту сумму, которую я определил. Несмотря на то, что я уже испытывал радость даяния, я не связывал сам акт пожертвования с поклонением. Пока я писал эту книгу, Бог побудил меня начать жертвовать каждый раз, когда я прихожу в церковь. Место Писания, через которое Бог проговорил мне это, записано во Второзаконии 16:16: «Никто не должен являться пред лице Господа с пустыми руками». Я начал так делать, и, если у меня не было с собой чека, я жертвовал наличными. Сначала я думал, что буду жертвовать ровно*

столько, сколько я определил для себя, но Бог опять коснулся меня. Он сказал: «Тебе не нужно всегда жертвовать одну и ту же сумму. Просто жертвуй Мне из любви, от всего сердца, и ты увидишь, какую радость ты испытаешь от богослужения». Когда я изменил мой подход к даянию, я начал испытывать гораздо больше радости на богослужениях в церкви [94].

Эти слова побудили меня пересмотреть свой подход к материальному служению. В моей церковной традиции члены церкви, которые посещают малые группы по изучению Библии перед воскресным собранием, обычно жертвуют на этих встречах, а не на общем собрании. Если у вас в церкви принято делать также, возможно, вы, как и я, почувствуете, что во время материального служения вы больше поклоняетесь Богу, когда вы будете жертвовать на общем собрании.

Большинство людей жертвуют столько раз, сколько раз они получают зарплату. Иначе говоря, если они получают зарплату первого числа каждого месяца, они жертвуют раз в месяц, чаще всего в первое воскресенье месяца. Если они получают зарплату первого и пятнадцатого числа каждого месяца, они жертвуют два раза в месяц. А если вы будете следовать совету Уоттса и моему призыву, вы можете жертвовать некоторую часть общей суммы ваших пожертвований каждую неделю, а не всю сумму сразу в воскресенье после дня зарплаты. Конечно, если вы не жертвуете все деньги сразу, есть вероятность, что вы можете потратить те деньги, которые вы отложили для пожертвования в следующее воскресенье. Некоторые люди решают эту проблему, заранее подготавливая все пожертвования на определенный период. И тогда каждое

---

[94]   Wayne Watts, *The Gift of Giving* (Colorado Springs, CO: NavPress, 1982), 35–36.

воскресенье они приходят в церковь не с пустыми руками: у них есть что-то, что они могут пожертвовать Господу в качестве акта поклонения. Материальное служение — это не просто обязанность, это акт поклонения. Те, кто вынужден жертвовать через электронные платежи или вне контекста общего богослужения, должны сделать все необходимое, чтобы во время сбора пожертвований на служении они поклонялись Богу, а не блуждали в своих мыслях. Когда другие будут жертвовать, они могут благодарить Бога за Его благость и дары или просто поклоняться Богу в молитве.

Материальное служение отражает веру в то, что Бог обеспечит вас всем необходимым

То, сколько вы уделяете Богу из вашего дохода, показывает, насколько сильно вы верите, что Он восполнит ваши нужды. В Евангелии от Марка 12:41–44 мы находим историю о даянии и необычайной вере бедной женщины:

> " И сел Иисус против сокровищницы, и смотрел, как народ кладет деньги в сокровищницу. Многие богатые клали много. Пришедши же, одна бедная вдова положила две лепты, что составляет кодрант. Подозвав учеников Своих, Иисус сказал им: истинно говорю вам, что эта бедная вдова положила больше всех, клавших в сокровищницу; ибо все клали от избытка своего, а она от скудости своей положила все, что имела, все пропитание свое.

Эта бедная вдова желала пожертвовала «все пропитание свое», потому что она верила, что Бог позаботится о ее нуждах.

Мы жертвуем в соответствии с нашей верой в то, что Бог позаботится о нас. Чем больше мы верим, что Бог позаботится о наших нуждах, тем больше мы готовы жертвовать Ему. И наоборот, чем меньше мы полагаемся на Бога, тем меньше мы жертвуем.

У меня есть друг пастор, которого обличила эта история о бедной вдове в том, что он недостаточно полагается на Бога в том, что Он позаботится о Его нуждах. Однажды они с женой решили пожертвовать всю свою месячную зарплату Господу и поверить в то, что Он обеспечит их всем необходимым. У них уже почти закончилась еда, и тут к ним пришла женщина с несколькими пакетами продуктов. «Откуда вы узнали о нашей нужде? — спросили они, ведь они никому об этом не рассказывали. Оказалось, что эта женщина не знала ничего об их нужде. Она просто почувствовала, как Господь побуждает ее принести пастору продукты. Они доверились Господу, проявили свою веру в даянии, и Господь позаботился о них.

Возможно, вы также испытаете или уже испытали это и поняли, что ваша готовность жертвовать показывает, насколько велика ваша вера в Божью заботу о ваших нуждах.

Материальное служение должно быть жертвенным и щедрым

История о вдове, которую похвалил Иисус, показывает, что жертвовать Богу должны не только те, кто, как говорят в мире, «могут себе это позволить». Апостол Павел приводит похожий пример в 2 Коринфянам 8:1–5, где он рассказывает, как бедные христиане Македонии щедро пожертвовали ему:

> *Уведомляем вас, братия, о благодати Божией, данной церквам Македонским; ибо они среди великого испытания скорбями преизобилуют радостью, и глубокая нищета их преизбыточествует в богатстве их радушия; ибо они доброхотны по силам и сверх сил — я свидетель: они весьма убедительно просили нас принять дар и участие их в служении святым; и не только то, чего мы надеялись, но они отдали самих себя, во-первых, Господу, потом и нам по воле Божией.*

Павел пишет, что эти македоняне жили в глубокой нищете. И все же их глубокая нищета «преизбыточествует в богатстве их радушия». Они жертвовали не только «по силам», но и «сверх сил». Как и эти люди, мы также быть жертвенными и щедрыми в своем даянии.

Позвольте напомнить вам, что ваше даяние не будет жертвенным, если для вас это не жертва. Многие из тех, кто называет себя христианами, жертвуют на Божье дело лишь символически. Намного меньшее число людей жертвует хорошо, и, возможно, только единицы дают жертвенно.

Социальные опросы неизменно показывают, что, чем больше американцы зарабатывают денег, тем менее жертвенным становится их даяние[95]. Чем больше возрастает наш уровень дохода, тем меньший процент нашего дохода мы ежегодно жертвуем церквам, благотворительным организациям и другим некоммерческим организациям. Согласитесь, что если мы начали зарабатывать больше денег, чем раньше, а жертвуем

---

[95] В отличие от первого издания книги, в этом издании я не привожу современных статистических данных для обоснования общих утверждений. Данные, которые исследователи называют «последними», вскоре теряют свою актуальность. К тому же, в большинстве случаев мы можем быстро найти в Интернете самую свежую информацию по рассматриваемой теме.

меньше, чем давали, то наше даяние не является жертвенным. Возможно, мы жертвуем больше денег, чем раньше, но на самом деле мы жертвуем меньше на благо Божьего Царства в финансовом плане.

Я никогда не встречал человека, который бы сожалел о своем жертвенном даянии, каким бы оно ни было — однократным или постоянным. Конечно, такие люди отказывают себе в чем-то, что они могли бы приобрести на эти деньги, если бы они потратили их на себя. Но радость и удовлетворение, которые они испытывают от того, что отдают то, что они не смогут хранить при себе вечно, более чем стоят того. Такие люди всегда говорят: «Еще ни разу я ничем не жертвовал. Я всегда получаю больше, чем даю».

Представьте себе мать или отца, которые видят, как их ребенок закончил школу или университет, или женится на благочестивой девушке, или совершает поступок, который вызывает у них слезы радости. Вы говорите этой женщине или этому мужчине: «Вспомните бессонные ночи, которые вы провели со своим ребенком, все грязные пеленки и десятки тысяч долларов, которых вам стоил этот ребенок и которые вы бы могли потратить на себя. Вспомните, сколько времени вы потратили на то, чтобы воспитать этого ребенка, хотя вы могли бы в это время заниматься тем, что вам нравится. Воспитание детей — это занятие, которое всегда требует жертв».

В ответ вы бы услышали следующее: «Это стоило того, чтобы идти на эти так называемые жертвы». Вы чувствуете то же самое, когда щедро и жертвенно посвящаете часть из своего дохода Божьему делу в других сферах. Вы никогда не пожалеете об этом.

Материальное служение отражает духовную верность

В Евангелии от Луки 16:10–13 Христос открывает нам одну удивительную истину о путях Божьего Царства:

> *Верный в малом и во многом верен, а неверный в малом неверный и во многом. Итак, если вы в неправедном богатстве не были верны, кто поверит вам истинное? И если в чужом не были верны, кто даст вам ваше? Никакой слуга не может служить двум господам: ибо или одного будет ненавидеть, а другого любить; или одному станет усердствовать, а о другом нерадеть. Не можете служить Богу и маммоне.*

Заметьте, что стихе 11 говорится, что ваше материальное служение отражает вашу духовную верность: «Итак, если вы в неправедном не были верны, кто поверит вам истинное?» Если мы неверны в распоряжении деньгами, в том числе и в том, как мы жертвуем их ради Царства Христа, Библия говорит, что Бог посчитает нас неверными и не захочет доверить нам духовное богатство. Приведу такой пример: владелец деревообрабатывающей фабрики решает однажды передать управление фабрикой одному из своих рабочих. Конечно же, сначала он хочет выяснить, сможет ли этот рабочий правильно вести дела. Чтобы понять, сможет ли он принести компании прибыль, директор поручает ему некоторые дела по управлению фабрикой — например, заказывать и проверять новую древесину. На протяжении нескольких месяцев директор пристально наблюдает за тем, как рабочий управляет своим отделом. Он делает это не просто ради того, чтобы обеспечить прибыль для компании, а чтобы определить, насколько верен этот рабочий и насколько он способен управлять фабрикой. Если окажется, что этот человек неверен в управлении малой частью дел деревообрабатывающей фабрики, тогда директор, конечно же, не доверит ему управление всей фабрикой. Если же он докажет свою верность, директор вверит ему истинное богатство — владение всей фабрикой.

Наше управление «финансовым отделом» своей жизни — это один из главных показателей, которые позволяют оценить ваши отношения со Христом и вашу духовную верность. Если вы любите Христа и дело Его Царства больше всех и всего на свете, это будет проявляться в том, как вы распоряжаетесь финансами. Если вы искренне подчиняетесь господству Христа и готовы беспрекословно повиноваться Ему в любой сфере вашей жизни, это будет проявляться в том, как вы жертвуете. Далеко не сразу мы готовы передать право владения каждым нашим долларом, который мы заработали или еще заработаем, кому бы то ни было, даже Христу. Но раз уж мы решились это сделать, это должно отразиться на нашем материальном служении.

Именно поэтому ваше распоряжение деньгами расскажет о вас больше, чем что-либо другое. Если после вашей смерти ваш биограф или ваши дети захотят узнать, насколько вы были преданы Христу, и изучат все ваши финансовые документы, какой вывод они сделают? Подтвердят ли эти документы вашу духовную верность?

*Материальное служение из любви,
а не из законнических побуждений*

Бог не выставляет вам счет, который вы должны оплатить. Церковь не посылает вам ежемесячную выписку по счету.

Мы жертвуем Богу и поддерживаем дело Его Царства не ради того, чтобы исполнить некую «одиннадцатую заповедь». Мотивом вашего даяния Богу должна быть любовь к Нему. То, сколько вы жертвуете Богу, должно быть отражением того, насколько вы любите Бога.

В 2 Коринфянам 8 апостол Павел сообщает непосредственным адресатам послания, то есть верующим в Коринфе, о том, как их братья во Христе из Македонии щедро и усердно жертвовали на служение. В стихе 7 апостол говорит коринфянам: «А как вы изобилуете всем: верою и словом, и познанием, и всяким усердием, и любовью вашею к нам, — так изобилуйте и сею добродетелью». Иначе говоря, Павел сказал: «Следите за тем, чтобы вы возрастали в этой благодати даяния точно так же, как и верующие из Македонии». Заметьте, что далее, в стихе 8, он говорит: «Говорю это не в виде повеления, но усердием других испытываю искренность и вашей любви». Павел не использовал свою апостольскую власть (власть особого посланника Христа), чтобы повелеть коринфянам жертвовать. Он не давал заповеди о даянии, но писал, что даяние — это один из способов доказать свою любовь к Богу.

В следующей главе он формулирует этот принцип еще яснее. Заметьте, что в первой части седьмого стиха 2 Коринфянам 9 Павел не говорит о том, что нужно жертвовать потому, что Бог требует этого от нас: «Каждый уделяй по расположению сердца, не с огорчением и не с принуждением».

В 1 Коринфянам 16:2 он говорит почти то же самое: он призывает каждого верующего жертвовать столько, «сколько позволит ему состояние». Павел никогда не устанавливал для своих читателей внешних, измеримых ориентиров для даяния. Он говорил, что каждый верующий должен жертвовать по состоянию своего сердца и что главным ориентиром в этом деле является его любовью к Богу.

Позвольте мне позаимствовать пример, который я приводил несколько раньше, в контексте беседы о поклонении, и применить его к нашей беседе о мотивации для даяния. Представьте, что я подошел к моей жене Кэффив День святого Валентина, достал из-за спины букет ее любимых желтых роз и сказал: «С Днем святого Валентина тебя!» Она говорит мне: «Какие прекрасные цветы! Спасибо! Не стоило тратить так много денег». И тогда я хладнокровно отвечаю на ее радостный возглас: «Да не за что. Сегодня День Святого Валентина, и, поскольку я твой муж, я должен был сделать тебе подарок». Как вы думаете, как она будет себя чувствовать? Вероятно, она захочет швырнуть эти розы вместе с шипами прямо мне в лицо! А теперь представим, что я сделаю то же самое, но скажу ей другие слова: «Для меня приятнее всего потратить эти деньги для тебя, чем на что-то другое, потому что я тебя очень люблю». Те же самые деньги, тот же самый подарок. Но в первом случае я подарил его из чувства долга, а во втором — из любви. Правильный мотив полностью меняет суть дела.

Аналогичным образом, Бог желает, чтобы мы жертвовали не потому, что мы хотим соблюсти формальность или чувствуем себя обязанными, но потому что это естественное проявление нашей любви к Нему.

Жертвуйте доброхотно, с благодарностью и с радостью

Мы вновь обращаемся к 2 Коринфянам 9:7: «Каждый уделяй по расположению сердца, не с огорчением и не с принуждением; ибо доброхотно дающего любит Бог».

Бог не хочет, чтобы вы жертвовали неохотно, то есть, чтобы вы жертвовали тогда, когда вам не хочется этого делать. Бог не благоволит к дарам, которые мы приносим с недовольством, сколько бы вы при этом ни жертвовали. Бог не небесный Господин, Который протягивает к вам Свою жадную руку и требует от вас то, что Ему положено, не думая о ваших чувствах. Он не хочет, чтобы вы жертвовали Ему неохотно, признавая, что все, у вас есть, и так принадлежит Ему. Он хочет, чтобы вы жертвовали Ему, потому что вы сами этого хотите.

Один человек сказал: «Есть три вида даяния — неохотное даяние, даяние из чувства долга и даяние из благодарности. Тот, кто жертвует неохотно, говорит: «Я вынужден». Тот, кто жертвует из чувства долга, говорит: «Я должен». А тот, кто жертвует из благодарности, говорит: «Я хочу» [96].

Бог хочет, чтобы вы жертвовали с радостью. Некоторые люди жертвуют Богу с таким же отношением, с каким они оплачивают налоги после аудиторской проверки. Другие жертвуют Богу с таким отношением, будто они оплачивают счет за электроэнергию. Но есть и те, кто жертвует Богу так, будто они дарят обручальное кольцо своей невесте или подарок своему четырехлетнему ребенку, который с нетерпением ожидает его в рождественское утро. Некоторые жертвуют потому, что они знают, что они не могут не пожертвовать. Другие жертвуют потому, что думают, что обязаны это сделать. Однако есть редкие счастливцы, которые жертвуют потому, что просто не могут не жертвовать!

Я осознаю, что нам нужно знать, почему нам следует жертвовать с благодарностью и доброхотно. Иначе мы будем

---

[96] Слова Роберта Роденмайера, которые приводятся в следующем источнике: John Blanchard, comp., *Gathered Gold: A Treasury of Quotations for Christians* (Welwyn, Hertfordshire, England: Evangelical Press, 1984), 113.

чувствовать себя, как человек в подавленном настроении, к которому приходит его друг и говорит: «Радуйся!» Когда у вас плохое настроение, вам нужна причина для радости. Но нам не придется долго думать о том, почему нам стоит жертвовать с благодарностью и доброхотно. Когда вы вспоминаете о том, что Бог дал вам величайший дар в Своем Сыне Иисусе Христе, даровал вам огромную благодать и милость, дал вам все, что у вас есть, и когда вы понимаете, что вы имеете возможность жертвовать Самому Богу, у вас должно появляться желание жертвовать Богу с благодарностью и радостью.

Если бы в одно воскресное утро пастор вашей церкви объявил: «С нами сегодня руководитель одной из крупнейших наркокартелей в мире, и мы будем собирать пожертвования на нужды его армии», — вы бы вряд ли жертвовали охотно и с радостью (вы бы вообще ничего не пожертвовали, разве что под угрозой расправы со стороны «гостя»). Но если бы вам сказали: «В холле стоит Господь Иисус Христос, и все наши сегодняшние пожертвования мы отдадим Ему на нужды Божьего Царства», — наверняка вы почувствуете легкость не только на сердце, но и в кошельке, потому что вы осознаете, что жертвуете Богу.

Вы жертвуете «просто так» или жертвуете Богу? Вы не жертвуете неохотно или по принуждению, когда вы понимаете, что жертвуете Богу. Вы жертвуете охотно, с благодарностью и радостью.

Материальное служение — правильный
отклик на реальные нужды

Иногда возникает ситуация, когда мы сообщаем поместной церкви о нашей реальной нужде, и члены церкви спонтанно пожертвуют в ответ на эту нужду. В Деяниях мы встречаем как минимум три случая, когда верующие жертвовали через церковь на конкретные нужды. Первый случай произошел в первые дни после эпохальных событий Пятидесятницы. В Деяниях 2:43–45 мы читаем: «Был же страх на всякой душе; и много чудес и знамений совершилось чрез Апостолов в Иерусалиме. Все же верующие были вместе и имели всё общее: и продавали имения и всякую собственность, и разделяли всем, смотря по нужде каждого». В день Пятидесятницы, когда Святой Дух исполнил верующих во Христа сверхъестественным желанием и силой возвещать Евангелие, в Иерусалим пришли тысячи людей со всех концов Римской Империи, чтобы отпраздновать этот иудейский праздник. Три тысячи людей, многие из которых были из других городов, обратились к Богу в день Пятидесятницы. Вскоре к церкви присоединилось еще несколько тысяч людей. Многие из пришедших на праздник изменили свои планы и остались в Иерусалиме потому, что они уверовали во Христа и хотели пребывать в общении с другими верующими. В Иерусалиме у них не было ни дома, ни работы, ни средств к существованию. Поэтому в той уникальной ситуации, которая сложилась в Иерусалиме, все, кто уверовал, объединяли свои средства, продавали имущество и восполняли нужды друг друга.

Похожая ситуация описана в Деяниях 4:32–35:

> У множества же уверовавших было одно сердце и одна душа; и никто ничего из имения своего не называл своим, но все у них было общее. Апостолы же с великою силою свидетельствовали о воскресении Господа Иисуса Христа; и великая благодать

была на всех их. Не было между ними никого нуждающегося; ибо все, которые владели землями или домами, продавая их, приносили цену проданного и полагали к ногам Апостолов; и каждому давалось, в чем кто имел нужду.

В церкви были реальные нужды. Члены церкви откликались на эти нужды и жертвовали, чтобы восполнить их.

В третьем примере из Деяний верующие жертвовали нуждающимся за пределами поместной церкви. На этот раз те, кто жертвовали, не видели и не знали нуждающихся. Прочитаем Деяния 11:27–30:

> *В те дни пришли из Иерусалима в Антиохию пророки, и один из них, по имени Агав, встав предвозвестил Духом, что по всей вселенной будет великий голод, который и был при кесаре Клавдии. Тогда ученики положили, каждый по достатку своему, послать пособие братиям, живущим в Иудее, что и сделали, пославши собранное к пресвитерам чрез Варнаву и Савла.*

Христиане в Антиохии, которая находилась в 400 километрах к северу от Иерусалима, жертвовали ради того, чтобы обеспечить пропитание для верующих в Иерусалиме, с которыми они не были знакомы, а также восполнить их нужды. Этот случай стал библейским прецедентом для особых сборов пожертвований в церкви, например, на миссионерскую деятельность своей стране и в других странах, в помощь голодающим по всему миру или пострадавшим от стихийных бедствий и так далее, даже спонтанного сбора пожертвований на особую нужду. Заметьте, что ни в одном из этих трех примеров из Деяний верующих никто не заставлял жертвовать и никто не требовал, чтобы они жертвовали конкретную сумму.

У нас нет возможности рассматривать другие принципы, которые касаются пожертвования на особые нужды. Например, мы должны убедиться, что располагаем необходимой информацией, что те, кто будет тратить эти деньги, не обманывают нас и подотчетны нам, и так далее. Однако необходимо отметить, что, хотя в Библия встречаются случаи спонтанного сбора пожертвований, в большинстве случаев нам следует планировать свое материальное служение.

*Наше материальное служение должно быть
спланированным и систематическим*

Обратите внимание на то, какое наставление апостол Павел дает христианам относительно материальных пожертвований в 1 Коринфянам 16:1–2: «При сборе же для святых поступайте так, как я установил в церквах Галатийских: в первый день недели каждый из вас пусть отлагает у себя и сберегает, сколько позволит ему состояние, чтобы не делать сборов, когда я приду».

Этот «сбор для святых» был особым сбором средств в помощь бедным христианам в Иерусалиме, которые страдали от голода. Несмотря на то, что это был сбор на особую нужду, Павел призывал верующих откладывать определенную сумму денег каждую неделю до тех пор, пока он не придет. Он знал, что лучше и эффективнее жертвовать по плану и систематически, чем спонтанно, в ответ на возникшую нужду. Поскольку существует много постоянных нужд, например, поддержка миссионерского служения, помощь голодающим и служение поместной церкви, систематическое материальное служение будет восполнять эти нужды лучше, чем бесконечная череда особых сборов пожертвований.

Обратите внимание на три детали, которые касаются такого спланированного, систематического материального служения. Павел повелел коринфянам совершать его «в первый день недели». Скорее всего, эти люди получали свой заработок каждый день или каждую неделю. Большинство из нас получает зарплату либо раз в неделю, либо раз в две недели, либо раз в месяц. Возможно, в этом принципе, согласно которому следует жертвовать «в первый день недели», есть определенная библейская мудрость для всех нас. Это значит, что вы можете всегда разделять общую сумму пожертвований на несколько равных частей, в зависимости от того, сколько воскресений выпадает на тот период, за который вы получили зарплату. Или же вы можете жертвовать небольшую сумму каждое воскресенье, в которое вы не осуществляете свое основное пожертвование.

Во-вторых, Павел говорит, что это должен делать каждый из верующих. Посредством материального служения всякий, кто называет себя христианином, демонстрирует, как он распоряжается Божьими деньгами. Это означает, что, даже если мы жертвуем своим временем и талантами, это не освобождает нас от обязанности участвовать в материальном служении. Служить Богу своим временем и талантами — это хорошее и правильное распоряжение этими ресурсами, но, если мы полностью заменяем этим материальное служение, это противоречит библейскому учению о распоряжении деньгами. Слова Павла о том, что это служение должен совершать каждый верующий, также означает, что мы не имеем права полностью воздерживаться от участия в нем потому, что мы переживаем финансовые трудности, мы на пенсии, мы подростки или работаем неполный рабочий день. Помните, что Богу принадлежит все, что у нас есть, даже если Он вверил нам немного, и Он имеет право указывать нам, как нам распоряжаться Его имуществом. Запомните также, что наибольшее счастье нам принесет распоряжение Божьими деньгами так, как хочет Бог. А Бог хочет, чтобы мы планировали свое материальное служение и жертвовали систематически.

В-третьих, апостол говорит, что каждый должен жертвовать, «сколько позволит ему состояние». Чем больше ваш доход, тем большую его часть вы должны жертвовать. В Библии не говорится, сколько процентов от своего дохода мы должны жертвовать Богу. Если вы жертвуете десять процентов от своего общего дохода, это еще не значит, что вы исполняете Божью волю. Десять процентов от дохода — это не предельная сумма, на которой вы должны остановиться, а минимальная сумма, с которой вы должны начать.

Я не знаю, кто сколько жертвует, но из личного общения с членами церкви я могу сказать, что в нашей церкви есть две семьи, одна из которых жертвует двадцать процентов от своего дохода, а другая — где-то двадцать-двадцать пять процентов. Ни их соседи, ни другие члены церкви не могут сказать, что это состоятельные семьи по местным меркам. Я подозреваю, что в нашей церкви есть еще несколько семей, которые так жертвуют. У них есть дети, им нужно выплачивать ипотеку и оплачивать все остальные счета, которые оплачивают многие из нас. Эти люди не всегда столько жертвовали. Но со временем, когда их доход начал увеличиваться, они решили систематически повышать процент своего дохода, который они жертвуют.

У моей жены Кэффи была тетя, у которой был небольшой достаток, но при этом также небольшие расходы, поэтому она жила всего лишь на десять процентов от своего дохода, а остальные девяносто жертвовала в церковь. Богатый человек по имени Роберт Летурно из города Пеория в штате Иллинойс стал очень богатым бизнесменом-христианином, который занимался изготовлением землеобрабатывающей техники. По мере того, как Господь увеличивал его прибыль, Летурно увеличивал свои пожертвования до тех пор, пока не начал жертвовать на дело Божьего Царства девяносто процентов от своего ежегодного дохода. Неужели вы думаете, что кто-то из этих людей сожалеет об этом на небесах?

Джордж Мюллер задает вопрос:

> *Жертвуете ли вы на дело Господне систематически, или только тогда, когда вы чувствуете расположение к этому, когда вас впечатляют конкретные обстоятельства или когда у вас возникает желание? Если мы не жертвуем по принципу систематического даяния, мы вскоре поймем, что наша кратковременная жизнь закончилась незаметно для нас и что мы так мало сделали для Бога, достойного всякого поклонения, Который искупил нас Своей драгоценной кровью и Которому принадлежит и все, что у нас есть, и мы сами [97].*

Каждый раз, когда вам повышают зарплату, за исключением чрезвычайных случаев, примите решение жертвовать большую часть дохода, чем вы жертвуете сейчас. Вы можете увеличить сумму своего пожертвования на чуть-чуть или на

---

[97] Roger Steer, ed., The George Müller Treasury (Westchester, IL: Crossway, 1987), 183.

много, но вы должны поставить перед собой цель систематически увеличивать размер ваших пожертвований по мере того, как возрастает ваш доход.

Мои родители научили меня жертвовать определенный процент своего дохода Богу, когда я еще был маленьким мальчиком. Они начали давать мне по пятнадцать центов в неделю. У меня было три коробочки. На одной было написано «пожертвования», на другой — «сбережения», а на третьей — «расходы». Каждую неделю я клал пять центов в коробочку «Сбережения», пять центов в коробочку «Пожертвования» (потом я приносил эти деньги в воскресенье в церковь), а остальные пять центов так и не попадали в коробочку «Расходы». Дело в том, что я тут же брал эти деньги, ехал на велосипеде в магазин и покупал пачку бейсбольных карточек. Так я научился жертвовать систематически.

Давайте снова процитируем Мюллера:

> Поэтому я с любовью призываю и умоляю своих возлюбленных друзей-христиан запечатлеть это в своем сердце и подумать о том, что до сих пор они лишали себя обильных духовных благословений, потому что не следовали принципу систематического даяния в соответствии со своим состоянием и установленным планом. Мы не должны жертвовать просто потому, что мы испытали побуждение к этому или нас тронуло выступление миссионера или благотворительная проповедь. Нам нужно жертвовать по обыкновению, систематически, из принципа столько, сколько Бог позволяет жертвовать. Если Он вверяет человеку один фунт, пусть он жертвует соответствующую часть. Если Бог вверяет ему тысячу фунтов, пусть он жертвует соответствующую часть. А если Он

вверяет ему десять тысяч фунтов или любую другую сумму, пусть он жертвует соответствующую часть этой суммы. Братья мои, я уверен, что, если бы мы только осознавали, какое благословение мы получим, мы бы жертвовали в сто раз больше, чем сейчас [98].

Щедрое даяние вознаграждается обильным благословением

Наш Господь Иисус Христос сказал в Евангелии от Луки 6:38: «Давайте, и дастся вам: мерою доброю, утрясенною и переполненною отсыплют вам в лоно ваше; ибо, какою мерою мерите, такою же отмерится и вам».

Это не единственный стих в Новом Завете, который говорит об этом. Давайте вернемся к 2 Коринфянам 9:6–8. Бог дает нам обетование: «При сем скажу: кто сеет скупо, тот скупо и пожнет; а кто сеет щедро, тот щедро и пожнет. Каждый уделяй по расположению сердца, не с огорчением и не с принуждением; ибо доброхотно дающего любит Бог. Бог же силен обогатить вас всякою благодатью, чтобы вы, всегда и во всем имея всякое довольство, были богаты на всякое доброе дело».

Здесь говорится, что, если вы жертвуете Богу, Бог воздаст вам. Если вы щедро жертвуете Ему, Он щедро воздаст вам.

Я считаю, что «богословие процветания», которое сегодня приобрело большую популярность, — это ересь. Оно искажает Евангелие, неверно представляет Бога и вводит в заблуждение его последователей. Я не считаю, что, если вы много жертвуете Богу, Он даст вам материальное богатство

---

[98] Roger Steer, ed., *Spiritual Secrets of George Müller* (Wheaton, IL: Harold Shaw Publishers; and Robesonia, PA: OMF Books, 1985), 103.

здесь на земле. Я считаю, что в этом и других местах Писания речь идет о том, что Бог дарует верным распорядителям Своих денег некие земные благословения, характер которых не уточняется. В конце стиха 8 мы читаем: «... чтобы вы, всегда и во всем имея всякое довольство, были богаты на всякое доброе дело». Здесь ясно говорится о земных благословениях. Бог нигде не говорит, что, если вы верно жертвуете Ему, Он даст вам много денег или какое-то конкретное земное благословение. Бог обещает благословить вас в этой жизни, если вы любите Его и полагаетесь на Него настолько сильно, что щедро жертвуете Ему.

Нам следует остерегаться трех главных врагов, которые мешают нам щедро жертвовать. Во-первых, на Божьи деньги претендует этот мир. Это очевидно из рекламы. Во-вторых, у верующих, как и у всех остальных людей, есть одно греховное желание — тратить деньги только на себя (Библия называет это «похотью плоти»). В-третьих, дьявол искушает нас попусту тратить свои деньги, потому что он наш враг и враг Божьего Царства. Он хочет разрушить вашу жизнь и Божье дело. Но если Бог действительно любит нас, как Он говорит (а Он явил силу Своей любви к нам на кресте), то мы должны верить, что Он покажет нам, как распорядиться нашими деньгами с наибольшей пользой для нас и испытать от этого больше радости, чем если бы мы тратили деньги по своему усмотрению.

Однако большую часть Божьих благословений за наше материальное служение мы испытаем не в этой жизни. Нам нужна вера, чтобы принять истину о том, что, если мы жертвуем здесь на земле, мы собираем себе сокровище на небесах. Нам нужна вера, чтобы принять истину, которую сказал нам Христос: «Блаженнее давать, нежели принимать» (Деян. 20:35). Если это правда (а это так и есть!), мы можем быть уверены, что придет время, когда Бог щедро вознаградит нас за наше жертвенное и радостное даяние.

Независимо от того, как вы понимаете эти отрывки и как Бог вознаграждает вас за ваше даяние на земле и еще вознаградит на небесах, основная мысль этих отрывков ясна: Бог обильно благословит вас, если вы щедро жертвуете Ему.

ДОПОЛНИТЕЛЬНОЕ ПРИМЕНЕНИЕ

Готовы ли вы к концу времени?

Вначале 70-х годов был популярен музыкант и композитор по имени Джим Кроче. Одна из самых известных его песен называется «Время в бутылке». Это песня о любви, в которой он говорит, что он хотел бы сохранить время в бутылке, чтобы потом провести его со своей любимой. К сожалению, Джим Кроче умер до того, как эта песня вышла в свет. Если бы он мог сохранить время в бутылке, я уверен, он потратил бы его на то, чтобы продлить свою жизнь. Но он, конечно же, не мог этого сделать, а если бы и мог, то давным-давно потратил бы его на что-то другое.

В песочных часах каждого человека есть очень много песчинок, но они все рано или поздно истекают. Даже когда я писал эту главу, меня пригласил к себе человек, у которого только что умер отец. Если Христос не вернется раньше, однажды последняя песчинка в ваших часах упадет вниз и вас не станет.

Готовы ли вы к этому? Возможно, вы уже написали завещание, запланировали и оплатили свои похороны, оформили страховку, но вы не готовы, если вы не оплатили счет, который выставил вам Бог за ваши грехи. Вы не готовы, да и не можете сами подготовиться к тому, чтобы дать отчет за время, которое вы потратили впустую. Это время, которое вы потратили на угождение себе, а не Богу, провели в непослушании Ему, растратили на мирские увлечения, которым суждено исчезнуть вместе с самим миром, и которым бы вы могли пожертвовать ради Божьего Царства.

Вы не готовы предстать перед Богом, если вы не уделили время тому, чтобы прийти ко Христу и исповедать перед Ним, что вы напрасно прожили всю свою жизнь. Вы не готовы к смерти, если не попросили у Бога прощения на основании смерти Христа. Вы не готовы к тому, чтобы ваше время остановилось, если не посвятили свое оставшееся время воскресшему Христу.

«Ныне, когда вы услышите глас Его», — говорится в Послании к Евреям 4:7, — «не ожесточите сердец ваших». Ад наполнен людьми, которые ожесточили свои сердца, когда у них еще было время покаяться и уверовать в Иисуса Христа. Многие из тех, кто сейчас в аду, ожесточили свои сердца, потому что думали, что у них еще много времени, чтобы прийти ко Христу в другой раз. Но никто из этих людей не ожесточил бы своего сердца, если бы у них была такая возможность, которая есть сейчас у вас. Ад наполнен людьми, которые отдали бы весь мир, если бы могли, чтобы получить еще одну возможность ответить на призыв Евангелия, возможность, которая есть у вас сейчас, то есть еще один шанс откликнуться на Евангелие. Миллионы людей, которые, сейчас в аду, соглашаются с главой 4 Послания к Евреям и взывают к тем, кто еще не знает Христа: «Ныне, когда услышите глас Его, не ожесточите сердец ваших» (стих 7).

Используете ли вы свое время так, как этого хочет Бог?

Оцените, как вы распоряжаетесь временем в следующих сферах, и спросите себя, проводите ли вы это время так, как этого хочет Бог (помните, что в любой сфере могут быть две противоположные крайности): семья, работа, домашние дела, работа по хозяйству, использование средства массовой информации, занятия спортом, воскресный день, хобби, физические упражнения, сон, изучение Библии, молитва, утренние сборы. Есть у вас особенно уязвимые места? Если да, то, может быть, Господь вас подталкивает к изменениям в этих сферах?

Возможно, вам следует немного подкорректировать то, как вы распоряжаетесь своим временем. Или, может быть, Бог призывает вас серьезно пересмотреть свои привычки в той или иной области. Как бы там ни было, помните, что дисциплинированная жизнь невозможна без умения дисциплинированно распоряжаться временем. Можно сформулировать эту мысль иначе: дисциплинированная жизнь возможна только при условии, что мы дисциплинированно распоряжаемся временем.

Позвольте мне сказать несколько слов, чтобы по этому поводу не возникло никаких недоразумений. Когда я говорю «дисциплинированное распоряжение временем», я не призываю жить без отдыха, в бешеном ритме жизни на грани выгорания. Прочитав несколько биографий Джонатана Эдвардса, я пришел к выводу, что автор проповеди «Драгоценность времени», которую мы цитировали выше, всегда жил в соответствии с библейскими принципами распоряжения временем, которые мы описали в этой главе. При этом его биографы ни разу не описали его как потерянного человека, который выбивается из сил, все время носится, как угорелый, но всегда выбивается из расписания. Хотя Эдвардс был интровертом и был склонен к тому, чтобы «создавать» что-то новое, он охотно уделял время всем, кто обращался к нему как к пастору. Он постоянно принимал у себя дома множество людей, особенно служителей-стажеров. Как минимум раз в день Эдвардс также встречался со своей женой Сарой, помимо того, что он трижды в день разделял трапезу с ней и остальными членами семьи. Он проводил время со своими одиннадцатью детьми и знал, как повеселиться с ними. Он делал все это, потому что был уверен, что это мудрое распоряжение временем и что Господу это угодно.

Суть библейского Упражнения в распоряжении временем заключается в том, что мы должны исполнять Божью волю в нужное время. «Всему свое время», — говорит Екклесиаст в главе 3, стихе 1, — «и время всякой вещи под небом». Есть время для того, чтобы выполнять конкретные Упражнения, о которых мы упоминали в этой книге, но также есть время для того, чтобы упражнять себя в отдыхе, правильном восполнении физических и эмоциональных сил, а также налаживании отношений. Несмотря на то, что Иисусу часто приходилось долго трудиться, порой в очень напряженных условиях, Он находил время для отдыха, восстановления сил (ведь Он всегда ходил пешком и наверняка иногда неспешно прогуливался в Свое удовольствие) и общению с людьми. Иисус не потратил ни одного часа без пользы, но в Библии ни разу не говорится, что Он торопился. Иисус является для нас примером в том, как распоряжаться своим временем.

Вы сможете больше уподобляться Христу в своей жизни лишь тогда, когда вы будете упражняться в том, чтобы под водительством Духа мудро распоряжаться своим временем. Возрастание в благодати — это не духовная приманка, которую Бог бросает вам, чтобы привлечь вас, но не дает вам ее словить. Бог пообещал, что мы можем возрастать в благочестии и что это возможно благодаря Духовным Упражнениям. Практическое действие, которое стоит за каждым Духовным Упражнением, — это упражнение в распоряжении временем.

Готовы ли вы принять Божьи принципы материального служения?

Вы читали и размышляли о них, но верите ли вы в них и принимаете ли вы их как Божью волю относительно вас?

Искренне ли вы жертвуете?

Распоряжаетесь ли вы своими деньгами (на зарабатывание которых вы тратите значительную часть вашей жизни) таким образом, чтобы было очевидно, что вы следуете за Христом и стремитесь к благочестию? Приметели вырешение, что отныне вы будете жертвовать так, чтобы было ясно, что Иисус Христос стоит в центре вашей жизни?

В специальном выпуске журнала «Уолстрит», посвященном столетию журнала[99], была опубликована статья «Галерея самых великих людей». В статье рассказывалось о карьере нескольких людей, которые, по мнению журнала, достигли наибольшего успеха в бизнесе и заработали больше всего денег. Это были такие люди, как Эндрю Карнеги, Генри Форд, Джон Морган и другие. Несмотря на то, что у них было огромное состояние и они много жертвовали на благотворительность, большинство из тех людей, которым была посвящена статья,

---

[99] 23 июня 1989 г.

очевидно, не распоряжались своими деньгами так, как повелевает Бог в Писании. Но вы можете это делать. Для тех, кто входит в «Галерею самых великих людей», уже слишком поздно что-то менять, но у вас еще есть время. Не важно, сколько вы зарабатываете — много или мало, потому что вы, будучи верующим человеком, можете упражнять себя в том, чтобы использовать свои деньги ради величайших целей на земле — ради Божьей славы и «укрепления в благочестии».

ГЛАВА 9

Пост для укрепления в благочестии

Угождение себе — это враг благодарности, а самодисциплина — обычно это ее друг и источник. Вот почему обжорство является смертельным грехом. Древние отцы-пустынники верили, что желания человека и его аппетит взаимосвязаны: набитый желудок и пресыщенность пищей притупляют голод и жажду по праведности. Они отбивают у нас желание стремиться к Богу.

Корнелий Плантинга-мл.

Не задумываясь, ответьте на вопрос: как выглядят люди, которые постятся? Какой тип людей приходит вам на ум в первую очередь? Кажутся ли они вам немного странными? Это люди, похожие на Иоанна Крестителя? Баптисты? Люди, помешанные на своем здоровье?

Ассоциируется ли у вас пост и «постящиеся» с Иисусом? Между прочим, Иисус постился Сам и учил этому других. Тем не менее из всех Духовных Упражнений больше всего верующие боятся именно поста, и у них больше всего заблуждений по поводу него.

В частности, многие так боятся поста потому, что думают, что будут казаться странными, если будут поститься, или что это повлечет за собой нежелательные последствия. Мы боимся, что пост сделает из нас религиозных фанатиков с ввалившимися глазами. Мы боимся, что он причинит нам ужасные страдания и у нас останутся в основном плохие впечатления. Некоторым христианам поститься в духовных целях кажется таким же немыслимым, как пройтись босиком по горячим углям или взять в руки ядовитую змею, чтобы доказать свою верность Богу.

По поводу поста существует так много заблуждений из-за того, что современные христиане недостаточно понимают его суть. Несмотря на то, что сегодня возрождается интерес к посту, много ли людей вы встречали, которые регулярно постятся? Много ли проповедей вы слышали на эту тему? В христианских кругах вы редко услышите о посте, и лишь немногие читали о нем. Тем не менее в Библии пост упоминается чаше, чем такая важная христианская заповедь, как крещение (в Библии содержится 77 упоминаний о посте и 75 упоминаний о крещении).

Христианам, живущим в чревоугодливом обществе, которое ни в чем себе не отказывает и потакает своим желаниям, может быть сложно принять пост и начать практиковать его. Никакое другое Духовное Упражнение так не ущемляет плоть и не противоречит ценностям современного общества. Тем не менеемынеимеемправаотрицатьважностьэтогобиблейского повеления. Разумеется, некоторые не могут поститься из-за проблем со здоровьем. Но даже те, кто не может воздерживаться от пищи, могут применять это Упражнение в других сферах своей жизни. Христиане не должны игнорировать пользу поста для упражнения в благочестии.

СУТЬ ПОСТА

Христианскийпост —этодобровольноевоздержаниеверующихотпищирадидуховныхцелей.Несмотрянато,что другие виды поста также приносят пользу разуму и телу, они не могут считаться христианскими. Когда постится неверующийчеловек,в этомнетникакойвечнойценности. ПостпредназначендляверующихвоХриста,потомучтоэто Упражнениедолжнобытьукорененов нашихотношениях с Христоми мыдолжнывыполнятьего с цельюуподобленияХристу.Решениепоститься —этодобровольноерешение,потомучтоэтоУпражнениеневозможновыполнять попринуждению.Пост —этонежесткаядиетадлявашего тела, а воздержание от пищи в духовных целях.

Прежде всего я бы хотел сказать,что,строгоговоря,пост — это воздержание от пищи. Существует более широкое понимание поста,о котором часто забывают:пострассматривается как воздержание или отказ от чего-либо другого, помимо пищи. К примеру, мы иногда чувствуем, что нам необходимо «взять пост» от общения с людьми, средств массовой информации,спорта,хобби,разговора,сна,половой жизни[100]

---

[100] Например, в 1 Коринфянам 7:5 говорится о том, что супружеская пара

и так далее. Мы можем принять решение взять пост от этих занятий потому, что нам может показаться, что они оказывают слишком большое влияние на наше сердце или отнимают у нас слишком много времени. Мы должны воздержаться от них на некоторое время, чтобы вновь обрести библейский взгляд на вещи. Или, может, мы хотим освободить себя для того, чтобы уделять больше времени духовным занятиям.

Мартин Ллойд-Джонс соглашается с таким широким определением поста:

> Чтобы внести полную ясность, следует добавить, что, если мы хотим правильно понимать суть поста, нам не следует ограничивать пост лишь пищей и питьем. Пост может предполагать воздержание даже от законных и правильных занятий ради конкретной духовной цели. Наше тело выполняет много физических функций, которые являются вполне нормальными и естественными, но иногда по некоторым особым причинам нам приходится их контролировать. Это и есть пост. В этом, на мой взгляд, заключается общее определение термина «пост» [101].

Несмотря на то, что уместно рассматривать пост в более широком контексте, в Библии данный термин употребляется только в его непосредственном значении: речь идет о воздержании от пищи. В данной главе я ограничусь рассмотрением именно этого вида поста.

может принять взаимное решение временно воздержаться от половой жизни «для упражнения в… молитве».
[101] D. Martyn Lloyd-Jones, *Studies in the Sermon on the Mount* (Grand Rapids, MI: Eerdmans, 1960), vol. 1, 38.

Чтобы понять, что значит поститься ради духовной цели, нам необходимо знать, что в Библии упоминается несколько видов поста. Несмотря на то, что в Библии не употребляются те термины, которыми принято описывать эти виды поста, в ней встречаются все эти явления.

Обычный пост заключается в воздержании только от пищи, но не воды. В Евангелии от Матфея 4:2 мы читаем об Иисусе: «Постившись сорок дней и сорок ночей, напоследок взалкал». Не сказано, что Он возжаждал. Далее, в Евангелии от Луки 4:2, говорится, что Он ничего не ел в те дни, но не говорится, что Он ничего не пил. Поскольку организм может нормально функционировать без воды не больше трех дней, можно предположить, что в это время Иисус пил воду. Воздерживаться от еды, но при этом пить воду или какие-либо другие напитки — это самый распространенный вид христианского поста.

Частичный пост — это частичное, но не полное воздержание от пищи. На протяжении десяти дней Даниил и три его друга не ели «ничего, кроме овощей» и не пили «ничего, кроме воды» (Дан. 1:12). О таком аскете, как Иоанн Креститель, говорится, что на протяжении неопределенного периода времени «его пищею были акриды и дикий мед» (Мф. 3:4). Из истории Церкви нам известно, что христиане соблюдали частичный пост: они ели меньшие порции еды, чем обычно, в течение определенного времени, или ели только очень простую еду. Этот вид поста подходит тем, кто не может соблюдать обычный пост по состоянию здоровья, но желает поститься [102].

---

[102] Люди, у которых по состоянию здоровья всегда должны быть полноценные приемы пищи, могут соблюдать частичный пост, питаясь сбаланси-

Полный пост — это отказ от всякой пищи и жидкости, даже воды. Мы читаем, что Ездра «хлеба ... не ел и воды не пил, потому что плакал о преступлении переселенцев» (Езд. 10:6). Когда Есфирь попросила иудеев поститься и молиться за нее, она сказала: «Пойди, собери всех Иудеев, находящихся в Сузах, и поститесь ради меня, и не ешьте и не пейте три дня, ни днем, ни ночью» (Есф. 4:16). В Деяниях 9:9 говорится, что после своего обращения по дороге в Дамаск апостол Павел «три дня ... не видел, и не ел, и не пил».

Кроме того, в Библии упоминается сверхъестественный пост. Мы встречаем два примера этого поста. Описывая свою встречу с Богом на горе Синай, Моисей писал, что он «пробыл на горе сорок дней и сорок ночей, хлеба не ел, и воды не пил» (Втор. 9:9). Возможно, в 3 Царств 19:8 описывается похожий случай, когда Илия повторил сверхъестественный пост Моисея: «И встал он, поел и напился, и, подкрепившись тою пищею, шел сорок дней и сорок ночей до горы Божией». В этих случаях имело место непосредственное сверхъестественное вмешательство Бога в физиологию человека. Такой пост невозможно выдержать без особого призвания от Бога и чудесного Божьего провидения [103].

рованно, но употребляя в пищу не так много еды, как обычно. А кто-то может есть только один продукт, например, хлеб или рис, чтобы получать все необходимые питательные вещества, но при этом не испытывать особого удовольствия от еды. Во всех этих случаях цель поста состоит в том, чтобы получить минимальное количество питательных веществ, которого достаточно, чтобы избежать проблем со здоровьем, но при этом, по возможности, испытать некоторое чувство голода или желание съесть что-либо еще. Как мы увидим позже, человек, который постится, *должен* почувствовать голод или желание съесть что-либо, чтобы достичь поставленной духовной цели.

[103] Поскольку и великий законодатель (Моисей), и великий пророк (Илия) выдержали сверхъестественный пост, разумно предположить, что пост Иисуса, описанный в Евангелии от Матфея 4 (Луки 4), также был сверхъестественным. Однако эта мысль не вытекает из текста.

О личном посте мы будем говорить в этой главе больше всего. В стихах 16–18 главы 6 Евангелия от Матфея Иисус учил, что мы должны поститься так, чтобы этого не видели другие.

Пример общинного поста мы находим в Книге пророка Иоиля 2:15–16: «Вострубите трубою на Сионе, назначьте пост и объявите торжественное собрание. Соберите народ, созовите собрание, пригласите старцев». По крайней мере некоторые члены антиохийской церкви постились вместе, как свидетельствует Лука в Деяниях 13:2: «Когда они служили Господу и постились…»

В Библии также упоминается о всенародных постах. Узнав о нападении врага, царь Иосафат объявил всенародный пост (2 Пар. 20:3): «И убоялся Иосафат, и обратил лице свое взыскать Господа, и объявил пост по всей Иудее». О всенародных постах евреев мы читаем в Книге Неемии 9:1 и в Книге Есфирь 4:16. Кроме того, царь Ниневии призвал народ к посту после проповеди Ионы (3:5–8). На заре истории США Конгресс провозглашал три всенародных поста. Президенты Джон Адамс и Джеймс Мэдисон призывали американцев к участию в коллективных постах. А Авраам Линкольн объявил три общенародных поста во время гражданской войны [104].

Бог учредил одни регулярный пост в Ветхом Завете. Каждый год все иудеи должны были поститься в день искупления (Лев. 16:29–31). Находясь в вавилонском плену, иудейские вожди ввели еще четыре ежегодных поста (Зах. 8:19). В Евангелии от Луки 18:12 фарисей похвалил себя в молитве за то, что он соблюдает фарисейские традиции: «Пощусь два раза в неделю». Известно, что Джон Уэсли допускал к служению

---

[104] R. D. Chatham, *Fasting: A Biblical-Historical Study* (South Plainfield, NJ: Bridge, 1987), 96–97, 161–181.

в методистских церквях только тех, кто регулярно постился каждую среду и пятницу, хотя для этого нет библейских оснований.

И наконец, в Библии также говорится о посте, который совершается по особому случаю. К таким постам призывали людей Иосафат и Есфирь. О таком посте говорит Иисус в Евангелии от Матфея 9:15: «Могут ли печалиться сыны чертога брачного, пока с ними жених? Но придут дни, когда отнимется у них жених, и тогда будут поститься».

Пожалуй, самыми распространенными видами поста среди христиан сегодня, являются обычный пост (воздержание от еды, но не воды), личный пост и пост по особому случаю.

БОГ ОЖИДАЕТ, ЧТОБЫ МЫ ПОСТИЛИСЬ

Для тех, кто не знаком с постом, самым удивительным в этой главы может быть тот факт, что Иисус ожидал, что Его последователи будут поститься. Обрати внимание на то, что говорит Иисус в начале стихов 16 и 17 главы 6 Евангелия от Матфея: «Также, когда поститесь… А ты, когда постишься…» (курсив автора). Давая нам указания о том, что следует и чего не следует делать при посте, Иисус подразумевал, что мы должны поститься.

Эта истина становится для нас очевидной, когда мы сравниваем эти стихи с Его повелениями о милостыне в той же главе Евангелия от Матфея, в стихах 2–3: «Итак, когда творишь милостыню… У тебя же, когда творишь милостыню…». Также сравните эти фразы с повелениями Иисуса о молитве в той же главе, в стихах 5–7: «И, когда молишься…

Ты же, когда молишься... А молясь...». Никто не сомневается в том, что мы должны творить милостыню и молиться. Более того, на основании этих мест христиане часто формулируют принципы учения Иисуса о даянии и молитве. Поскольку ни здесь, ни в других местах Писания не говорится о том, что нам больше не нужно поститься, и поскольку мы знаем, что христиане постились в Деяниях (9:9; 13:2; 14:23), можно сделать вывод, что Христос и сегодня ожидает, чтобы Его последователи постились.

Яснее всего об этом говорят слова Иисуса в Евангелии от Матфея 9:14–15. Сразу же после того, как Иисус призвал мытаря Матфея следовать за Ним, Он пришел к нему в дом на пир. К ученикам пришли фарисеи и спросили, как мог Иисус есть с таким грешником. Ученики Иоанна Крестителя также не могли этого понять. Как и Иоанн, они были простыми людьми, которые участвовали в служении Иоанна, призывавшего людей к покаянию. Неотъемлемым элементом их ученичества был пост. Они были призваны указывать людям на Христа, как это делал Иоанн, но им трудно было понять, почему Иисус ест и пьет, а Иоанн призывает их отказываться от еды и питья. Поэтому они спросили Иисуса: «Почему мы и фарисеи постимся много, а Твои ученики не постятся?» Иисус ответил: «Могут ли поститься сыны чертога брачного, пока с ними жених? Но придут дни; когда отнимется у них жених, и тогда будут поститься» (курсив автора).

Иисус сказал, что придет время, когда Его ученики «будут поститься». Это время уже давно настало. Иисус Христос, «Жених» Церкви, сейчас вдали от нас, на небесах. Его народ постится в знак того, что мы с нетерпением ожидаем Его возвращения. Джон Пайпер пишет: «Христианский пост появился на свет от сильнейшей тоски по Богу» [105]. Иногда кажется, что пост — это единственный способ выразить стремление нашего сердца к тому времени, когда завершится нынешний век, мы окончательно воссоединимся с Богом и Он восстановит, обновит и исправит этот мир. Жених Церкви знает, что, пока Он не вернулся за Своей невестой, стремление к Нему будет склонять наши сердца к тому, чтобы «поститься».

Помимо повелений о посте, которые мы уже упомянули, единственное место, где Иисус дает указания о том, как нам следует поститься, записано в Евангелии от Матфея 6:16–18. В этом отрывке содержится запрет, призыв и обещание. Вначале Иисус дает нам запрет: «Также, когда поститесь, не будьте унылы, как лицемеры; ибо они принимают на себя мрачные лица, чтобы показаться людям постящимися. Истинно говорю вам, что они уже получают награду свою» (ст. 16). Когда вы поститесь, не делайте этого напоказ. Не изображайте из себя страдальца. Не говорите о том, как вы проголодались. Не пренебрегайте своим внешним видом.

Далее следует призыв к действию: «А ты, когда постишься, помажь голову твою и умой лице твое, чтобы явиться постящимся не пред людьми, но пред Отцем твоим, Который втайне» (ст. 17–18). Вы не должны выглядеть, как голодный нищий. Наоборот, вам следует иметь такой внешний вид, чтобы никто и не подумал, что вы поститесь. Единственный, кто должен видеть ваш пост, — это Тот, Кто втайне. Никто не должен знать, что вы поститесь, если только это абсолютно неизбежно или необходимо. Если вы в браке, и кто-то готовит

[105] Джон Пайпер. Алчущие Бога. Приближение к Богу через пост и молитву. СПб.: Мирт, 2007. С. 17.

для вас еду, будет вежливо, если вы расскажете вашей супруге (или супругу) или кому-либо из близких о вашем посте. Проблема не в том, что о вашем посте знает или спрашивает кто-то другой. Проблема возникает тогда, когда вы хотите, чтобы другие спрашивали об этом, чтобы вы могли казаться более духовными. В первом случае вы просто сообщаете человеку необходимую или уместную информацию, а во втором вы поступаете лицемерно и нарушаете заповедь, которую Иисус дал в начале этой же главы из Евангелия от Матфея: «Смотрите, не выставляйте свою праведность напоказ. Иначе вы не получите от Небесного Отца никакой награды» (6:1, НРП).

Далее Иисус дает нам обещание, связанное с постом: «Отец твой, видящий тайное, воздаст тебе явно». Иисус не говорит о том, когда и как Отец небесный воздаст нам. Но Он заверяет нас, что Он обязательно воздаст нам. Обещание о том, что Бог благословит вас и воздаст нам за то, что мы постимся по Его Слову, является таким же истинным, как и любое другое библейское обетование.

Интересно, что Иисус не дает нам никакого повеления относительно того, как часто или как долго нам следует поститься. Как и любое другое библейское Упражнение, пост не должен превращаться в формальный законнический ритуал. Бог будет благословлять нас через пост так часто, как мы захотим.

Иисус не давал конкретных повелений на этот счет, но все же, как долго нам следует поститься? Это касается только вас и водительства Святого Духа. В Библии мы находим примеры постов, которые длились один день или часть дня (см. Суд. 20:26; 1 Цар. 7:6; 2 Цар. 1:12; 3:35; Неем. 9:1; Иер. 36:6), одну ночь (см. Дан. 6:18–24), три дня (см. Есф. 4:16;

Деян. 9:9), семь дней (см. 1 Цар. 31:13; 2 Цар. 12:16–23), четырнадцать дней (см. Деян. 27:33–34), двадцать один день (Дан. 10:3–13), сорок дней (Втор. 9:9; 3 Цар. 19:8; Мф. 4:2). Кроме того, в Библии также говорится о постах, которые длились неопределенное время (Мф. 9:14; Лк. 2:37; Деян. 13:2; 14:2–3). Строго говоря, воздержание от одного приема пищи в духовных целях — это пост. Поэтому продолжительность вашего поста зависит от вашего решения и водительства Святого Духа.

Поститься нужно с конкретной целью

Библейский пост — это не просто воздержание от пищи. Если вы поститесь без духовной дели, то это не принесет вам никакой пользы, кроме похудения. Похожую историю о посте рассказывал одному автору его собеседник:

> *Я постился несколько раз, но ничего не происходило. Я просто чувствовал голод... Несколько лет назад я услышал разговор двух пасторов о посте. По их совету я и попробовал поститься в первый раз. Они сказали, что это библейская заповедь, которую должен исполнять каждый христианин. Будучи христианином, я решил попробовал попоститься. Сначала я несколько дней откладывал это, но затем набрался достаточно смелости, чтобы начать. Я не пошел к столу, когда моя семья завтракала, потому что подумал, что у меня не хватит силы воли удержаться от еды, и сразу поехал на работу. На перерыве, когда мои коллеги ушли пить кофе, я еле сдержался и даже немного соврал, когда меня спросили, почему отказываюсь идти с остальными. Я не мог думать ни о чем другом, кроме того, что я голоден. Я сказал себе: «Если*

я дотяну до конца дня, я больше никогда не буду поститься».
После обеда мне стало еще хуже. Я пытался сосредоточиться
на работе, но все время слышал урчание в животе. Вечером
жена приготовила ужин для себя и нашего ребенка, и я едва
сдерживался, чувствуя запах еды. Я подумал, что, если дотяну
до полуночи, пройдет целый день с того момента, как я начал
поститься. Я дождался полуночи и сразу же набросился на
еду. Я не считаю, что этот пост мне хоть как-то помог» [106].

Вероятно, этот человек был прав. Он постился без библейской цели. А без цели пост может быть жалким, эгоцентричным занятием, которое испытывает нашу силу воли и стойкость.

Идея о том, что мы должны поститься ради библейской цели, — это, пожалуй, самый важный урок, который вы можете усвоить из этой главы. В реальной жизни это выглядит так. Когда вы поститесь и у вас болит голова или желудок урчит, вы думаете: «Я голоден!». Затем, вероятно, вам в голову придет следующая мысль: «Ах да, я голоден, потому что сегодня пощусь».

Затем у вас должна возникнуть мысль: «Я пощусь ради того, чтобы _____». Без ясной библейской цели пост становится самоцелью. Каждый приступ голода вынуждает вас только считать время до того, как вы сможете поесть. Если вы так мыслите, переживания вашего ума и сердца никак не связаны с Евангелием. Вы начинаете ошибочно думать, что своими страданиями вы сможете снискать благосклонность Бога.

---

[106]   Andy Anderson, *Fasting Changed My Life* (Nashville, TN: Broadman, 1977), 47–48.

Несмотря на то, что физический дискомфорт во время поста доставляет нам неприятные и, возможно, даже болезненные ощущения, нам важно испытать чувство голода [107]. Голод не позволяет вам забыть о духовной цели вашего поста. Например, если вы поститесь с молитвой за свою жену или мужа, каждый раз, когда у вас урчит в животе или болит голова, ваш голод напоминает вам, что вы поститесь. Затем вы вспоминаете, что вы поститесь в молитве за жену или мужа, и начинаете молиться. Поэтому каждый раз, когда вы чувствуете голод на протяжении всего периода вашего поста — на работе, за рулем, во время разговора с кем-то, за компьютером, на прогулке или в любых других обстоятельствах, вы вспоминаете о своей цели, в данном случае о решении молиться за жену или мужа. В результате ваш голод будет побуждать вас молиться за жену или мужа гораздо чаще, чем в противном случае. Как раз в этом и есть ваша цель.

В Писании пост совершается с разными целями. Я разделяю все эти цели на десять основных категорий. Заметьте, что эти цели никак не связаны с желанием заслужить благосклонность Бога. Каждый раз, когда вы поститесь, вы должны это делать это как минимум ради одной из целей, приведенных ниже. Бессмысленно пытаться при помощи поста произвести впечатление на Бога или снискать Его расположение. Мы становимся угодными Богу по нашей вере в жертву Иисуса Христа, а не по нашим делам, какими бы выдающимися и искренними они ни были. Пост не принесет нам никакой пользы, если мы не обратились к Богу с покаянием и верой

---

[107] Для тех, кто не может соблюдать обычный пост, ниже я поясняю, почему очень важно, чтобы они почувствовали голод, который не нанесет вред их здоровью, или желание съесть больше еды или более вкусную еду.

(см. Еф. 2:1–10, Тит. 3:5–7). Только после того, как мы становимся живыми для Бога во Христе, мы можем совершать христианский пост. По словам Джона Пайпера, «в этом и заключается суть христианского поста: мы испытываем боль и тоску, мы жаждем Бога — и поэтому начинаем поститься. Мы постимся, чтобы узнать как можно больше о Боге через Сына Его, Иисуса Христа. Но это происходит лишь потому, что Он уже завладел нами, «достиг нас» и влечет нас все дальше и дальше, все выше и выше в горние чертоги, где мы сможем "слиться с Богом"» [108].

Таким образом, будучи христианином, всякий раз, когда вы поститесь, вы должны делать это по крайней мере ради одной из следующих библейских целей.

Подкрепление молитвы

«Когда человек желает молиться Богу о каком-либо важном деле», — писал Жан Кальвин, — «целесообразно подкрепить молитву постом» [109]. Пост только усиливает наше ходатайство и укрепляет наше желание молиться. Поэтому Божьи люди часто прибегали к посту, когда они приходили к небесному Отцу с особо срочными нуждами.

Когда Ездра возглавил группу иудеев, которые возвращались из плена в Иерусалим, он провозгласил пост, чтобы народ ревностно взыскал Бога в молитве о сохранности в пути. Им предстояло пройти около полутора тысяч километров без военизированной охраны, и они понимали, что могут столкнутся с большой опасностью. Их уязвимость в пути

---

[108] Пайпер, 52.
[109] John Calvin, *Institutes of the Christian Religion*, ed. John T. McNeil, trans. and indexed by Ford Lewis Battles (Philadelphia, PA: Westminster, 1960), vol. 2, 1242.

была особым поводом для обращения к Богу. В Книге Ездры 8:23 мы читаем: «Итак мы постились и просили Бога нашего о сем, и Он услышал нас».

Библия не учит, что пост — это духовная голодовка, которая вынуждает Бога исполнять наши приказания. Если мы просим чего-нибудь, что не соответствует Божьей воле, мы не сможем с помощью поста изменить Его решение. Пост не столько привлекает внимание Бога к нашей молитве, сколько изменяет саму нашу молитву. Джон Пайпер поясняет, что пост изменяет нашу молитву тем, «разжигая в нас неукротимый огонь» [110]. В своей книге «Пост, избранный Богом» Артур Уоллис заметил:

> *Пост придает нашим молитвам некоторую безотлагательность и важность, а также придает силу нашему ходатайству в небесном суде. Человек, который молится и при этом постится, показывает Богу, что для него это серьезный вопрос <...> Причем он выражает свое серьезное отношение к делу таким способом, который определил Сам Бог. Этот человек использует данное Богом средство для того, чтобы его голос услышали на небесах [111].*

Заметьте, что библейский пост — это замысел Бога. Когда мы чувствуем, что нам необходимо подкрепить нашу молитву, Бог призывает нас в Писании применять силу поста. Библейский пост — это не человеческое изобретение, которое предназначается для того, чтобы убедить Бога

---

[110]   Пайпер, 56.
[111]   Arthur Wallis, *God's Chosen Fast* (Fort Washington, PA: Christian Literature Crusade, 1968), 42.

в чем-либо, как делали пророки Ваала в известной библейской истории. Когда они противостояли пророку Илии на горе Кармил, они кололи себя ножами в тщетной попытке пробудить своего бога (см. 1 Цар. 18:28). Наш Господь всегда благоволит к молитвам Своего народа. Однако Он также благоволит к нашей молитве тогда, когда подкрепляем ее тем способом, который Он Сам определил.

Среди других библейских персонажей, которые подкрепляли свою молитву постом, следует упомянуть Неемию, который «постился и молился пред Богом небесным» (Неем. 1:4). Даниил посвятил себя ходатайству пред Богом «с молитвою и молением, в посте» (Дан. 9:3). Бог напрямую обратился к Израилю через пророка Иоиля с повелением: «Но и ныне еще говорит Господь: обратитесь ко Мне всем сердцем своим в посте, плаче и рыдании» (Иоил. 2:12). Представители церкви в Антиохии возложили руки на Варнаву и Савла и отпустили их в первое миссионерское путешествие, «совершив пост и молитву» (Деян. 13:3).

Из всех библейских целей поста больше всего подчеркивается мысль о том, что пост усиливает молитву. Более того, все библейские цели поста так или иначе связаны с молитвой.

Пост — один из лучших друзей, которых мы можем пригласить в нашу молитвенную жизнь. Однако, несмотря на то, что пост обладает огромной потенциальной силой, мало кто желает испытать пользу от этого Упражнения. Я вновь процитирую Уоллиса:

" *Даровав нам привилегию совершать пост с молитвой, Бог пополнил наш духовный арсенал еще одним мощным оружием. По своей глупости и невежеству Церковь большей частью*

*считала его устаревшим. Она отбросила его в сторону, оста-
вив его ржаветь в темном углу, где оно и лежало в забвении
многие века. Наступает неминуемый кризис для Церкви и мира,
который требует, чтобы мы возродили практику поста [112].*

Поиск Божьего водительства

Вторая цель, с которой мы можем поститься, — это возможность более ясно определить для себя волю Божью.

В главе 20 Книги Судей говорится о том, как одиннадцать
колен Израилевых готовились к войне с коленом Вениамина.
Воины собрались у Гивы Вениаминовой, потому что в этом
городе было совершено ужасное преступление, которое
повергло в шок весь Израиль. Перед тем как вступать в бой,
они взыскали Господа. Несмотря на то, что их войско в пятнадцать раз было больше войска вениамитян, они потерпели
поражение в битве и потеряли двадцать две тысячи человек.
На следующий день евреи снова взыскали Господа с молитвой
и слезами, но снова проиграли бой и понесли многотысяч-
ные потери. Находясь в замешательстве, в третий раз они не
просто взыскали Божьего водительства с молитвой и слезами,
но и «постились в тот день до вечера» (ст. 26). «Выходить
ли нам еще на сражение с сынами Вениамина, брата моего,
или нет?» — спрашивали они. И тогда Господь ясно открыл
им Свою волю: «Идите, Я завтра предам его в руки ваши»
(ст. 28). Только после того, как они взыскали Господа в посте,
Он дал Израилю победу.

Мы узнаем из Деяний 14:23, что, прежде чем Павел
и Варнава рукоположили пресвитеров в основанных ими

---

[112] Уоллис, 43.

церквах, они молились с постом, чтобы получить Божье водительство.

Прежде чем начать свое служение Богу, Дэвид Брейнерд молился с постом о том, чтобы Бог направил его. В понедельник, 19 апреля 1742 года, он записал в своем дневнике: «Я отвел этот день для поста и молитвы Богу о Его благодати, особенно для того, чтобы Он подготовил меня к делу служения, даровал мне Свою божественную помощь и водительство в моей подготовке к этому великому труду и в Свое время выслал меня на жатву»[113].

Вот как Брейнерд описывает то, что он пережил в тот день:

> *Я ощущал силу ходатайства за драгоценные бессмертные души, за расширение Царства моего дорогого Господа и Спасителя, а также сладостное смирение и даже утешение и радость в мыслях о страданиях и скорбях, трудностях и даже самой смерти, когда я думал о ходатайстве за других <...> Моя душа воспылала желанием о спасении мира; я стремился к обращению множества душ. Я думаю, что в моем сердце было больше места для грешников, чем для Божьих детей, хотя я чувствовал, что смогу всю свою жизнь вопиять как за тех, так и за других. Общение с моим дорогим Спасителем было сладостным для меня. Я думаю, что никогда еще в жизни я не испытывал такой свободы от влияния мира и такой преданности Богу во всем[114].*

---

113 Jonathan Edwards, *The Life and Diary of David Brainerd*, vol. 7 of *The Works of Jonathan Edwards*, ed. Norman Pettit (1749; reprint, New Haven, CT: Yale University Press, 1985), 162. Доступно на сайте: Edwards.yale.edu.
114 Эдвардс, 162.

Несколько недель спустя, 14 июня, Брейнерд снова постился, чтобы получить Божье водительство в вопросе служения, к которому, как он считал, его призвал Бог: «Я выделил этот день для тайного поста и молитвы, чтобы просить Бога направить и благословить меня в том великом деле, которое я задумал — проповедовать Евангелие»[115]. Пока его тело постилось, его душа пиршествовала: «Господь дивным образом посетил меня в молитве; Мне кажется, моя душа никогда еще не испытывала таких мук: я не чувствовал стеснения, потому что мне открылись сокровища Божьей благодати. Я ходатайствовал за отсутствующих друзей, за обращение душ, за множество бедных души за многих, которые, как я думал, были Божьими детьми в отдаленных уголках мира»[116].

Пост не гарантирует нам то, что мы обязательно получим ясное водительство от Бога и подтверждение правильности нашего намерения, как было у Брейнерда. Однако, если мы будем правильно применять это Духовное Упражнение, оно сделает нас более восприимчивыми к Тому, Кому угодно направлять нас.

Выражение скорби

В первых трех из четырех отрывков во посте, которые встречаются в Библии, пост связан с выражением скорби. Как говорится в Книге Судей 20:26, евреи плакали и постились перед Господом не только потому, что они искали Его водительства, но и потому что таким образом они выражали свою скорбь о гибели сорока тысяч братьев во время битвы. Когда

---

115 Эдвардс, 169.
116 Эдвардс, 169–170.

царь Саул погиб в сражении с филистимлянами, мужи из Иависа Галаадского шли целую ночь к этому месту, чтобы забрать тела царя и его сыновей. В 1 Царств 31:13 говорится, что после погребения они постились семь дней в знак скорби о погибших. Вторая книга Царств описывает реакцию Давида и его людей на эти новости: «Тогда схватил Давид одежды свои, и разодрал их, также и все люди, бывшие с ним. И рыдали, и плакали, и постились до вечера о Сауле, и о сыне его Ионафане, и о народе Господнем, и о доме Израилевом, что пали они от меча» (2 Цар. 1:11–12).

В посте мы можем выражать не только скорбь по поводу смерти человека, но и скорбь по другому поводу. К примеру, иногда христиане постятся, когда сожалеют о содеянном грехе. При этом пост не следует рассматривать как способ уплатить за наши грехи, потому что мы не сможем этого сделать и потому что Христос уже совершил это однажды за всех (см. Евр. 9:12; 10:10; 1 Пет. 3:18). Бог обещал, что, «если мы исповедуем грехи наши, то Он, будучи верен и праведен, очистит нас от всякой неправды» (1 Ин. 1:9). Но это вовсе не означает, что мы должны относиться к исповеданию греха несерьезно и легкомысленно, как к формальному произнесению определенных слов, некому словесному ритуалу. Простое признание не является исповеданием. Мы бесчестим Христа, если подходим к исповеданию грехов поверхностно и не ценим то, на что Он был вынужден пойти, чтобы уплатить за наш грех. Хотя библейское исповедание не является духовным самобичеванием, все же оно предполагает некоторую степень сожаления о совершенных грехах. Поскольку мы можем поститься в знак скорби, будет вполне уместно, если мы добровольно и искренне примем решение поститься в процессе исповедания греха. В моей жизни было несколько случаев, когда я настолько глубоко был опечален своим грехом, что мне казалось, что я не смогу словами объяснить Богу то, что я хочу. Хотя это не сделало меня более достойным прощения, в посте я выразил свою скорбь и исповедание, которые я не смог бы передать словами.

Кроме того, пост может быть средством выражения скорби о грехах других людей, например, членов вашей церкви или соотечественников. Когда царь Саул из зависти хотел несправедливо убить Давида, сын Саула Ионафан «не обедал во второй день новомесячия; потому что скорбел о Давиде, и потому что обидел его отец его».

У нас Кэффи есть знакомая, которая в вере всего несколько лет. Когда она отошла от веры, перестав исповедовать христианство, в знак скорби мы решили молиться за нее с постом на протяжении несколько дней. Хотя мы не раз открыто обличали ее во грехе, после своего возвращения в церковь она рассказала нам, что тот факт, что мы и другие члены церкви постились за нее, был одним из главных событий, через которые Бог вернул ее в общение церкви. Кроме того, наша церковь несколько раз объявляла общецерковный пост отчасти для того, чтобы выразить Господу скорбь о грехах нашего народа.

Поскольку пост, как и плач, — это средство, при помощи которого мы выражаем Богу всю глубину наших чувств, вполне уместно сопровождать молитву о скорби как слезами, так и постом.

Просьба об освобождении или защите

Одним из наиболее распространенных видов постав библейские времена был пост для того, чтобы получить спасение отврагаовилиизбавлениеотнеблагоприятныхобстоятельств. После того, как царь Иосафат получил известие о том, что противнегоидетогромноевражескоевойско, «...убоялся Иосафат, и обратил лице свое взыскать Господа, и объявил пост по всей Иудее. И собрались Иудеи просить помощи у Господа; из всех городов Иудиных пришли они умолять Господа» (2 Пар. 20:3–4).

Мы уже читали о посте, который объявил Ездра, когда под его руководством часть евреев возвращалась в Иерусалим. Мы упомянули о том, что они постились, чтобы подкрепить свою молитву. Однако исходя из общего контекста Ездры 8:21–23 мы видим, что в молитве, которую они сопровождали постом, они просили у Бога защиты:

> И провозгласил я там пост у реки Агавы, чтобы смириться нам пред лицем Бога нашего, просить у Него благополучного пути для себя и для детей наших и для всего имущества нашего, так как мне стыдно было просить у царя войска и всадников для охранения нашего от врага на пути; ибо мы, говоря с царем, сказали: рука Бога нашего на всех, прибегающих к Нему, есть благодеющая, а на всех, оставляющих Его — могущество Его и гнев Его! Итак, мы постились и просили Бога нашего о сем; и Он услышал нас.

Самый известный пример коллективного поста в Писании — это пост, который описан в Книге Есфирь 4:16. Этот пост объявила царица Есфирь в поддержку своей молитвы Богу о защите от гнева царя. Она отважилась рискнуть жизнью и предстать перед царем Артаксерксом без приглашения, чтобы просить его спасти евреев от массового уничтожения.

Эсфирь сказала своему дяде Мардохею: «Пойди, собери всех Иудеев, находящихся в Сузах, и поститесь ради меня, и не ешьте и не пейте три дня, ни днем, ни ночью, и я с служанками моими буду также поститься, и потом пойду к царю, хотя это против закона, и если погибнуть — погибну».

Когда в нашей церкви совершается однодневный пост, во время которого мы изливаем Богу свою скорбь за грехи нашей страны, мы также молимся, чтобы Господь защитил и освободил нас от врагов, которые могут напасть на нас из-за нашего греха. Мы осознаем, что Бог часто наказывал Израиль. Возможно, мы не думаем о реальности греха всего народа так часто, как нам стоило бы. Мы также редко задумываемся о том, что Божий суд, который постигнет весь народ, коснется и верующих, хотя они не имеют прямого отношения ко греху народа.

Однако не всегда пост с молитвой о защите и освобождении является коллективным. Давид написал Псалом 108, в котором он лично обращается к Богу с просьбой о защите от своих врагов и особенно их предводителя. Личный пост Давида сопровождался его молитвой, о чем свидетельствует стих 24: «Колена мои изнемогли от поста, и тело мое лишилось тука». Очевидно, это был необыкновенно долгий пост.

Когда мы просим у Бога защиты во время гонений за веру со стороны членов нашей семьи, коллег по учебе и работе, соседей, первое, что мы должны делать, — это поститься, а не бороться плотскими силами. Обычно мы поддаемся искушению давать отпор в гневе, оскорблять наших обидчиков, отвечать обвинением на обвинение или даже подавать в суд. Но вместо того, чтобы прибегать к политическим махинациям, распускать сплетни и перенимать мирскую тактику наших врагов, мы должны обращаться к Богу в посте, прося у Него защиты и освобождения.

Выражение покаяния и желания возвратиться к Богу

Этот пост очень похож на пост, который выражает скорбь и печаль по поводу содеянных грехов. Однако, подобно тому, как покаяние свидетельствует об изменении мышления, которое влечет за собой изменение поступков, пост также может выражать нечто большее, чем просто печаль о содеянных грехах. Пост также может быть признаком того, что человек обещает быть послушным Богу и идти в новом направлении.

В 1 Царств 7:6 мы читаем о том, что евреи объявили пост в знак покаяния: «...и черпали воду, и проливали пред Господом, и постились в тот день, говоря: согрешили мы пред Господом».

В Книге пророка Иоиля 2:12 Господь дает конкретное повеление Своему народу о том, что они должны ознаменовать постом свое покаяние и возвращение к Нему: «Но и ныне еще говорит Господь: обратись ко Мне всем сердцем своим в посте, плаче и рыдании».

Несомненно, самым грандиозным постом из всех, которые описаны в Библии, является пост в Книге пророка Ионы 3:5–8. В этом посте жители Ниневии выражали свое покаяние.

Бог благословил проповедь Ионы великим духовным пробуждением:

> *И поверили Ниневитяне Богу, и объявили пост, и оделись во вретища, от большого из них до малого.*

Это слово дошло до царя Ниневии, и он встал с престола своего, и снял с себя царское облачение свое, и оделся во вретище, и сел на пепле, и повелел провозгласить и сказать в Ниневии от имени царя и вельмож его: «чтобы ни люди, ни скот, ни волы, ни овцы ничего не ели, не ходили на пастбище и воды не пили, и чтобы покрыты были вретищем люди и скот и крепко вопияли к Богу, и чтобы каждый обратился от злого пути своего и от насилия рук своих.

Пост не только может выражать покаяние, но и должен сопровождаться покаянием, потому что без него он будет просто напрасным. Как и в случае со всеми Духовными Упражнениями, пост может превратиться в «мертвое дело», если мы упорно продолжаем ожесточать свое сердце в ответ на Божий призыв искоренить определенные грехи в нашей жизни. Мы никогда не должны настолько погружаться в Духовные Упражнения, чтобы заглушить голос Святого Духа, обличающего нас в том, что мы не оставили тот или иной грех. Если мы своим постом пытаемся наказать себя за те грехи, которые мы любим и хотим продолжать совершать, мы извращаем истинный смысл поста. Один из ярчайших представителей позднего пуританства, шотландский автор Томас Бостон сказал:

> *Напрасно вы поститесь и ищете смирения, и исповедуете грехи ваши, если ваша любовь ко греху не обратится в ненависть, наше влечение к нему — в презрение, а наше стремление к нему — в желание избавиться от него. Вы должны исполниться решимости отвергнуть всякое его действие в своем сердце и все его проявления в вашей жизни. Все это напрасно, если мы*

не обратимся к Богу, не признаем Его нашим справедливым Господином и не возвратимся к нашему христианскому долгу [117].

Смирение себя перед Богом

Когдамыпостимсяс правильнымимотивами,нашпостможетбытьфизическимвыражениемсмиренияпередБогом, подобнотому,какпреклонениеколени поднятиерукв молитвеможетвыражатьнашесмирениепередНим.Иногда выощущаетенуждувыразитьсмирениепередГосподом, вставаянаколениилипадаяницв молитве,а вдругоевремявыхотитевыразитьсвоесмирениев постевовсехделах, которые вы будете делать на протяжении дня.

Многие из тех, кто привык выражать смирение в коленопреклоненной молитве, могут спросить, зачем нам нужно выражать смирение, постясь целый день. В ответ на этот вопрос Жан Кальвин задает встречный вопрос: «А почему бы и нет? Ибо если он (пост) является святым упражнением как для смирения человека, так и для исповедания этого смирения, то почему мы должны реже обращаться к нему, чемдревние? <...> Почемуи намнеследуетделатьтогоже?» [118]

Царь Ахав, один из самых нечестивых царей в иудейской истории, в конце концов смирился перед Богом и выразил это в посте:

> *Выслушав все слова сии, Ахав разодрал одежды свои, и возложил на тело свое вретище, и постился, и спал во вретище, и ходил печально. И было слове Господне к Илии Фесвитянину, и сказал*

117   Thomas Boston, *The Complete Works of the Late Rev. Thomas Boston, Ettrick*, ed. Samuel M'Millan (London: William Tegg and Company, 1853; reprint, Wheaton, IL: Richard Owen Roberts, 1980), vol. 11, 347.
118   Кальвин, 1243–1244.

Господь: видишь, как смирился предо Мною Ахав? За то, что он смирился предо Мною, Я не наведу бед в его дни; во дни сына его наведу беды на дом его (3 Цар. 21:27–29).

С другой стороны, точно так же смирил себя перед Господом один из самых благочестивых людей в Израиле. Царь Давид написал в Псалме 34: «Я… одевался во вретище, изнурял постом душу свою» (ст. 13).

Помните, что пост сам по себе не является смирением перед Господом. Это лишь средство выражения смирения. Фарисей из притчи в Евангелии от Луки 18:12, который говорил Богу, что он постится два раза в неделю, не обладал смирением. Дэвид Смит, автор книги «Пост — забытое упражнение», напоминает нам:

> *Из этого не следует делать вывод, что в самом посте заключена некая добродетельная сила и что он придает нам больше смирения. В грешном человеке нет никакой добродетели, посредством которой он может сделать себя более благочестивым. Эта сила заключена в средствах благодати, которые определил для нас Бог. Если мы силой Святого Духа умерщвляем дела плоти (посредством поста), мы будем возрастать в благодати, но славу за это мы воздаем одному Богу [119].*

Выражение беспокойства о Божьем деле

Подобно тому, как родители могут поститься и молиться, беспокоясь о том, чтобы Бог действовал в их детях, христиане

---

[119] David R. Smith, *Fasting: A Neglected Discipline* (Fort Washington, PA: Christian Literature Crusade, 1954; American ed., 1969), 46–47.

могут поститься и молиться, чувствуя ответственность за Божье дело в более широком масштабе. К примеру, христианин может ощущать побуждение поститься и молиться о Божьем действии там, где люди пережили трагедию, разочарование или очевидную неудачу. Именно с этой целью постился Неемия, когда он услышал, что, несмотря на возвращение иудеев в Иерусалим, в городе по-прежнему не было стены для защиты от врагов:

> И сказали они мне: оставшиеся, которые остались от плена, находятся там, в стране своей, в великом бедствии и в уничижении; и стена Иерусалима разрушена, и ворота его сожжены огнем. Услышав эти слова, я сел, и заплакал, и печален был несколько дней, и постился и молился пред Богом небесным (Неем. 1:3–4).

После своего поста Неемия начал совершать ощутимые и публичные действия, чтобы укрепить Божье дело в Иерусалиме.

Даниил также сильно переживал по поводу возвращения иудеев из плена и восстановления Иерусалима. И в знак этого он совершил пост: «И обратил я лице мое к Господу Богу с молитвою и молением, в посте и вретище и пепле» (Дан. 9:3).

Душевные стремления тех, кто постится, беспокоясь о Божьем деле удачно выразил Джон Пайпер:

> Мое сердце жаждет «слиться с Богом». Я страстно желаю, чтобы люди прониклись Его идеями. Я жажду, чтобы Бог действовал среди Своего народа. Я жажду мощного прилива ревности по миссионерству, чтобы все больше людей во всех

народах могли с радостью принять всеобщее господство Христа. Я жажду видеть, как каждую неделю люди будут обретать рождение свыше под влиянием убедительного свидетельства преображенного Божьего народа, где бы ни звучало Божье имя [120].

Конечно, мы не сможем поститься все время, но пусть Господь время от времени дает нам такую заботу о Его деле, что наша повседневная забота о еде отойдет на второй план.

Служение нуждам других

Те, кто думает, что Духовные Упражнения воспитывают в человеке склонность к сосредоточенности на себе и автономности, должны изучить главу 58 Книги пророка Исаии. Это самый длинный отрывок, который посвящен теме поста. Здесь Бог говорит о том, что мы должны поститься, чтобы восполнять нужды других. Люди, к которым обращены эти слова, жаловались Богу на то, что они постились и смиряли себя перед Ним, но Он не отвечал на их молитвы и посты. Но причина, по которой Бог не слышал их, заключалась в их непослушании. Они поступали лицемерно, и их жизнь шла вразрез с их молитвами и постом: «Вот, в день поста вашего вы исполняете волю вашу и требуете тяжких трудов от других», — сказал Господь, — «вот, вы поститесь для ссор и распрей и для того, чтобы дерзкою рукою бить других; вы не поститесь в это время так, чтобы голос ваш был услышан на высоте». Итак, хотя они и постились, при этом они спорили, ссорились и плохо обращались с другими. Но Бог не позволяет нам рассматривать пост отрыве от остальной

120   Пайпер, 51–52.

жизни. Духовные Упражнения не являются изолированными элементами нашей жизни. Бог не благословит никакое Упражнение в нашей жизни, в том числе и пост, если мы не исполняем Его слово о том, как строить взаимоотношения с другими. Что же нам делать? Как же нам поститься по воле Божьей? В стихах 6 и 7 Господь говорит: «Вот пост, который Я избрал: разреши оковы неправды, развяжи узы ярма, и угнетенных отпусти на свободу, и расторгни всякое ярмо; раздели с голодным хлеб твой, и скитающихся бедных введи в дом; когда увидишь нагого, — одень его, и от единокровного твоего не укрывайся». Другими словами, Богу угоден такой пост, который выражает нашу заботу не только о себе, но и о других.

Кто-то возразит: «Но ведь я настолько поглощен своими нуждами и нуждами своей семьи, что у меня нет времени служить другим людям». Вы можете решить эту проблему, если пропустите один или два приема пищи в день, чтобы послужить нуждам других в то время, в которое вы обычно едите. Пропустите один прием пищи или не ешьте целый день и используйте это время для служения. Таким образом вы не потратите время, которое вы должны посвящать другим делам. Несколько месяцев назад я начал планировать поститься один раз в неделю. То время, которое обычно уходило у меня на прием пищи, в те дни я решил посвящать духовной работе с другими людьми. Я был удивлен, когда обнаружил, что многим людям было удобно встречаться со мной в это позднее вечернее время. В результате то время, которое у меня освободилось благодаря посту, стало для меня наиболее продуктивным временем служения в течение недели: я активно встречался с людьми лично и служил их нуждам.

Есть и другие способы поститься для того, чтобы служить нуждам других людей. Многие постятся для того, чтобы жертвовать те деньги, которые они могли бы потратить на еду, нуждающимся или на миссионерское, или любое другое служение. Как вы можете послужить нуждах других лишними деньгами и временем, которые появляются у вас во время поста?

Преодоление искушения и посвящение себя Богу

Спросите верующих, какой библейский персонаж приходит им на ум в связи с постом. Вероятнее всего, большинство из них сразу же скажет, что это Иисус Христос, который выдержал долгий пост перед искушением в Евангелии от Матфея 4:1–11. Во втором стихе этого известного отрывка говорится, что Иисус постился «сорок дней и сорок ночей». Благодаря духовной силе, которую Иисус обрел в результате этого длительного поста, Он был готов к тому, чтобы отразить прямые нападки дьявола. Во время этого поста Иисус также посвятил Себя Отцу перед началом Своего публичного служения.

Нигде в Писании Бог не призывает нас поститься сорок дней. К тому же, этот отрывок в большей степени открывает нам личность Иисуса Христа, чем учит о посте. Но это не значит, что мы не можем извлечь для себя урок из этой уникальной ситуации в жизни Христа. На примере Христа мы можем усвоить следующий принцип: пост — это средство, которое помогает нам преодолеть искушение и с новыми силами посвятить себя Отцу.

Иногда, когда мы боремся с искушением или предвидим его наступление, нам нужна дополнительная сверхъестественная духовная сила, чтобы преодолеть его. Возможно, мы находимся в путешествии (или наша жена или муж находятся в путешествии), и на нас со всех сторон обрушиваются искушения, которые подталкивают нас к супружеской измене на уровне мыслей и чувств. Когда мы начинаем учебу, получаем новую работу или присоединяемся к новому служению, мы можем сталкиваться с новыми искушениями, и в таких случаях может возникнуть необходимость в том, чтобы вновь посвятить себя Господу. Мы часто встаем перед выбором, который представляет собой необычное искушение в нашей жизни. Стоит ли нам согласиться на новую работу, где платят намного больше, но при этом мы будем уделять намного меньше времени семье? Согласиться ли нам на повышение в должности, если для этого потребуется переехать в другое место, но придется оставить важное служение в поместной церкви, или от этого пострадает духовный рост нашей семьи? Исключительные искушения требуют применения исключительных мер. Одной из таких исключительных мер в подобных ситуациях может быть пост с целью преодоления искушения и обновления нашего посвящения Богу.

Выражение нашей любви и поклонения Богу

Вполне возможно, все, о чем мы говорили, натолкнуло вас на мысль о том, что мы должны поститься лишь в отчаянном положении или самых трудных ситуациях. Однако в Библии говорится, что пост может быть исключительно средством выражения нашей любви и посвящения Богу. В главе 2 Евангелия от Луки мы читаем незабываемую историю о восьмидесятичетырехлетней женщине, вся жизнь которой описывается в трех коротких стихах. Ее звали Анна. В Евангелии от Луки 2:37 мы находим краткое описание ее жизни: «Она не отходила от храма, постом и молитвою служа Богу день и ночь». Несмотря на то, что историю об Анне следует рассматривать главным образом в контексте повествования о том, как Иосиф и Мария приносят новорожденного младенца Иисуса в храм, нам важно обратить внимание на то, как выглядела повседневная жизнь этой женщины. Анна была замужем всего семь лет, а затем овдовела. Если предположить, что она вышла замуж в молодом возрасте, мы увидим, что на протяжении более чем полвека эта благочестивая женщина день и ночь поклонялась Богу «постом и молитвою».

Ваш пост может быть свидетельством для окружающих и для вас самих о том, что вы находите самое большое удовлетворение и радость в Боге. Это способ показать, что вы любите Бога больше, чем пищу, что искать Его лица для вас важнее, чем есть, и что Иисус Христос, «хлеб жизни» (см. Ин. 6:51), насыщает вас больше, чем земной хлеб. Когда вы поститесь, вы напоминаете себе, что для вас, в отличие от многих (см. Флп. 3:19), чрево не является богом. Оно служит истинному Богу, потому что вы желаете подчинять желания чрева желаниям Духа. Когда христиане постятся из любви к Богу, они демонстрируют истину, о которой писал Джон Пайпер: «Чего мы больше всего жаждем, тому мы и поклоняемся» [121].

На протяжении всей истории христиане постились с этой целью, чтобы подготовиться к Вечере Господней. Помимо того, что этот пост выражает покаяние и смирение перед Богом, он помогает людям сосредоточить свой разум и чувства на Господе, в чьей вечере мы участвуем.

---

[121] Пайпер, 14.

Еще один способ выразить вашу любовь к Богу в посте — это вместо приема пищи посвятить время прославлению Бога и поклонению Ему. Или можно отложить прием пищи до тех пор, пока вы не проведете время в чтении Библии и молитве. При этом не забывайте, что ваш пост — это привилегия, а не обязательство. Это отклик на Божий призыв испытать Его благодать особым образом.

Если мы хотим, чтобы Господь благословил наш пост, мы всегда должны преследовать духовную цель, сосредоточенную не на нас самих, а на Боге. Мысли о еде во время поста должны побуждать вас к размышлению о Боге и напоминать нам о нашей цели. Каждый раз, когда у нас возникает желание поесть, мы должны напоминать себе о необходимости молиться и о цели своего поста, а не сосредотачивать свои мысли на еде.

Вне всякого сомнения, во время поста Бог часто дарует нам сверхъестественные благословения. Библейские, исторические и современные свидетельства показывают, что Богу угодно необычайным образом благословлять постящихся. Однако мы должны остерегаться «механистического» подхода к посту, как выразился Мартин Ллойд-Джонс. Иначе говоря, мы не должны думать, что, если мы постимся, Бог обязан дать нам то, о чем мы просим. При помощи поста, как и любых других средств, мы не можем манипулировать Богом, чтобы Он исполнял наши желания. Как и во время молитвы, мы постимся с надеждой, что по Своей благодати Бог благословит нас тем, чего мы желаем. Если мы постимся с правильными мотивами, мы можем быть уверены, что Бог благословит нас, даже если это будет так, как мы ожидаем.

Здесь уместно еще раз процитировать Дэвида Смита:

> *Всякое благословение, которое Отец ниспосылает Своим недостойным детям, следует рассматривать как акт благодати. Мы недооцениваем милость Господа, если думаем, что какими-либо нашими делами мы заставляем (или даже вынуждаем) Бога даровать нам благословение, которого мы просим <...> Поэтому мы всегда должны совершать пост в свете этой истины. Мы должны применять его как библейское средство, которое помогает нам все больше осознавать Божьи цели в нашей жизни, в церкви, в окружающем обществе и в стране[122].*

Недавно я брал пост, чтобы показать Богу, что я жажду увидеть Его действий в церкви, в которой я несу служение пастора. Во время поста я молился о некоторых важных вопросах. Вдруг я кое-что осознал: я думал, что я молюсь об этих нуждах в согласии с Божьей волей, но оказалось, что я должен в чем-то изменить свою точку зрения. Поэтому я начал просить Господа показать мне, как мне молиться об этих проблемах в согласии с Его волей, и дать мне принять Его провидение в этих вопросах. Я полагаю, что именно это имел в виду Смит, когда говорил, что мы должны применять пост «как библейское средство, которое помогает нам все больше осознавать Божьи цели». Пост всегда должен преследовать определенную цель, но мы должны учиться ставить Божьи цели выше собственных.

Поэтому в некотором смысле, независимо от того, ради чего мы постимся, любой пост в первую очередь сосредоточен на Боге. В каждом отдельном случае для нас должно быть важнее взыскать в посте Самого Бога, а не того, чего мы у Него просим. Джон Пайпер подытоживает это в названии своей

---

[122] Смит, 44.

книги о посте «Алчущие Бога»[123]. Пост — это состояние, когда мы жаждем Бога, новой встречи с Ним, Его ответа на молитву. Это состояние, когда мы жаждем, чтобы Бог спас кого-то, чтобы Он могущественно действовал в нашей церкви или чтобы Он направлял нас или защищал нас. Мы жаждем этого больше, чем пищи, которую Бог дарует нам для подкрепления сил.

Однажды Бог упрекнул евреев, но не в том, что они не постились, а в том, что они постились без жажды по Богу. Из Вефиля в Иерусалим вышла группа людей, чтобы взыскать лица Господа. Они хотели узнать, стоит ли им совершать два поста, которые иудеи соблюдали в память о разрушении храма. Они постились в пятый и седьмой месяцы года на протяжении семидесяти лет. Теперь они захотели узнать, угодно ли Богу, чтобы они продолжали соблюдать эти посты после того, как они возвратились в свою землю и начали строить новый храм. Господь ответил им: «Скажи всему народу земли сей и священникам так: когда вы постились и плакали в пятом и седьмом месяце, притом уже семьдесят лет, для Меня ли вы постились? для Меня ли?» Эти посты уже не были сосредоточены на Боге и превратились в пустые обряды. Толкуя этот стих, Мэтью Генри наставляет нас в том, как нам поститься:

> *Все они должны были понять одно: думая, что своими постами они делают Бога своим должником, они сильно ошибались. Их посты не были угодны Ему, потому что им следовало поститься по-другому и ради другой цели <...> Их нельзя было обвинить в том, что они забыли об этих постах или*

---

123   Джон Пайпер. Алчущие Бога. Приближение к Богу через пост и молитву. СПб.: Мирт, 2007.

пренебрегли ими <…> но они совершали их неправильно <…> Они совсем не думали о Боге, когда постились <…> А без этого любой пост будет насмешкой над Богом. Поститься не ради Бога значит высмеивать Его и раздражать Его. Это не угодно Ему <…> Какими бы частыми, долгими и изнуряющими ни были наши формальные посты, если они не служат для того, чтобы возгревать наши святые чувства к Богу, оживлять молитву, усиливать печаль ради Бога, а также изменять ход наших мыслей и направление нашей жизни, они совершенно не соответствуют истинному предназначению поста. Бог не примет их как жертву, которую мы совершаем ради Него [124].

Прежде чем поститься, нужно определить для себя цель — библейскую и богоцентричную. Но даже во время самого смиренного нашего поста мы не заслуживаем того, чего желаем, и не можем заставить Божью руку благословить нас. Тем не менее мы всегда должны сопоставлять эту истину с непреложным обещанием Христа в Евангелии от Матфея 6:16–17: «Также, когда поститесь, не будьте унылы, как лицемеры; ибо они принимают на себя мрачные лица, чтобы показаться людям постящимися. Истинно говорю вам, что они уже получают награду свою. А ты, когда постишься, помажь голову твою и умой лице твое». Бог благословит библейский пост, который совершает любое Его дитя. К тому же, независимо от того, получаете ли вы благословение, о котором просите, или нет, вы можете быть уверены в одном: если бы вы знали все, что знает Бог, вы бы дали себе такое же благословение. Любая Его награда ценна.

---

124   Matthew Henry, *A Commentary on the Whole Bible* (New York: Funk and Wagnalls, n.d.), vol. 4, 1478.

ДОПОЛНИТЕЛЬНОЕ ПРИМЕНЕНИЕ

Готовы ли вы покаяться в том, что боитесь поститься, а также исповедовать свой страх?

Во фразе «я сегодня не буду есть» есть нечто такое, что вселяет страх в сердца многих верующих. Большинство верующих скорее совершит материальное пожертвование, чем откажется от еды на один день. У вас, наверное, легкая степень «постофобии»? Это выглядит глупо, если мы попытаемся трезво оценить ситуацию. Мы думаем о том, что нам предстоит пропустить один или два приема пищи ради того, чтобы взыскать Бога и больше уподобиться Христу, и начинаем нервничать. Тем не менее иногда мы охотно пропускаем приемы пищи, когда совершаем покупки, работаем, отдыхаем или занимаемся чем-то другим. Каждый раз, когда мы решаем, что какое-либо занятие в данный момент важнее приема пищи, мы отказываемся от еды без всякого страха или недовольства. Нам нужно понять одну истину: есть время, когда для нас не просто важнее, но намного полезнее отказаться от еды ради того, чтобы больше насыщаться Господом (Мф. 4:4). Мы не должны бояться благословений поста.

Готовы ли вы поститься под водительством Святого Духа?

Готовы ли вы быть послушными Богу, когда Он будет побуждать вас поститься? Поскольку Христос ожидал, что Его последователи будут поститься, я верю, что время от времени Его Дух будет побуждать вас к посту. Можете ли вы заранее принять решение повиноваться Ему?

Святой Дух может побуждать нас к посту через каку-ю-либо нужду в нашей жизни. Если вам нужно усилить свою молитву об этой нужде, можете считать, что таким образом призывает вас к посту. Если вы нуждаетесь в Божьем води-тельстве, возможно, Господь побуждает вас начать поститься. Если вы нуждаетесь в избавлении или защите, это может быть повод для поста. Будете ли вы поститься? Или же вы упустите уникальную возможность получить благодать, которую Бог дарует вам через пост?

Не ждите особого дня, когда все складывается так, чтобы вы постились. Возможно, этот день так и не настанет. Мно-гие из нас могут сделать свой обычный рабочий день днем поста, если только ваша работа не требует от вас больших физических сил. Для большинства людей лучшим днем для поста является День Господа — воскресенье. Обычно в этот день мы испытываем меньше физического напряжения, чем в будни. Возможно, в этот день у нас даже появляет-ся возможность отдохнуть после обеда. Кроме этого, по воскресеньям у нас может быть гораздо больше времени, чтобы искать Бога и общаться с ним посредством Духовных Упражнений.

Позвольте мне предостеречь вас: не одухотворяйте гре-ховное пренебрежение пищей и не называйте это постом. Многие грешат тем, что едят слишком много. Это грех чре-воугодия. Однако, как и в случае большинства других грехов, мы можем совершать и противоположный грех: мы можем сознательно употреблять слишком мало пищи. Причиной этого обычно является тщеславие. Однако Бог желает, чтобы почти каждый день нашей жизни все мы ели. Он сотворил нас таким образом, чтобы мы выживали за счет еды. Он сотворил весь мир таким образом, чтобы он предоставлял нам пищу. Кроме того, в 1 Тимофею 4:3 мы читаем о тех, кто отрицает это и запрещают «потреблять в пищу то, что Бог сотворил, дабы верные и познавшие истину вкушали с благодарением». Библия говорит о таких людях, что они «отступили от веры» (4:1). Те, кто ест слишком много, и те, кто сознательно ест слишком мало, ищут удовлетворения не в Боге, а в чем-то другом.

Не забывайте о том, что в случае необходимости вам нужно проконсультироваться с врачом. Если вы планируете долго поститься, беременны, вскармливаете ребенка, страдаете диабетом, мигренями или по медицинским показаниям вынуждены придерживаться строгой диеты, проконсультируйтесь с вашим врачом, прежде чем начинать поститься. Если вы никогда до этого не постились, начните с того, что вы откажетесь от одного, двух или трех приемов пищи. Но начните с чего-либо. Не ищите для себя лазеек, чтобы избежать поста. Наоборот, ищите возможность испытать Божью благодать посредством поста. Помните, что Бог считает пост настолько полезным занятием, что Он даже заповедал всем евреям поститься целый день раз в год в День Искупления.

Как и все остальные Духовные Упражнения, пост поднимает паруса нашей души в надежде на то, что мы встретим благословенный ветер Божьего Духа. Кроме того, пост также придает вашей духовной жизни уникальное измерение и помогает возрасти в уподоблении Христу так, как никакое другое средство. Если бы это было не так и если бы благословения поста можно было бы обрести другими способами, Христу незачем было бы учить о посте и показывать его важность на личном примере.

*Готовы ли вы прямо сейчас запланировать пост посвящения,
который бы выражал ваше желание начать поститься?*

Прежде чем двигаться дальше, почему бы вам не назначить
в ближайшем будущем дату поста, который бы выражал
вашу жажду по Богу и готовность упражнять себя в посте
в дальнейшем? Вам не нужно все усложнять. Это простое
упражнение. В данном случае уместно еще раз повторить
высказывание Джона Пайпера: «В этом и есть суть христианского поста: мы желаем и жаждем все больше и больше
познавать Бога, Который открылся нам в Иисусе Христе.
Именно поэтому мы постимся. Мы можем делать это лишь
благодаря тому, что Он уже овладел нашей жизнью и влечет
нас все дальше и выше, ко "всей Божьей полноте"» [125].

---

[125]   Пайпер, 48.

ГЛАВА 10

Безмолвие и уединение для укрепления в благочестии

Слово «дисциплина» исчезло из нашего разума и наших уст. Его уже не услышать за кафедрой в церкви и в нашей культуре. В современном американском обществе люди почти не знают, что такое дисциплина. Тем не менее нет другого пути к обретению благочестия, кроме дисциплины.
Джей Адамс

Мой любимый рассказ — это рассказ «Пари», который написал Антон Чехов, русский писатель второй половины XIX века. В этом рассказе говорится о том, что два образованных человека заключили пари о том, что лучше — пожизненное заключение или смертная казнь. Богатый банкир средних лет считал, что смертная казнь является более гуманным видом наказания, чем одиночная камера: «палач убивает сразу, а одиночная камера убивает человека постепенно». Один из его гостей, двадцатипятилетний молодой юрист, был не согласен с ним. Он говорил: «Лучше жить в любых условиях, чем вообще не жить».

В порыве гнева банкир предлагает юристу заключить с ним пари. Он обещает дать юристу два миллиона рублей, если тот просидит пять лет в одиночной камере. Юрист был настолько уверен в том, что выдержит это испытание, что он объявил, что сможет просидеть там не пять лет, а даже пятнадцать лет.

Они договорились об условиях пари, составили договор, и молодой человек начал отбывать наказание в одном из флигелей, построенных на территории, принадлежавшей банкиру. Ему нельзя было ни с кем встречаться и получать газеты. Ему можно было писать письма, а получать письма от него было нельзя. К нему были приставлены сторожа, которые следили за тем, чтобы юрист не нарушал правил пари, но они находились в таких местах, что он не видел их и других людей из окна камеры. Ему давали еду, ни говоря ни слова, через маленькое окошко, через которое он не видел тех, кто приносил эту еду. Чтобы получить то, чего он желал, например, книги, еда, музыкальные инструменты, он должен был написать записку.

Далее автор описывает то, что юрист просил для себя все эти годы, а также рассказывает о наблюдениях сторожей, которые время от времени украдкой наблюдали за заключенным. В первый год заключения почти каждый час из камеры звучало фортепьяно. Юрист заказывал много книг, в основном романы и другую развлекательную литературу. На следующий год музыка прекратилась, и молодой человек начал заказывать труды разных классиков. В шестой год своего заключения он начал изучать иностранные языки и вскоре овладел шестью языками. После десяти лет уединения заключенный неподвижно сидел за столом и читал Новый Завет. После углубленного изучения Библии на протяжении более года он начал изучать книги по истории христианства и труды по богословию. А в последние два года заключения он стал читать книги не только по богословию, но и по многим другим дисциплинам.

Вторая часть рассказа посвящена вечеру накануне дня, когда, по условиям пари, истекал срок заключения юриста. Юрист вот-вот должен был выиграть. Банкир почти стал банкротом. Из-за его рискованных спекуляций и импульсивных решений он разрушил свой бизнес. Некогда самоуверенный миллионер стал теперь второразрядным банкиром, для которого заплатить юристу обещанные два миллиона означало полное разорение. Движимый гневом на себя самого из-за собственной глупости и завистью к своему оппоненту, который вот-вот должен был разбогатеть всего лишь в сорок лет, старый банкир задумал убить юриста и обвинить в убийстве сторожей. Прокравшись ночью к нему в камеру, он видит юриста, заснувшим прямо за столом. На столе он находит письмо, которое юрист написал ему. Он берет это письмо и читает:

> *Завтра в 12 часов дня я получаю свободу <...> Но прежде, чем оставить эту комнату <...>, я считаю нужным сказать вам несколько слов. По чистой совести и перед богом, который видит меня, заявляю вам, что я презираю <...> все то, что в ваших книгах называется благами мира. Пятнадцать лет я внимательно изучал земную жизнь. Правда, я не видел земли и людей, но в ваших книгах я пил ароматное вино, пел песни,*

гонялся в лесах за оленями и дикими кабанами <…> В ваших книгах я взбирался на вершины Эльбруса и Монблана и видел оттуда, как по утрам восходило солнце и как по вечерам заливало оно небо, океан и горные вершины багряным золотом; я видел оттуда, как надо мной, рассекая тучи, сверкали молнии; я видел зеленые леса, поля, реки, озера, города, слышал пение сирен и игру пастушеских свирелей, осязал крылья прекрасных дьяволов, прилетавших ко мне <…> Ваши книги дали мне мудрость. Все то, что веками создавала неутомимая человеческая мысль, сдавлено в моем черепе в небольшой ком. Я знаю, что я умнее всех вас. И я презираю ваши книги, презираю… мудрость. Все ничтожно, бренно, призрачно и обманчиво, как мираж. Пусть вы горды, мудры и прекрасны, но смерть сотрет вас с лица земли наравне с подпольными мышами, а потомство ваше, история, бессмертие ваших гениев замерзнут или сгорят вместе с земным шаром. Вы обезумели и идете не по той дороге. Ложь принимаете вы за правду и безобразие за красоту. Вы удивились бы, если бы вследствие каких-нибудь обстоятельств на яблонях и апельсинных деревьях вместо плодов вдруг выросли лягушки и ящерицы или розы стали издавать запах вспотевшей лошади; так я удивляюсь вам, променявшим небо на землю. Я не хочу понимать вас. Чтоб показать вам на деле презрение к тому, чем живете вы, я отказываюсь от двух миллионов, о которых я когда-то мечтал, как о рае, и которые теперь презираю. Чтобы лишить себя права на них, я выйду отсюда за пять часов до условленного срока и таким образом нарушу договор…

Банкир прочитал эти строки, положил записку на стол, поцеловал этого странного спящего человека, заплакал и вышел из флигеля. Чехов пишет: «Никогда в другое время, даже после сильных проигрышей на бирже, он не чувствовал такого презрения к самому себе, как теперь». Слезы не давали ему спать всю ночь. На следующий день в семь утра один из сторожей сообщил ему, что видел, как от человек вылез из окна, подошел к калитке и куда-то исчез [126].

Я не призываю вас к такому уединению и не думаю, что к этому вас призывает Библия. Я привожу эту историю для того, чтобы проиллюстрировать следующую мысль: на мой взгляд, одиночная камера из этого рассказа Чехова — это место, в котором мечтает побывать каждый христианин, но только иногда.

В безмолвии и уединении есть нечто, что привлекает нас и в то же время преображает нас. В нашей жизни, которая протекает в бешеном темпе, есть моменты, когда нам очень хочется спрятаться от всех в какое-нибудь тайное место на несколько лет.

Когда мы исследуем этот вопрос в свете Писания, мы осознаем, что будет неправильно и нехорошо, если мы спрячемся от Богом данных привилегий и обязанностей по отношению к другим людям. Библейская действительность призывает нас к служению семье, общению, благовестию и другим аспектам общинной жизни верующих в поместной церкви во славу Христа и на благо Его Царства. Тем не менее иногда наша душа стремится удалиться от шума и толпы в безмолвие и уединение. С одной стороны, нам необходимо взаимодействовать с другими людьми при выполнении некоторых Духовных Упражнений для христианской жизни [127], а с другой, нам

---

[126]   А. Чехов. Пари.

[127]   Как я уже упоминал в похожем контексте в главе 1, дополнительную

иногда необходимо проводить время наедине, чтобы выполнять такие Упражнения, как тишина и уединение. В этой главе мы рассмотрим эти взаимосвязанные Упражнения, определим библейское основание для их выполнения и в заключение дадим несколько практических советов по поводу того, как начать их практиковать.

ЧТО ТАКОЕ БЕЗМОЛВИЕ И УЕДИНЕНИЕ?

Безмолвие — это Духовное Упражнение, которое предполагает добровольное временное воздержание от общения для достижения определенных духовных целей. Иногда люди прибегают к безмолвию, чтобы читать Библию, размышлять над ней, молиться, вести духовный дневник и тому подобное. Несмотря на то, что в такие моменты человек не разговаривает вслух, внутри он ведет библейский диалог с самим собой или молится Богу. Иногда вы можете принять решение вообще не разговаривать, а просто сосредотачивать свои мысли на Боге и «помышлять о горнем» (Кол. 3:2), успокаивая свою душу в любви, которую Он явил во Христе.

Уединение — это Духовное Упражнение, которое предполагает добровольное временное удаление от людей, чтобы побыть наедине для достижения духовных целей. Такое уединение может длиться от нескольких минут до нескольких дней. Как и в случае с безмолвием, мы можем уединяться

информацию о коллективных Духовных Упражнениях вы найдете в следующем источнике: Donald S. Whitney, Spiritual Disciplines Within the Church: Participating Fully in the Body of Christ (Chicago: Moody, 1996).

для того, чтобы в это время выполнять другие Духовные Упражнения, или просто для того, чтобы побыть наедине с Богом и поразмышлять.

Прежде чем перейти к более детальному рассмотрению нашей темы, хотелось бы сделать три кратких наблюдения. Во-первых, мы должны понимать, что безмолвие и уединение — это Упражнения, которые дополняют наше общение с верующими. Под общением я подразумеваю не светские беседы, то есть разговоры о новостях, погоде, спорте, работе и семье. Несомненно, Бог отвел этому общению особое место в нашей жизни. Такое общение является великим благословением, и человек имеет возможность наслаждаться им. Однако библейское общение включает в себя разговоры о Боге и том, что с Ним связано. Возможно, мы делаем это гораздо реже, чем думаем, даже в церкви. Однако в данном случае я хочу подчеркнуть, что общение требует взаимодействия с другими людьми, а безмолвие и уединение — нет. Каждый из нас склоняется либо в одну, либо в другую сторону. Иначе говоря, кто-то из нас предпочитает уединению глубокое общение с другими христианами, а другой — наоборот. Однако в жизни верующего, который последовательно придерживается учения Библии, присутствует и то, и другое. Без безмолвия и уединения мы можем быть активными, но поверхностными. А без общения мы можем быть глубокими, но пребывать в бездействии. Чтобы возрастать в уподоблении Христу, мы нуждаемся и в том, и в другом.

Во-вторых, безмолвие и уединение обычно сопровождают друг друга. Несмотря на то, что это разные Упражнения (как следует из определений выше), в этой главе мы рассмотрим их в паре.

В-третьих, необходимо осознать, что в условиях современного общества мы привыкаем к шуму и толпе, а не к безмолвию и уединению, и чувствуем себя комфортнее в торговом центре, чем в парке.

В своей книге «Как найти ориентир в этом сумасшедшем мире» Джин Флеминг пишет:

> *Мы живем в шумном, суетливом мире, где все чем-то заняты. Безмолвие и уединение ... присущи скорее викторианской эпохе с ее изящными кружевами, высокими ботинками на пуговицах и керосиновыми лампами, чем нашему веку телевидения, игровых автоматов и бегунов в наушниках. Мы стали людьми, которые ненавидят тишину и чувствуют себя некомфортно в одиночестве [128].*

Это наблюдение справедливо, потому что многие из нас не могут находиться одни дома или в машине, не включая при этом какой-либо «фоновый шум». В отличие от предыдущих поколений, благодаря техническому прогрессу мы имеем доступ к новостям, музыке и образовательным ресурсам и многому другому в любом месте и в любое время. Однако все это настолько сильно привлекает нас и является настолько доступным, что мы почти разучились проводить время в тишине. Сейчас мы должны больше, чем когда-либо в истории, упражнять себя в том, чтобы наслаждаться благословениями безмолвия и уединения. Поэтому не позволяйте миру навязать вам предвзятое отношение к библейскому свидетельству о важности этих Упражнений.

---

[128] Jean Fleming, *Finding Focus in a Whirlwind World* (Dallas: Roper Press, 1991), 73.

ВЕСКИЕ ПРИЧИНЫ ДЛЯ ТОГО, ЧТОБЫ УПРАЖНЯТЬСЯ В БЕЗМОЛВИИ И УЕДИНЕНИИ

В Библии приводится множество причин, по которым нам следует уделять особое внимание таким Упражнениям, как безмолвие и уединение.

Следуйте примеру Христа

Писание учит, что Христос неоднократно удалялся от общения и уединялся, иногда всего лишь на несколько минут или часов и как минимум однажды на несколько дней. Обратите внимание на следующих четыре отрывка:

1) Евангелие от Матфея 4:1: «Тогда Иисус возведен был Духом в пустыню, для искушения от диавола». В данном случае Иисусу предстояло прежде всего столкнуться с искушениями дьявола, чтобы преодолеть их. Тем не менее стоит отметить, что Святой Дух повел Иисуса в пустыню именно во время Его длительного периода поста и уединения.

2) Евангелие от Матфея 14:23: «И отпустив народ, Он взошел на гору помолиться наедине; и вечером оставался там один». Иисус отпустил толпы народу, которые искали Его, а также Своих учеников, чтобы побыть наедине со Своим Отцом.

3) Евангелие от Марка 1:35: «А утром, встав весьма рано, вышел и удалился в пустынное место, и там молился». В предыдущих стихах говорится, что при наступлении вечера «весь город» собрался к тому месту, где находился Иисус. Там Он исцелил многих людей и изгнал многих бесов. Но рано утром Он снова уединился, чтобы помолиться. Иисус знал, что, если бы Он подождал до рассвета, Его бы опять окружила толпа любопытных людей и нуждающихся со всего города.

4) Евангелие от Луки 4:42: «Когда же настал день, Он, вышел из дома, пошел в пустынное место, и народ искал Его и, пришед к Нему, удерживал Его, чтобы не уходил от них». Поставьте себя на минуточку на место Иисуса. Люди просят вас о помощи, к вам приходит много людей с реальными нуждами, и вы можете решить все эти проблемы. Можете ли вы с чистой совестью удалиться от этих людей? Иисус смог. Нам нравится, когда в нас нуждаются. Нам приятно ощущать собственную значимость, авторитетность, незаменимость (вы можете выбрать любой вариант), когда мы делаем что-то, что под силу только нам. Однако Иисус не позволял подобным желаниям влиять на Его план действий. Несмотря на то, что люди не переставали взывать к Нему о помощи в нуждах, которые Он был силен восполнить (иногда мы читаем о том, что Он «исцелил их всех» — Мф. 12:15; Лк. 6:19), Иисус знал, как важно упражнять Себя в том, чтобы уединяться для общения с Богом.

Теперь нам должно быть очевидно, что, если мы хотим уподобляться Христу, мы должны упражнять себя в том, чтобы проводить время в безмолвии и уединении. Если мы будем выполнять эти Упражнения, мы сможем обрести многие из тех благословений, которые имел Иисус.

Возможность не отвлекаться во время молитвы

Одна из наиболее очевидных причин для удаления от шума и суеты, которые отвлекают наше внимание, — это возможность лучше сосредоточить свои мысли во время молитвы. Кроме примеров из жизни Иисуса, которые мы рассматривали в предыдущем разделе, в Библии есть много других примеров безмолвия и уединения. К примеру, мы читаем о том, как пророк Илия взошел на гору Божию Хорив и услышал там голос Бога в веянии тихого ветра (3 Цар. 19:11–13). Пророк Аввакум стоял на страже и внимательно слушал, что скажет ему Бог, и отвечал Ему (Авв. 2:1). Апостол Павел после своего обращения отправился в Аравию, чтобы побыть наедине с Богом (Гал. 1:17).

Конечно же, нам не всегда нужно удаляться от мира и людей для того, чтобы помолиться, иначе нам бы было трудно молиться в течение дня или на молитвенном собрании. Однако в нашей жизни бывают времена, когда это помогает нам заглушить голос этого мира и, не отвлекаясь ни на что, возвысить свой голос к Богу небесному.

Как писал Джонатан Эдвардс, это желание быть наедине с Богом было одним из качеств, которые привлекли его в его будущей жене Саре Пирпонт. Вот как он описывает свою первую встречу с ней, когда она была еще подростком: «Она едва ли заботится о чем-нибудь, кроме того, чтобы постоянно размышлять о Нем <...> Ей нравится быть одной и гулять по полям и рощам. Кажется, будто она всегда беседует с кем-то невидимым» [129]. Сара гуляла по «полям и рощам», а мы можем пойти в парк, прогуляться по кварталу или найти другое место, где мы можем регулярно уединяться. Каким бы оно ни было, мы должны найти место, где мы можем побыть одни и, не отвлекаясь, поговорить с Тем, Чье присутствие, хоть и невидимо, но более реально, чем присутствие любого другого существа.

---

[129] Jonathan Edwards, "On Sarah Pierpont," in Letters and Personal Writings, vol. 16 of The Works of Jonathan Edwards, ed. George S. Claghorn (New Haven, Conn.: Yale University Press, 1998), 789–790. Доступно на сайте: Edwards.yale.edu.

Многие из нас должны осознать, насколько сильно мы зависим от шума. Одно дело, когда мы слушаем телевизор или другое электронное устройство, гладя одежду или выполняя другие домашние дела. Но совсем другое дело, когда мы ни минуты не можем находиться в помещении без фонового шума. Хуже всего, когда нам нужен фоновый шум во время чтения Библии или молитвы. Иногда фоновая музыка помогает нам отвлечься от звуков, которые нам мешают, и сосредоточиться. Но я говорю о зависимости от музыки, о неспособности находиться в безмолвии и уединении. Как я уже отмечал, доступность портативных технологий — это и благословение, и проклятие. С одной стороны, мы должны ценить те огромные возможности, которые эти средства открывают перед нами, а с другой, мы должны понимать, что они могут заполонить наш разум и отвлекать наше внимание. Чем чаще мы пользуемся аудио- и видеотехнологиями, тем больше нам нужно упражняться в безмолвии и уединении.

Выражение нашего поклонения Богу

Поклонение Богу не всегда требует слов, звуков или действий. Иногда наше поклонение выражается в том, что мы сосредотачиваемся на Боге в тишине. Библейские примеры такого поклонения приводятся в таких отрывках, как: «А Господь — во святом храме Своем: да молчит вся земля пред лицем Его!» (Авв. 2:20); «Умолкни пред лицом Господа Бога» (Соф. 1:7); «Да молчит всякая плоть пред лицом Господа!» (Зах. 2:13). Заметьте: здесь говорится о безмолвии, а о том, что нужно «пред лицом» Господа. Это не просто безмолвие, а безмолвное поклонение. Есть время, когда мы должны разговаривать с Богом, а есть время, когдамыдолжныпростосозерцатьЕгои поклонятьсяЕму в безмолвии.

В дневниках великого евангелиста Джорджа Уитфилда есть история о том, как он поклонялся Богу в безмолвии и уединении у себя дома. Он записал этот случай, который произошел 9 мая 1739 года: «Богу было угодно излить в мою душу великий дух молитвы, и ощущение Его незаслуженной милости настолько наполнило меня любовью, смирением, радостью и святым смятением, что я в конце концов смог излить свое сердце перед Ним только в благоговейном безмолвии. Я был настолько переполнен, что не мог говорить. О блаженство общения с Богом!» [130]

Иногда вы поклоняетесь Богу в безмолвии потому, что ваше сердце, как сердце Уитфилда, настолько переполнено, что вы не можете выразить словами свою любовь к Нему. А иногда вы чувствуете себя совсем по-другому: вы настолько бесстрастны, что вам кажется, что все ваши слова лицемерны. Однако, независимо от вашего эмоционального состояния, в вашей жизни всегда должно быть место для бессловесного поклонения — богоцентричного безмолвия, основанного на откровении Бога о Себе в Его Слове.

Выражение веры в Бога

Вотличиеотмногословноговыраженияbеспокойства,простоebезмолвиепередГосподомможетбытьпроявлением веры в Него.

В Псалме 61 Давид дважды выражает такую веру. В стихах 2 и 3 он заявляет: «Только в Боге успокаивается душа моя; от

---

[130] George Whitefield, *Journals* (Edinburgh, Scotland: The Banner of Truth Trust, 1738–1741; reprint, 1985), 263–264.

Него спасение мое. Только Он — твердыня моя, спасение мое, убежище мое: не поколеблюсь более». Далее, в стихах 6–7, он говорит: «Только в Боге успокаивайся, душа моя! Ибо на Него надежда моя. Только Он — твердыня моя и спасение мое, убежище мое: не поколеблюсь». В словесных молитвах иногда может быть больше страха и сомнения, чем веры; безмолвие перед Господом иногда может выражать больше веры и подчинения Господу, чем слова.

В любимом многими стихе из Книги пророка Исаии 30:15 безмолвие перед Господом является проявлением веры: «Ибо так говорит Господь Бог, Святой Израилев: оставаясь на месте и в покое, вы спаслись бы; в тишине и уповании крепость ваша» (курсив автора). Вера в Бога часто выражается в молитве. Но иногда ее лучше выразить в бессловном молчании перед Господом, которое признаком отсутствия беспокойства и веры в Божье всевластие.

Пример того, как применять эту истину в повседневной жизни, мы находим в словах из дневника Дэвида Брейнерда, одного из первых американских миссионеров среди индейцев. 28 апреля 1742 года он написал:

> *Я удалился в свое обычное место уединения с великим миром и около двух часов выполнял свои тайные обязанности. Я чувствовал себя почти так же, как вчера утром, только более слабым и истощенным. Я ощущал, что я полностью полагаюсь на своего драгоценного Господа и всецело завишу от Него, освободившись от всех других привязанностей. Я не знал, что говорить моему Богу, но только льнул к Его лону, если так можно сказать, и воздыхал о своем желании уподобляться Ему во всем. Ненасытимые желания и непреодолимые*

стремления охватили мою душу, побуждая меня к совершенной святости: Бог стал настолько драгоценным для моей души, что мир с его усладами стал казаться мне совершенно отвратительным. То, что привлекало людей, стало казаться мне таким же бесполезным, как камни на дороге. Господь был для меня всем и владычествовал над всем, и это вызвало у меня огромный восторг. Я думаю, у меня никогда не было такой сильной веры и зависимости от Бога. Я столкнулся с настолько мощным потоком благости, что мне казалось, что я больше никогда не усомнюсь в Нем и не буду беспокоиться ни о чем в своей жизни [131].

Возможно, мы не можем описать свои ощущения в дневнике так красноречиво, как Брейнерд, но в моменты, когда наши молитвы чередуются с безмолвием, этот способ выразить свою веру перед Богом не менее драгоценен для Него.

Средство обрести спасение у Господа

Безмолвие и уединение с целью обрести спасение у Господа могут практиковать неверующие, которые хотят избавиться от греха и вины во Христе, или верующие, которые хотят избавиться от определенных обстоятельств. В Плаче Иеремии 3:25–28 описываются оба этих случая: «Благ Господь к надеющимся на Него, к душе, ищущей Его. Благо тому, кто терпеливо ожидает *спасения от Господа*. Благо человеку, когда он несет иго в юности своей; *сидит уединенно и молчит*, ибо Он наложил его на него» (курсив автора).

---

[131] Jonathan Edwards, *The Life and Diary of David Brainerd*, vol. 7 of *The Works of Jonathan Edwards*, ed. Norman Pettit (1749; reprint, New Haven, CT: Yale University Press, 1985), 165, emphasis added. Доступно на сайте: Edwards.yale.edu.

В своей проповеди по этому отрывку Чарльз Сперджен отметил:

> *Я рекомендую каждому, кто ищет спасения, проводить время в уединении. Во-первых, это поможет вам взглянуть на вашу ситуацию Божьими глазами. Очень немногие знают, каковы они на самом деле. Многие люди видели себя в зеркале, но существует другое зеркало, дающее истинное отражение, в которое мало кто смотрит. Как полезно смотреть на себя в свете Божьего Слова и тщательно изучать свое состояние, исследуя при этом как внутренние грехи, так и внешние и испытывая себя всеми способами, данными нам в Писании. Но как мало людей делает это![132]*

Нам следует поступать так, как поступал Сперджен в этом и всех остальных случаях, когда выходил за кафедру, и как показано во многих примерах из Нового Завета: в своей публичной проповеди мы должны призывать людей немедленно обратиться к Богу, чтобы обрести спасение в Иисусе Христе и притом распятом (1 Кор. 2:2). Однако нам не стоит ограничиваться лишь призывом к слушателям в толпе — мы не должны забывать, что важно призывать людей к уединению перед Богом, чтобы ни на что не отвлекаться, исследуя состояние собственной души. Уединение и безмолвие могут помочь нам осознать реальность своей греховности, реальность смерти и будущего суда и многое другое. Зачастую аудиодорожка нашей повседневной

---

[132] C. H. Spurgeon, "Solitude, Silence, Submission," in *Metropolitan Tabernacle Pulpit* (London: Passmore and Alabaster, 1896; reprint, Pasadena, TX: Pilgrim Publications, 1976), vol. 42, 266.

жизнивытесняетизнашегосознанияэтисерьезныетемы. Учитывая,чтонассовсехсторонокружаютизображения и звукииперсональныхэлектронныхустройств,скажите, насколькочастонеобращенныйчеловексидитодинв месте, гдеегоничтонеотвлекает,и исследуетсебяв светеЕвангелия?По-моему,такихлюдейодиннамиллион.Мывсегда должныподчеркиватьмысльо том,чтонужнообратиться ко Христу не откладывая, но при этом мы должны призыватьлюдейпроводитьбольшевремени«наединес собой, в безмолвии» и, как сказал Сперджен, «смотреть на себя в свете Божьего Слова».

Восстановление физических и духовных сил

Каждый нуждается в том, чтобы регулярно восстанавливатьсилысвоеговнутреннегои внешнегочеловека.В этом нуждалисьдажете,ктобылоченьблизокк Иисусу.После несколькихднейактивногодуховногои физическогослужениялюдямдуховнои физическиИисуспризвалСвоих учениковвосстановитьсвоисилы:«Пойдитевыоднив пустынноеместои отдохнитенемного»(Мк.6:31).Хорошая идея, согласитесь?

Подобно двенадцати ученикам, мы все нуждаемся в том, чтобы время от времени «снимать тетиву с лука», отложив в сторону наши бытовые проблемы и уединившись в безмолвии для восстановления душевных и физических сил.

Однажды вечером я прочитал статью в газете о жизни пианиста Гленна Гульда. Когда он стал выступать перед публикой в пятидесятых годах, будучи еще подростком, его называли «чудо-музыкантом».Гульд гастролировал по всему миру и удивлял слушателей своими способностями. Однако в 1964 году он перестал выступать на публике. Несмотря на то, что Гульд был одним из лучших пианистов в мире, с тех пор он стал играть только в уединенной обстановке и только для записи. И даже во время записи своей игры в студии он старался находиться в полном одиночестве. Гульд пришел к выводу, что творить можно только в полной изоляции. Любой человек, который так или иначе связан с «творчеством», то есть сочиняет музыкальные произведения, разрабатывает уроки, пишет документы, составляет отчеты, готовит проповеди, создает произведения искусства или презентации, знает, что это невозможно сделать качественно пятиминутными урывками, если вас все время отвлекают электронные устройства или люди. Я не думаю, что большинство из нас могут или должны подражать Гульду в его монашеском подходе к творчеству. Однако, подобно Гульду, который творил в изоляции от людей, испытайте на себе всю силу терапевтического воздействия безмолвия и уединения, которые помогут вам восстановить свои физические и духовные силы.

Средство вновь обрести духовный взгляд на вещи

Нет лучшего способа посмотреть на себя со стороны, отбросить мирские идеи и обрести более сбалансированный и духовный взгляд на жизнь, чем упражнение в безмолвии и уединении.

Когда ангел Гавриил сказал Захарии, что у него и его пожилой жены чудесным образом родится сын, Захария усомнился. В ответ на это Гавриил сказал: «И вот, ты будешь молчать и не будешь иметь возможности говорить до того дня, как это сбудется, за то, что ты не поверил словам моим, которые сбудутся в свое время» (Лк. 1:20). Как за время долгого молчания изменилось мнение Захарии по поводу слов, которые сказал ему ангел? В Евангелии от Луки 1:63–64 говорится, что, когда родился ребенок, Захария «потребовал дощечку и написал: Иоанн имя ему. И все удивились. И тотчас разрешились уста его и язык его, и он стал говорить, благословляя Бога». Несмотря на то, что это отрицательный пример, он показывает, что закрытие наших уст может помочь нам открыть наш ум для того, чтобы смотреть на все глазами Бога.

Одно из наиболее значимых и судьбоносных событий в жизни Билли Грэма произошло в августе 1949 года, незадолго до начала евангелизации в Лос-Анджелесе, благодаря которой он приобрел большую известность по всей Америке. До этого самым известным евангелистом Северной Америки некоторое время считался Чак Темплтон. Однако к 1949 году Темплетон подпал под влияние людей, которые оспаривали богодухновенность Писания. В конце концов это привело к тому, что он полностью отрекся от христианской веры. Он начал делиться с Билли Грэмом книгами и идеями, которые сформировали его взгляды. Всего лишь за несколько дней до приезда Грэма в Калифорнию Темплетон сказал ему, что, если он будет продолжать верить Библии, он совершит интеллектуальное самоубийство.

Выступая на молодежной конференции в городе Сан-Бернардино Маунтенс, Грэм пришел к выводу, что ему необходимо узнать мнение Бога на этот счет. Для этого Он уединился в общении с Богом. Вот как он описывает тот вечер: «Я вернулся один в домик, в котором я жил, и некоторое время читал Библию, а затем решил прогуляться по лесу». В это время он вспомнил, что фразы «И было слово Господне» и «так говорит Господь» встречаются в Библии более двух тысяч раз. Грэм размышлял над учением Христа, Который исполнил Закон и Пророков, постоянно цитировал их и ни разу не говорил о том, что они могут быть ошибочными. Во время прогулки Грэм воззвал к Господу: «Господи, что мне делать? В каком направлении мне двигаться?» Он осознал, что одним лишь разумом не понять богодухновенности и авторитетности Библии. Более того, Грэм убедился в том, что в конечном счете это вопрос веры. Он размышлял о том, почему он верит в обыденные явления, суть которых он не вполне понимает, например, в самолеты или автомобили. Затем он спрашивал себя, почему, когда дело касается духовной реальности, такая вера считается необоснованной.

Дальше он пишет: «Итак, я вернулся, взял Библию и вышел на улицу при лунном свете. Я подошел к пеньку и положил на него Библию, затем встал на колени и начал молиться: «Боже, есть то, что я не могу доказать. Я не могу ответить на некоторые вопросы, которые задает мне Чак и другие люди, но я верой принимаю, что эта Книга — Божье Слово» [133]. Благодаря тому, что во время уединения той ночью Билли Грэм вновь обрел духовный взгляд на вещи, он стал тем человеком, которым его знает мир.

Эта история из жизни Билли Грэма иллюстрирует наблюдение, которое сделал известный пуританский богослов Джон Оуэн по поводу уединения в жизни христианина: «Какими мы являемся во время уединения, такими мы являемся на самом деле, не более того. Это либо самые лучшие, либо самые худшие наши времена, в которые проявляется и выходит

---

[133]   John Pollock, *Billy Graham: The Authorised Biography* (London: Hodder and Stoughton, 1966), 80–81.

наружу принцип, действующий в нас»[134]. Иначе говоря, то, кем мы являемся, когда остаемся наедине с собой, — это наша истинная сущность. Если мы привыкли обращаться к Богу и узнавать Его мнение в Его Слове, когда мы наедине, а не только в церкви или рядом с другими верующими, тогда мы можем надеяться, что действительно знаем Бога.

Поиск Божьей воли

Пожалуй, одна из самых распространенных причин, по которым верующие уединяются в безмолвии перед Богом (хотя бы иногда), заключается в том, что они хотят узнать Его волю по какому-либо вопросу. В Евангелии от Луки 6:12–13 говорится о том, что так поступил Иисус, когда выбирал учеников, которые все время были бы с Ним: «В те дни взошел Он на гору помолиться и пробыл всю ночь в молитве к Богу. Когда же настал день, призвал учеников Своих и избрал из них двенадцать, которых и наименовал Апостолами».

История христианства изобилует известными примерами о мужчинах и женщинах, которые уединялись от людей, чтобы определить волю Того, Кто был для них важнее всех. Одна из наиболее знаменитых историй — это история Хадсона Тейлора, изнуренного трудом молодого миссионера в Китае. Когда он возвратился в Англию в 1865 году, чтобы отдохнуть и продолжить обучение медицине, он столкнулся с серьезным выбором. Тейлор чувствовал, что Бог побуждает Его начать смелый и беспрецедентный миссионерский проект — проповедовать Евангелие миллионам неспасенных на огромной

---

[134] John Owen, *The Works of John Owen* (London: Johnstone and Hunter, 1850–1853; reprint, Edinburgh, Scotland: The Banner of Truth Trust, 1965), vol. 5, 455.

территории, во внутренних районах Китая. На протяжении многих десятилетий практически все миссионеры трудились только в прибрежных городах, но почти никто не отправлялся вглубь материка. Но Тейлор боялся начинать такое великое предприятие, потому что он знал, что забота о том, чтобы найти миссионеров, привлечь необходимые материальные средства и обеспечить постоянную поддержку миссионеров, ляжет на его плечи.

Тихим летним воскресным днем 25 июня Хадсон Тейлор решил, что он больше не может мириться с неопределенностью. Истощенный и больной, он поехал в Брайтон, чтобы отдохнуть у друзей. Но вместо того, чтобы наслаждаться общением с ними, он искал покой в тишине и уединении. Тейлор бродил вдоль песчаного морского берега и, хотя внешне он выглядел безмятежным, внутри он был раздираем муками. Нужно было принять решение. Он должен был узнать Божью волю. Вдруг во время прогулки его посетила мысль:

> Но ведь, если мы повинуемся Господу, то ответственность лежит на Нем, *а не на нас!* Ты, Господи, Ты понесешь на Себе это *бремя! Повинуясь Твоему повелению, я, Твой слуга, приступлю к действию и предоставлю результат Твоей воле.*
>
> *Каким отдохнувшим я вернулся с той прогулки <…> Терзания прекратились, меня наполнили радость и мир. Мне казалось, что я сейчас полечу на вершину холма к дому господина Пирса. А как я спал в ту ночь! Моя дорогая супруга подумала, что Брайтон чудесным образом исцелил меня, и это на самом деле было так [135].*

---

[135] Dr. and Mrs. Howard Taylor, *Hudson Taylor and the China Inland Mission: The Growth of a Work of God* (Singapore: China Inland Mission, 1918; special anniver-

Итак, когда Тейлор попросил Бога открыть Ему Свою волю в безмолвии и уединении, Бог открыл дверь для Внутрикитайской миссии. По Божьему благословению это служение продолжается по сей день: оно переросло в Зарубежное миссионерское братство, которое является одной из крупнейших миссионерских организаций.

Бог часто открывает нам Свою волю прилюдно, но иногда Он являет ее нам лично. Чтобы узнать ее, нам необходимо упражняться в безмолвии и уединении.

Способ научиться сдерживать язык

Если мы научимся молчать хотя бы некоторое время, это поможет нам контролировать свой язык все время.

Несомненно, очень важно уметь сдерживать свой язык, если мы хотим уподобляться Христу. В Библии говорится, что у того, кто не обуздывает своего языка, пустое благочестие (Иак. 1:26). В Притчах 17:27–28 такие качества, как благочестивое знание, разумение, мудрость и благоразумие, которыми обладает Христос, связаны с умением управлять своим языком: «Разумный воздержен в словах своих, и благоразумный хладнокровен. И глупец, когда молчит, может показаться мудрым, и затворяющий уста свои — благоразумным».

В Книге Екклесиаста 3:7 говорится о двух сторонах умения управлять своим языком — об умении сдерживать его и умении пользоваться им: есть «время молчать, и время говорить». Итак, благочестие предполагает способность определять, где стоит промолчать и где можно говорить.

В Новом Завете Послание Иакова 1:19 также говорит о необходимости контролировать свой язык в том смысле,

---

sary ed., Singapore: Overseas Missionary Fellowship, 1988), 31–32.

что мы должны сдерживать его: «Итак, братия мои возлюбленные, всякий человек да будет скор на слышание, медлен на слова, медлен на гнев». Это повеление касается того, что мы «говорим» в Интернете и того, что мы говорим своими устами.

Как упражнение в безмолвии и уединении может научить нас сдерживать свой язык? Во время длительного поста вы понимаете, что вам необязательно съедать многое из того, что вы съедаете. Когда вы упражняетесь в безмолвии и уединении, вы понимаете, что вам совсем не обязательно говорить многое из того, что вы считали необходимым сказать. Упражняясь в безмолвии, мы учимся полагаться на Божий контроль в тех ситуациях, где мы обычно считаем нужным высказаться или сказать очень много. Мы приходим к выводу, что Он может разрешить ситуацию, в которой, как мы думали, без нас не разобраться. У тех, кто упражняется в безмолвии и уединении, отточены навыки наблюдения и слушания. Поэтому, когда они говорят, в их словах больше трезвости и глубины.

Если мы упражняемся в безмолвии и уединении, это сильно преображает нашу жизнь отчасти потому, что это двойное Духовное Упражнение помогает нам выполнять все остальные [136]. К примеру, мы обычно изучаем Божье

---

[136] Мой друг и коллега Роб Пламмер не согласен с тем, что безмолвие и уединение сами по себе являются библейскими Духовными Упражнениями. Он утверждает, что это библейский контекст, в котором верующие должны выполнять Духовные Упражнения. Поскольку наши точки зрения расходятся лишь в вопросе семантики и это различие не влияет на практическое применение принципа безмолвия и уединения, который я описываю, я не возражаю против такого подхода. См. Robert L. Plummer, *"Are the Spiritual Disciplines of Silence and Solitude Really Biblical?"* Southern Baptist Journal of Theology 10/4 (Winter 2006): 4–12.

Слово и молимся в контексте безмолвия и уединения. Это Упражнение является неотъемлемым элементом нашего личного поклонения Богу.

Во время безмолвного уединения мы извлекаем максимальную пользу из таких Упражнений, как учение и ведение дневника. Кроме того, мы часто постимся в безмолвии и уединении. Тем не менее безмолвие и уединение так сильно преображают нас прежде всего потому, что они дают нам время подумать о жизни и взыскать Бога. Все мы знаем, что не уделяем этому достаточно времени. Еще некоторое время назад большинство из наших предков занимались тем, что работали в поле или по дому, слушая только звуки природы и человеческие голоса. В эпоху, когда не было электрических двигателей и электронных устройств, мало что отвлекало людей от голоса собственной совести и действия Святого Духа в нашей душе.

Я не призываю идеализировать «старые добрые времена» (в Еккл. 7:10 говорится, что это грех) или возвращаться к этому укладу жизни. Я просто хочу подчеркнуть ту мысль, которую мы высказали в начале этой главы: один из недостатков технического прогресса — это огромное искушение избегать тишины.

С одной стороны, нам доступно больше новостей и всевозможной информации, но с другой, от этого иногда страдает глубина нашей духовной жизни, если не упражняем себя в безмолвии и уединении.

Помните, что главная цель, с которой мы выполняем эти Духовные Упражнения, — это благочестие, стремление уподобиться Христу, стремление к большей святости. В своей книге «Тихий час» Остин Фелпс писал:

> " *Говорят, что все выдающиеся литературные произведения или научные изобретения создавали люди, которые любили находиться в одиночестве. Мы можем применить этот фундаментальный принцип к религии: серьезный духовный рост возможен в жизни лишь тех, кто имеет привычку часто уединяться для общения с Богом* [137].

СОВЕТЫ ПО ПОВОДУ ПРАКТИКИ БЕЗМОЛВИЯ И УЕДИНЕНИЯ

Некоторые люди относятся к упражнению в безмолвии и уединении так же, как к чтению книг об увлекательных приключениях. Они не готовы начать выполнять эти Упражнения, а только восхищаются теми, кто это делает, глядя на них со стороны. Они мечтают о том, чтобы начать, но так и не решаются. Ниже я привожу несколько практических советов, которые помогут вам перейти от слов к делу и выработать нужные привычки.

Делайте минутные паузы

В нашей местной христианской радиостанции была программа, в которой на протяжении около тридцати секунд говорилось о пользе тишины.

В подтверждение этому следующие десять секунд программы были молчанием. Хотя это звучит просто, неожиданный период молчания производил большое впечатление на слушателей.

---

137   Austin Phelps, *The Still Hour: or, Communion with God* (1859; reprint, Edinburgh, Scotland: The Banner of Truth Trust, 1974), 64.

На протяжении дня вы также можете делать подобные паузы по мере необходимости. Когда вы остановились на красный свет или когда едете в лифте, вы можете сделать «минутную паузу» и уделить это время безмолвию и уединению. Используйте время молитвы перед едой, чтобы сделать духовный «перерыв».

Я не могу давать советы с учетом личных обстоятельств каждого человека, но я могу призвать вас использовать такие моменты в духовных целях и «освящать» (как говорили пуритане) любую свободную минуту даже в самые занятые дни, превращая ее в «минутную паузу».

Конечно же, суть не в том, чтобы просто сесть и передохнуть, хотя это тоже полезно. Я призываю вас сознательно сосредотачивать свое внимание на Христе в такие моменты и находить покой в вере в Него. Это практическое применение истины, которой посвящены слова известного гимна: «Каждый миг и день земной пусть наполнится хвалой»[138]. Пользуйтесь этими неожиданными возможностями от Господа, чтобы сосредоточиться исключительно на Нем и на жизни по Духу. Даже если у вас есть всего несколько секунд, вокруг вас не совсем тихо и вы не в полном уединении, прибегайте к источнику восстановления сил, который заключен в познании Иисуса Христа.

*Поставьте цель ежедневно проводить
время в безмолвии и уединении*

Извсехмоихзнакомых,которымудалосьдостичьбыстрого, устойчивогои очевидногороставблагочестии,всебезисключенияежедневнопосвящаливремяуединениюс Богом.

---

[138]   Слова из гимна "Take My Life and Let It Be," курсив автора.

В это время безмолвия они насыщались Божьим Словом и молились, и иногда в такие уединенные моменты они также совершали личное поклонение.

Многим тяжело дается приобретать привычку ежедневно уединяться для общения с Богом, потому что они очень заняты, а также потому что им противостоит опасный враг, который понимает, что стоит на кону. Миссионер-мученик Джим Эллиот признавал реальность этих трудностей: «Полагаю, дьявол полностью овладел тремя главными видами оружия против нас — шумом, спешкой и толпой <...> Дьявол прекрасно осознает силу тишины» [139]. В нашей жизни слишком много шума, спешки и других занятых людей. Если мы не будем планировать наше время уединения с Богом каждый день, это время заполнят другие дела, как вода заполнила тонущий «Титаник».

Ежедневное время общения с Богом является основой упражнения в безмолвии и уединении. Те, кто ежедневно практикует безмолвие и уединение, с большей вероятностью будут пользоваться этими средствами и в другое время, например, для того, чтобы сделать «минутную паузу», провести время с Богом в воскресный день или побыть наедине с собой более долгое время. Человек, который редко занимается физкультурой, с огромным трудом может подняться по лестнице или пробежать километр. А тот, кто бегает каждый день, делает это с легкостью. Подобным образом, тот, кто ежедневно выполняет Духовные Упражнения, получит больше всего пользы как от «минутных пауз», так и от продолжительных периодов тишины и покоя.

---

[139] John Blanchard, comp., *More Gathered Gold: A Treasury of Quotations for Christians* (Welwyn, Hertfordshire, England: Evangelical Press, 1986), 295.

Удаляйтесь от всех ради упражнения в безмолвии и уединении

Если вы хотите «удалиться от всех», чтобы провести время в безмолвии и уединении, вы можете просто уединиться в пустой комнате в церкви на несколько часов, на вечер или на весь субботний день. Можно также провести ночь или выходные в доме отдыха, летнем домике или шалаше.

Иногда в таких случаях вам не хочется ничего с собой брать, кроме Библии и блокнота. А иногда вам сильно хочется залпом прочитать книгу, которая, по вашему мнению, поможет вам стать более верным последователем Христа. Это идеальное время для планирования, постановки целей и оценки проделанной работы.

Если вы никогда не проводили вечер, полдня или больше времени в безмолвии и уединении, возможно, вы захотите поинтересоваться, чем можно заниматься все это время. Я бы посоветовал вам распланировать это время заранее или сразу же, как вы уединитесь. Вы удивитесь тому, как быстро пролетит время, когда вы будете знать, что делать, и как медленно оно будет тянуться, если у вас не будет четкого плана. Необязательно слепо следовать своему расписанию. Даже если вы уединились в дневное время, вы можете поспать, если нужно. Однако, если у вас будет план, вы сможете достичь поставленных целей, а не просто неосознанно потратить его впустую [140].

Несомненно, очень полезно иногда уезжать на один день куда-нибудь подальше от дома, но, если вы хотите упражняться в безмолвии и уединении, не ждите благоприятного момента,

---

[140] На сайте www.biblicalspirituality.org вы найдете «Примерный четырехчасовой план для упражнения в безмолвии и уединении». Если у нас нет хотя бы общего плана, в котором расписано наше время, многие из нас склонны тратить это время попусту, без конкретной цели.

в который вы, как Илия, подниметесь на гору Хорив на сорок дней. Помните, что все Духовные Упражнения, в том числе и эти, предназначены для того, чтобы мы выполняли их в своей повседневной жизни там, где мы живем.

Выбирайте особые места

Выберите особые места, где вы можете побыть в безмолвии и уединении. Это могут быть укромные места у вас дома, в нескольких шагах или в нескольких минутах езды от дома.

Если у вас есть дети, вам может быть трудно найти уединенное место для общения с Богом. Возможно, вы будете такими же изобретательными (или отчаявшимися!), как Эйден Тозер, который мог уединиться только в топочной[141]. Или вы можете приспособить для этого гардеробную комнату[142]. Благочестивая Сюзанна Уэсли, мать Джона (основателя методистского движения) и Чарльза Уэсли (плодовитого автора гимнов), вырастила очень большую семью и долгие годы не могла уединиться от всех физически. Однако она известна не только тем, что воспитала двух выдающихся служителей. Сюзанна Уэсли также известна тем, что у нее была привычка закрывать голову фартуком, чтобы под ним читать Библию и молиться. Очевидно, это не помогало ей полностью избавиться от окружающего шума, но таким образом она показывала своим детям, что в эти минуты ее нельзя было беспокоить и что старшие должны были присматривать за младшими.

---

[141] A. W. Tozer, *The Best of A. W. Tozer: 52 Favorite Chapters,* comp. Warren Wiersbe (Grand Rapids, MI: Baker, 1978), 151.

[142] См. главу «Пусть у вас будет настоящая молитвенная комната» в моей книге: Дональд Уитни. Живите в простоте. Духовная практика для людей, страдающих от чрезмерных нагрузок. Киев: Книгоноша, 2009.

Возможно, вы можете уединиться от других людей на улице. Джонатан Эдвардс находил уединение в чистом поле. Путешествуя по реке Коннектикут, он писал: «В Сейбруке мы сошли на берег, чтобы найти жилье на субботу. Там мы провели день субботний, и за это время я хорошо отдохнул и подкрепился, когда гулял в одиночестве по полям»[143]. Чаще всего он уходил в лес для того, чтобы пообщаться с Богом в тишине и уединении: «Я уезжал в лес, чтобы укрепить здоровье <...> Когда я находил уединенное место, я сходил с лошади и по своему обыкновению совершал прогулку, во время которой я предавался созерцанию Бога и молитве»[144]. Если рядом с вашим домом нет леса или поля, возможно, неподалеку от вас есть парк, где вас никто не будет отвлекать и где вы сможете прогуляться, поразмышлять и помолиться. В моей церкви есть фармацевт, который после работы останавливается на несколько минут в парке в двух кварталах от его дома, чтобы побыть в тишине и уединении, и только потом едет домой. Раньше я любил посещать Дендрарий Мортона, который находится недалеко от того места, где я жил. А сейчас я просто прогуливаюсь в одиночестве по тихой зеленой аллее.

Евангелист Доусон Тротман регулярно поднимался на холм в конце улицы, на которой он жил. «Здесь он проводил драгоценные часы в одиночестве, молясь вслух, воспевая хвалу Господу, цитируя библейские обетования и призывы, которые наполняли его разум. Он то усердно молился о срочной нужде, то молчаливо прогуливался по склону холма»[145]. Один из

---

143   Jonathan Edwards, *"Personal Narrative,"* in *Letters and Personal Writings,* vol. 16 of The Works of Jonathan Edwards, ed. George S. Claghorn (New Haven, Conn.: Yale University Press, 1998), 798. Доступно на сайте: Edwards.yale.edu.
144   Edwards, "Personal Narrative," 801.
145   Betty Lee Skinner, *Daws: The Story of Dawson Trotman, Founder of the Navi-*

моих лучших друзей берет с собой карточки с молитвенными нуждами и, гуляя по району, в безмолвии изливает свое сердце перед Богом.

Как я уже отмечал, идеальным местом, где вы можете провести несколько часов в тишине, может быть здание, в котором собирается ваша церковь. Посреди недели в большинстве церковных зданий есть много свободных комнат. Возможно, ваша церковь находится относительно недалеко от вашего дома (а если нет, договоритесь с другой церковью, которая находится поближе, о том, чтобы туда прийти). Вам не нужно будет платить за аренду, бояться, что вас кто-то потревожит, и предупреждать заранее, что вы придете. Кроме того, этот вариант предполагает много других удобств.

Хоуэл Харрис, валлийский проповедник с пророческим даром и друг Джорджа Уитфилда, находил покой и уединение в здании церкви. Описывая Харриса до того, как он начал свое служение благовестника, Арнольд Дэллимор пишет следующее:

> В эти дни Харрис еще мало что знал о Боге. Он просто знал, что любит Господа и хочет любить Его еще больше, и для этого он находил укромные уголки, где он уединялся с Богом в молитве. Одним из его любимых мест уединения была церковь в Ллангасти. Это деревушка, в которой он раньше преподавал в школе. Однажды, вскоре после обращения, он поднялся в церковную башню, чтобы остаться наедине с Господом. В тот день, проведя в молитве несколько часов, он чудесным образом ощутил присутствие и силу Бога. Эта одинокая церковная башня стала для него Святым Святых.

gators (Grand Rapids, MI: Zondervan, 1974), 257.

Позже он писал: «Вдруг я почувствовал, что мое сердце начало таять внутри меня, как тает воск перед огнем, из любви к Богу, моему Спасителю. Я ощущал не только любовь и мир, но также желание раствориться во Христе. Из глубины моей души раздавался крик, который мне был совершенно незнаком до этого: «Авва Отче!» <...> Я знал, что я Его дитя и что Он любит и слышит меня. Моя наполненная и насыщенная душа вопияла: «Довольно! Я удовлетворен! Дай мне силу, и я последую за Тобой через огонь и воду» [146].

Возможно, у вас, как у Сюзанны Уэсли, нет идеального места для уединения и вам приходится это делать в разных местах, но все равно вы должны пытаться найти особое место для того, чтобы возрастать в благочестии, упражняясь в безмолвии и уединении.

Договаривайтесь о помощи в бытовых вопросах
Если это необходимо, поручите часть бытовых дел жене (мужу) или друзьям, чтобы у вас была возможность проводить больше времени в тишине и уединении.

Услышав мой призыв посвящать больше времени этим Упражнениям, вы можете воскликнуть: «Вы не понимаете, в какой ситуации я нахожусь! Мне нужно кормить семью и заботиться о детях. Я не могу просто так взять и уехать на несколько часов!» У большинства людей, в том числе и тех, кто упражняется в безмолвии и уединении, похожие обязанности, которыми нельзя пренебрегать. Самое практичное и простое решение этой проблемы — попросить

---

[146] Arnold Dallimore, *George Whitefield: The Life and Times of the Great Evangelist of the Eighteenth-Century Revival*, vol. 1 (Westchester, IL: Cornerstone, 1979), 239.

своего мужа (жену) или друга помочь вам с бытовыми делами, чтобы вы могли немного побыть одни. В ответ вы можете оказать им аналогичную или другую услугу. Женщины, у которых есть маленькие дети, говорили мне, что для них это самый лучший и практичный способ уделять достаточно времени этим Упражнениям. К примеру, ваш муж (жена) или друг может присмотреть за детьми (дома или в церкви) утром, пока вы проводите время в общении с Богом наедине. После этого вы обедаете вместе, а затем меняетесь местами.

Но я хочу предостеречь вас: когда вы возвращаетесь домой, вас ожидает суровая реальность. Одна женщина, у которой пятеро детей, рассказала мне, что она смягчает этот удар тем, что готовит еду заранее: она оставляет ее в медленноварке или потом разогревает в микроволновке. Если после своего возвращения она видит, что в доме беспорядок, она сможет убрать все, не беспокоясь о срочном приготовлении еды. Как бы трудно нам ни было возвращаться домой, суровая реальность, с которой мы сталкиваемся, только подтверждает, что мы очень нуждаемся в восстановлении сил в безмолвии и уединении.

ДОПОЛНИТЕЛЬНОЕ ПРИМЕНЕНИЕ

Будете ли вы стараться каждый день
искать тишины и уединения?

Когда Соломон строил храм, «ни молота, ни тесла, ни всякого другого железного орудия не было слышно в храме при строении его» (3 Цар. 6:7). Подобным образом, наш личный храм Святого Духа (1 Кор. 6:19) нужно созидать с перерывами для тишины уединения. Планируйте такие перерывы каждый день. Чем больше вы заняты, чем более напряженная у вас жизнь, тем больше вы нуждаетесь в том, чтобы ежедневно пребывать в тишине и уединении.

Эйден Тозер объясняет это более подробно:

> " Удаляйтесь от мира каждый день в уединенное место, пусть даже в спальню (было время, когда я уходил в топочную, потому что не находил лучшего места). Оставайтесь в этом тайном месте до тех пор, пока окружающий шум не начнет утихать в вашем сердце и вас не наполнит ощущение Божьего присутствия <...> Предайте себя Богу и будьте самим собой, вопреки тому, что думают о вас другие <...> Учитесь внутренне молиться каждую минуту. <...> Возвратите ваши блуждающие мысли. Взирайте на Христа глазами вашей души <...> Но вы сможете это сделать лишь тогда, когда вы будете иметь правильные отношения с Богом через Христа и каждый день размышлять над Писанием. Без всего этого нам ничто не поможет, но, если у нас есть все это, вышеупомянутое духовное упражнение поможет нам побороть греховную склонность концентрироваться на внешнем и лучше узнать Бога и собственную душу [147].

Как телу нужны каждый день сон и отдых, так и душе каждый день нужны молчание и уединение. Это Упражнение освобождает ваш разум и разглаживает морщины вашей души. Старайтесь каждый день быть в тишине, чтобы общаться с Богом через Его Слово и молитву.

---

[147]   Тозер, 151–152.

Будете ли вы стараться проводить достаточно времени в безмолвии и уединении?

Стремитеськ этому.Внеситеэтов своерасписание.Еслывы небудетедействоватьрешительно,повседневнаясуетаи бытовыеделавсегдабудутзаниматьвсевашевремяи мешать вампроводитьдостаточновремени в уединениис Богом.

Возможно, вам нужно провести много времени в тишине и уединении, чтобы разрешить все свои сомнения или обновить свои духовные силы. Именно это сделал Фрэнсис Шеффер в переломный момент своей жизни в 1951 году. Он находился в состоянии кризиса по двум причинам. Свои терзания он описал так:

> Во-первых, мне казалось, что те, кто занимал ортодоксальную позицию [то есть те, кто придерживался ортодоксального христианского учения], не считали важным то, что, как ясно учит Библия, должно быть плодом христианской веры. Во-вторых, я все больше замечал, что моя собственная жизнь уже не была такой, как в первые дни после моего обращения к Богу. Я осознал, что должен остановиться и честно исследовать свое состояние [148].

Этот кризис был настолько серьезным, что он подтолкнулШеффера к тому,чтобыпровестидолгоевремяв безмолвиии уединении.Шефферописывалэтотдлительный периодсвоейжизнитак:«Когдапогодабылаясной,я уходилв горы,а когдашелдождь,я ходилвзади впередпосеновалу старого домика, в котороммыжили.Я ходил,молилсяи размышлялнадтем,чемуучитПисание.Приэтом

---
148 Francis A. Schaeffer, *True Spirituality* (Wheaton, IL: Tyndale, 1971), ix.

я обдумывал, почему я стал христианином» [149]. Постепенно он осознал, что его проблема была в том, что он недостаточно понимал учение Библии о значении дела Христа для нашей сегодняшней жизни. Понемногу в его жизни снова начало восходить солнце и опять зазвучала песнь. Эти дни, которые Шеффер провел в тишине и уединении, стали поворотным пунктом в его жизни. Этот период заложил основание его уникального служения, которое впоследствии стало всемирно известным, — христианской коммуны Лабри.

Возможно, вам нужно побыть наедине с Богом, чтобы разобраться со своими вопросами и сомнениями. Может быть, вы переживаете кризис веры и вам нужно много времени для того, чтобы молиться, размышлять над Писанием и исследовать свою душу. Вы рискуете очень многим, если пренебрегаете этой нуждой или относитесь к ней легкомысленно. Если бы вашему телу что-то угрожало, вы бы уделили необходимое время тому, чтобы разобраться с этой проблемой. А если в опасности ваша душа, вам тем более следует сделать все возможное, чтобы помочь себе самому.

Однако не стоит думать, что нам нужно проводить много времени в безмолвии и уединении только тогда, когда мы хотим избавиться от сомнений и решить срочные духовные проблемы. В мемуарах об Адонираме Джадсоне, первом американском миссионере, мы находим такую историю:

> *Однажды, когда он сильно устал от переводов и очень нуждался в отдыхе, он отправился за холм в джунгли в безлюдное место <...> С собой он взял Библию и сел под дикими деревьями*

---
[149] Шеффер, ix.

джунглей почитать, поразмышлять и помолиться. К ночи он вернулся в свою «хижину отшельника» (бамбуковый домик, который он соорудил на краю джунглей) [150].

Сложно представить, как Джадсон мог провести сорок дней в уединении в опасных джунглях Бирмы. Однако автор отмечает, что Джадсон «жил так только некоторое время». Зачем ему было ломать свое устоявшееся расписание ради того, чтобы проводить столько времен в безмолвии и уединении? Его биограф отмечает, что это было «средство нравственного роста, благодаря которому вся его будущая жизнь сообразовалась с совершенным примером Спасителя, Которому он поклонялся» [151]. Джадсон проводил много времени в безмолвии и уединении, чтобы отдохнуть, быть полезным для Господа в будущем и «упражнять себя в благочестии». Не следует ли вам стараться сделать тоже самое (даже если для вас реальнее уделить этому сорок часов, а не сорок дней)?

Готовы ли вы начать прямо сейчас?

Нам всегда будет сложно выделить в своем расписании время для того, чтобы побыть в тишине и уединении. Нам будут мешать мир, плоть и враг вашей души. Но если вы будете упражняться в этом, вы будете сожалеть только о том, что не начали делать этого раньше.

Не думайте, что каждый раз безмолвие и уединение будут оказывать на вашу жизнь такое же влияние, как в жизни

---

[150] Francis Wayland, *A Memoir of the Life and Labors of the Rev. Adoniram Judson, D.D.* (London: James Nisbet and Company, 1853), vol. 1, 435.

[151] Уэйланд, 437.

известных христиан в истории, о которых мы упоминали. Мы не всегда будем видеть грандиозный результат и испытывать яркие эмоции. Чаще всего эмоции бывают простыми и спокойными. Тем не менее, как и все духовные Упражнения, безмолвие и уединение приносят вам пользу даже тогда, когда после них вы не чувствуете «ничего особенного». Тем не менее мы испытываем радость от общения с Богом наедине, которое не всегда впечатляет нас, но практически всегда укрепляет наши силы.

В заключение этой главы в качестве напоминания позвольте снова процитировать слова Джонатана Эдвардса:

> Некоторые бывают сильно взволнованы, находясь в обществе, но не испытывают ничего, даже близко подобного этому, наедине с собой, в уединенном размышлении, в тайной молитве и разговоре с Богом, когда они одни и отделены от всего мира <…> Несомненно, истинный христианин наслаждается религиозным общением и христианскими беседами и находит в них много того, что волнует его сердце; но ему также нравится иногда удалиться от людей, чтобы поговорить с Богом в уединенном месте. И это также имеет свои особенные преимущества в укреплении его и увлечении его чувств. Истинная религия располагает людей много времени проводить в уединенных местах для святого общения и молитвы <…> Такова природа истинной благодати — как бы она ни любила христианское общение у себя, но по-особенному она наслаждается тайным и уединенным общением с Богом [152].

---

[152] Джонатан Эдвардс. Религиозные чувства. Саратов: Приди и помоги, 2006. С. 339.

*Готовы ли вы посвятить себя упражнению
в безмолвии и уединении?*

Переживали ли вы когда-нибудь эту «истинную благодать» —действиеБогав вашейдуше,котороепобуждаетвас к тому,чтобынетольконаслаждатьсяобщениемс Божьим народом,норазговаривать«сБогомв уединенномместе»? Бог сотворил вас для близкого общения с Ним, но в Эдемскомсадуэтообщениебылонарушеноиз-загреха.Тогда,как и сейчас,«всемыблуждали,каковцы,совратилиськаждый на свою дорогу» (Ис. 53:6). Мы «все согрешили и лишены славыБожией»(Рим.3:23),поэтомумыходимсвоимипутями и неинтересуемсятем,какпознатьпутьк Богуи приблизиться к Нему. Но точно так же, как Бог пришел взыскать Адама в садупослетого,каконсогрешил,Богпришелвзыскать и нас, когда Он послал Своего Сына, Иисуса Христа, чтобы «взыскать и спасти погибшее» (Лк. 19:10). Чтобы устранитьпоследствиянашеговосстанияпротивБогаи восстановитьнашеобщениес Отцом,ХристосвознесСебяна крествместонаспередБогоми понеснаказание,которое мы заслужили за наши грехи. Апостол Петр однажды сказал:«Христос,чтобыпривестинас к Богу,однаждыпострадалзагрехинаши,праведникзанеправедных»(1Пет. 3:18). Богпоказал,что принимает смерть Христа за других, тем, что воскресил Христа из мертвых. Бог также показывает, что Он готов привлечь нас к Себе во Христе, поэтому Он призывает нас прийти к Нему во имя Христа. Бог примет всех,ктоотвратитсяотсвоихпутейи поверитв то,чтоХристоссделалегоугоднымБогу.Те,ктоприходитк Отцучерез Христа,получает Святого Духа, который оживляет их для Богаи даетимправовосклицать:«Авва,Отец!»(Рим.8:15).

Такимобразом,тем,ктознаетБога,Духдаетвопиятьк Богу из глубины души, и они желают поклоняться Ему вместе с Егонародом,стремятсяговоритьо Богев «религиозном общении»с другимиверующимии наслаждаются«тайным общением с Богом».

Готовы ли вы посвятить себя упражнению в тишине и уединении? Если вы пережили спасительную Божью благодать, для вас тишина и уединение будут, как выразился Джонатан Эдвардс, «наслаждением», неиссякаемым источником силы, радости и преображения. Если бы у меня это было, я был бы почти готов заключить с вами пари на два миллиона рублей.

ГЛАВА 11

Ведение дневника для укрепления в благочестии

Польза, которую мы получаем от выполнения духовных упражнений в настоящем, — это полноценная, благословленная и плодотворная жизнь, которая приносит пользу другим. Если вы будете упражняться в духовных качествах, вы испытаете благословения благочестия не только в этой жизни, но и в вечности. Хотя многие люди тратят гораздо больше времени на упражнения для тела, чем на упражнения для души, достойный служитель Иисуса Христа понимает, что духовные упражнения несравненно важнее.
Джон Мак-Артур

Ведениедневника —этоДуховноеУпражнение,которое являетсянаиболеепривлекательнымизвсехУпражнений практически для каждого, кто слышит о нем. Отчасти это можно объяснить тем, что в дневнике Библия соединяется с нашей повседневной жизнью, как две одна великая река сливается с другой. Поскольку в своем путешествии по реке жизни в Небесный город каждый верующий встречает неожиданные повороты и опасности, с которыми он не сталкивался раньше, мысль о том, чтобы вести духовный дневник, в котором можно описать это путешествие, привлекает верующих, потому что духовный рост всегда связан с приключениями.

ЧТО ТАКОЕ «ДУХОВНЫЙ ДНЕВНИК»?

Дневник (синонимом этого слова является слово «журнал» [153]) — это способ ведения записей (физический или электронный), которые отражают важную личную информацию, с целью ее сохранения или последующего изучения.

---

[153] Принято разграничивать «дневник» и «журнал», однако различие между этими понятиями незначительное. Например, одним из самых известных примеров «дневника» в христианской истории является дневник Дэвида Брейнерда, который я уже цитировал в этой книге и буду цитировать далее. Помимо этого дневника, у Брейнерда был еще один, который можно назвать журналом. Единственное различие между этими понятиями, похоже, в том, что дневник, в котором Брейнерд описывал свои духовные переживания, предназначался исключительно для личного пользования, а его журнал представлял собой отчет миссионерскому обществу в Шотландии, которое поддерживало его финансово, и предназначался для публикации. Поэтому Брейнерд исключил из своего журнала некоторые записи, которые носили строго личный характер или не касались интересов миссионерского общества. Тем не менее в современном английском языке слово «journal», как правило, обозначает личные записи, то есть употребляется в том значении, в котором раньше употреблялось слово «diary». Однако, несмотря на то, что это два разных термина, их значения во многом совпадают и мало чем отличаются.

Если вы христианин, в своем дневнике вы будете описывать то, что Бог делает и как Он действует в вашей жизни. В дневнике можно описывать события каждого дня, личные отношения, уроки из Писания и молитвенные нужды. Кроме того, можно записывать в дневник спонтанные мысли, которые посещают вас во время общения с Богом, а также выводы, к которым вы приходите в процессе едолгих богословских рассуждений. Дневник — это один из самых лучших способов оценить, как вы возрастаете в Духовных Упражнениях и достижении поставленных целей.

Описание фактов и событий переплетается с описанием ваших чувств и мыслей по этому поводу. В первую очередь ваш дневник отражает то, как вы лично относитесь к происходящему и как вы истолковываете события с духовной точки зрения.

Обязательно ли вести дневник, чтобы больше уподобляться Христу? Вовсе нет. В Писании не говорится, что последователи Христа должны вести дневник. Более того, я никогда не слышал, чтобы кто-либо так утверждал. В истории Церкви многие из самых известных христиан, которые стремились уподобляться Христу, вели дневники. Однако многие не менее благочестивые мужи и жены не имели такой привычки.

Можно ли в таком случае сказать, что существует какое-либо библейское основание для ведения дневника? С одной стороны, стоит признать, что привычка вести дневник, в отличие от молитвы, не вытекает напрямую из Евангелия. Писание подтверждает мысль о том, что все, кто познал Бога через Евангелие, будут молиться, потому что Дух побуждает их восклицать «Авва, Отче!» (Рим. 8:15). Если мы спасаемся Евангелием Христа, мы также будем жаждать познавать Божье

Слово. Однако нельзя сказать, что, если мы принимаем Евангелие, мы должны стать учениками Христа, которые ведут духовный дневник. Это нелепое утверждение подразумевает, что на протяжении всей истории христиане, которые всю жизнь оставались неграмотными, не пережили истинного обращения, потому что они не могли вести дневник.

С другой стороны, в Библии есть пример, который описывает нечто очень похожее на то, что мы называем ведением дневника. Царь Давид изливал свою душу Богу в свитках псалмов и много раз писал такие слова: «Приклони, Господи, ухо Твое и услышь меня, ибо я беден и нищ» (Пс. 85:1). Такие возгласы очень похожи на сердечные мольбы к Господу, которые записывают в своих дневниках верующие сегодня. Когда пророк Иеремия изливал перед Богом всю свою скорбь о падении Иерусалима в своем Плаче, по сути, он делал то же самое, что и современный христианин, который записывает свои чувства по отношению к Богу в текстовом документе под названием «Дневник».

Конечно, в отличие от слов Давида и Иеремии в Писании, записи современных верующих не являются богодухновенными. Тем не менее библейские примеры людей, которые записывали свои молитвы, размышления, вопросы и многое другое, побуждают современных христиан к тому, чтобы рассмотреть возможность ведения духовного дневника с той же целью.

С того самого времени, как было изобретено письмо, люди пишут о том, что для них важнее всего. Поэтому Божьи люди, конечно же, записывали свои мысли о Божьих делах таким способом, который напоминал то, что сегодня принято называть ведением дневника. Христианский богослов четвертого века Августин Великий раскрыл свою душу на страницах знаменитой «Исповеди». Джонатану Эдвардсу это упражнение настолько сильно помогало оттачивать свое мышление и углублять личное поклонение Богу, что он одновременно вел несколько разных дневников и записных книжек (например, «Разное» и «Заметки о Писании»). Как бы мы ни называли такие записи — ежедневник, дневник, заметки, записки или что-либо другое, христиане всегда стремились записывать события своей духовной жизни.

Стоит еще раз отметить, что Христос жил и умирал за грешников не для того, чтобы мы обязательно вели духовный дневник. Он пришел, чтобы примирить нас с Богом. Но когда мы примиряемся с Богом через покаяние и веру в мессианство и искупительное дело Иисуса Христа, ведение духовного дневника может стать для нас, как и для миллионов других людей, которые примирились с Богом раньше, прекрасным инструментом для размышления над жизнью и смертью Иисуса Христа и применения этих истин в своей жизни. Для каждого верующего его дневник — это средство поразмышлять над Божьим Словом и богатством Божьей благодати для нас в Евангелии Иисуса Христа, а также о том, как мы учимся пользоваться этим богатством.

Читая эту главу, подумайте с молитвой о том, чтобы присоединиться к числу тех Божьих людей, которые упражняли себя в ведении дневника[154] для возрастания в благочестии. Помните, что ваша главная цель, уподобление Иисусу Христу,

---

[154] Автор употребляет английское слово journaling. Некоторые утверждают, что слово journaling является неправильным с точки зрения грамматики и что вместо него нужно использовать выражения «journal-keeping», «journalizing» или «keeping a journal». Однако термин «journaling» прочно вошел в разговорный обиход.

должна быть главной причиной для того, чтобы начать выполнять любое Духовное Упражнение, в том числе и это. В свете этой истины поразмышляйте над высказыванием британского служителя Мориса Робертса о ведении дневника:

> *Если рассуждать логически, это упражнение необходимо выполнять всем тем, кто чувствует побуждение уподобляться в своем сердце и жизни образу Христа. Никто не будет записывать свои внутренние воздыхания, страхи, грехи, переживания, планы и стремления, если он не считает эти записи ценными с точки зрения его духовного роста. Именно поэтому раньше очень многие люди вели дневники. Мы предлагаем возродить это упражнение и высказаться в его защиту [155].*

ЦЕННОСТЬ ВЕДЕНИЯ ДНЕВНИКА

Ведение дневника не только способствует духовному росту сам по себе, но также помогает нам развиваться в о многих других аспектах духовной жизни.

Средство для исследования и оценки самих себя
В Послании к Римлянам 12:3 звучит следующий призыв: «Не думайте о себе более, нежели должно думать; но думайте скромно, по мере веры, какую каждому Бог уделил». Конечно же, ведение дневника не гарантирует, что мы избежим высокомерия или самоуничижения. Однако, когда мы просто записываем важные события нашей жизни, а также

---

[155] Maurice Roberts, "Are We Becoming Reformed Men?" *The Banner of Truth*, issue 330, March 1991, 5.

свою реакцию на них, это помогает нам исследовать себя в свете Писания более тщательно, чем, если бы мы не вели таких записей.

Это очень серьезный вопрос и насущная нужда для каждого из нас. Еще не появлялось более богоцентричного богослова, чем Жан Кальвин, но даже он написал на первой странице своего монументального труда «Наставления в христианской вере»: «Знание о самом себе не только побуждает человека к богопознанию, но и является средством познания Бога»[156]. Он поясняет, что познание себя и своего состояния побуждает нас к тому, чтобы искать Бога. Через наш духовный дневник Святой Дух может показывать наши грехи и слабости, бессмысленность избранного нами пути, наши истинные мотивы и многое другое, благодаря чему страницы нашего дневника превращаются в жертвенник, который выражает поиски Бога.

В 1803 году на одной из еженедельных встреч «Эклектического общества», на которых собирались евангелические служители Лондона, чтобы углубить свои познания и обогатить свое общение в ходе обсуждения богословских вопросов, Джосайя Прэтт отметил, что ведение дневника помогает нам исследовать самих себя:

> *Ведение дневника развивает бдительность. Многие живут от случая к случаю. Такие люди приобретают определенные религиозные привычки и, возможно, не сталкиваются с сильными искушениями. Они регулярно ходят в церковь, участвуют в таинствах и проводят семейное поклонение. Они каждый день читают Библию и совершают личную молитву. Но на*

---

[156] John Calvin, *Institutes of the Christian Religion*, ed. John T. McNeil, trans. and indexed by Ford Lewis Battles (Philadelphia, PA: Westminster, 1960), vol. 2, 35.

этом все заканчивается. Они практически никогда не переживали духовного подъема или упадка в своем внутреннем человеке. Таким образом, у этих христиан низкий уровень духовных достижений. Они не замечают проявлений греха должным образом и, следовательно, не ищут благодати, чтобы победить грех. Они также не замечают добрых чувств, порождаемых благодатью, поэтому они не взращивают и не культивируют их в себе. Таким людям духовный дневник поможет повысить их духовные стандарты, побуждая их быть более бдительными [157].

Если мы ведем дневник, мы можем заметить «духовный подъем или упадок» своего внутреннего человека, к примеру, когда мы наблюдаем в себе тенденции, которые раньше не проявлялись. Когда я просматриваю записи, которые я сделал в своем дневнике месяц, шесть месяцев или год назад, я могу оценить себя и произошедшие события более объективно. Я могу проанализировать свои мысли и действия, не находясь под влиянием тех чувств, которые были у меня в то время. При таком подходе мне нелегче определить, был ли у меня духовный подъем или упадок в конкретной сфере жизни.

Однако ведение дневника — это не время для самосозерцания. Это не повод сосредоточиться исключительно на самом себе, игнорируя нужды этого мира. Описывая жизнь пуритан и их отношение к обществу, Эдмунд Морган цитирует слова, которые записал в своем дневнике один благочестивый юноша во время болезни, от которой он умер в конце XVI века. Этот

---

[157] Josiah H. Pratt, ed., *The Thought of the Evangelical Leaders* (James Nisbet, 1856; reprint, Edinburgh, Scotland: The Banner of Truth Trust, 1978), 305.

молодой человек хотел понять, проявил ли он достаточно любви к другим. Затем Морган отмечает:

> *Тот факт, что многие пуритане вели подобные дневники, объясняет их стремление к общественной добродетели: дневники были счетными книгами, которые они вели для учета активов и пассивов своей души в вере. Открывая эти книги, они совершали должное покаяние в ответ на свои нравственные проступки, а затем уравновешивали эти проступки делами веры. Коттон Мейтер старался записать в своем дневнике хотя бы одно доброе дело каждый день недели [158].*

Если правильно пользоваться таким методом, как ведение дневника, он не будет сосредотачивать нас на себе, но будет побуждать нас к добрым делам по отношению к другим людям.

Дневник может стать зеркалом, в котором мы увидим свое мировоззрение, мысли, слова и действия. Поскольку мы дадим отчет за все это на суде, мы поступаем мудро, если оцениваем себя каким бы то ни было способом.

Средство размышления

Как я упоминал в главе 3, я считаю, что размышление над Писанием — это самая большая нужда большинства современных христиан в отношении их общения с Богом (ср. Нав. 1:8; Пс.1:1–3; 2 Тим. 2:7). Тем не менее осмысленное и серьезное размышление требует сосредоточения, которое редко встречается в жизни современных людей, потому что они вечно торопятся и их внимание постоянно отвлекают информационные технологии. Пожалуй,

---

[158] Edmund S. Morgan, *The Puritan Family* (New York: Harper & Row, 1966), 5.

главная польза от такого Упражнения, как ведении дневника, для возрастания в благочестии заключается в том, что оно облегчает процесс размышления над Писанием и особенно помогает нам сосредотачиваться на тексте.

Я читал историю об одном англичанине, который был убежден, что нигде в мире нет такого густого тумана, как на его родном побережье. Однажды, ремонтируя крышу своего дома, он, по его словам, находился в таком густом облаке, что, сам того не осознавая, достиг конца крыши и продолжил «крыть крышу на весу, в густом тумане». Без ручки в руках я могу так сильно увлечься в процессе размышления, что начну размышлять на не связанные между собой темы и буду «крыть крышу в густом тумане» своих мечтаний вместо того, чтобы размышлять в свете Писания. Привычка записывать свои размышления в дневник помогает мне сосредоточиться.

Когда я сижу с ручкой и листом бумаги в руках или держу пальцы на клавиатуре компьютера, я ожидаю, что смогу лучше понять истину, когда буду размышлять о Боге и Его Слове в отрывке, который у меня перед глазами. В школе я всегда слушал учителей более внимательно, когда вел конспект. Подобным образом, я более внимательно слушаю проповедь, если при этом записываю основные мысли отрывка. Этот принцип применим и к ведению дневника. Записывая свои размышления над каким-нибудь местом Писания, я просто лучше концентрируюсь на тексте и более плодотворно размышляю над ним.

Средство выражения мыслей и чувств перед Господом

Какими близкими бы ни были наши дружеские или супружеские отношения, мы не всегда можем рассказать другим то, о чём мы думаем. Но иногда нас настолько переполняют чувства и у нас так много мыслей, что нам необходимо выразить их. Наш Отец всегда готов выслушивать нас. «Изливайте пред Ним сердце ваше», — говорится в Пс. 61:9. Дневник — это средство, при помощи которого мы можем выразить поток чувств, наполняющий наше сердце, и открыто излить всю нашу душу перед Господом.

Человек испытывает различные чувства и эмоции — от безудержного веселья до глубокого отчаяния, и мы отражаем все эти чувства на страницах своего дневника. Так делали самые известные люди в истории Церкви, которые вели дневники. Обратите внимание, какие глубокие чувства описывает в своем дневнике Дэвид Брейнерд:

> *День Господа, 16 декабря 1744 года. Я был в таком подавленном состоянии, что не знал, как жить дальше. Я жаждал смерти, моя душа погрузилась в глубокие воды, и бурные реки готовы были утопить меня. Я был так стеснен, что моя душа была в ужасе. Я не мог сосредоточить свои мысли, чтобы помолиться хотя бы минуту, не суетясь и не отвлекаясь. Мне стало очень стыдно, что я не жил ради Бога. Меня не терзали сомнения по поводу собственного спасения, но я бы с радостью перешел в вечность (насколько я понимал это). Я собирался проповедовать индейцам, но при этом моя душа была в муках. Я был в таком сильном разочаровании и отчаянии, что совершенно растерялся. Я не знал, ни что мне говорить, ни какие действия предпринять [159].*

---

[159] Jonathan Edwards, *The Life and Diary of David Brainerd,* vol. 7 of *The Works of Jonathan Edwards*, ed. Norman Pettit (1749; reprint, New Haven, CT: Yale University Press, 1985), 278. Доступно на сайте: Edwards.yale.edu.

Однако спустя некоторое время Брейнерд записал в своем дневнике слова, которые выражают глубокую радость:

> *День Господа, 17 февраля 1745 года. Мне кажется, что в своей жизни я еще никогда не говорил о Божьей благодати с такой свободой и ясностью. После этого я ревностно призывал детей Божьих обновиться и прийти, чтобы испить от этих потока живой воды, из которого они до этого черпали неизреченное удовлетворение. Для меня это было большой отрадой. В собрании было много слез, и я не сомневаюсь, что Дух Божий был там, убеждая несчастных грешников в их нужде во Христе. Вечером я чувствовал покой и отраду, хотя и очень устал. Я ощущал величие и славу Бога; моя душа радовалась, что Он есть «сущий над всем Бог, благословенный во веки». Но я был стеснен компанией, устал от разговоров и очень хотел остаться наедине с Богом. О, если бы я вечно мог благословлять Его за милость этого дня, когда «Он ответил мне в радости сердца моего»* [160].

Возможно, читая слова Брейнерда, вы, как и я, думаете, что ничего подобного никогда не происходило с вами. Может, он был странным человеком? Может, он находился на каком-то более высоком уровне духовного развития, который недоступен для таких христиан, как я? А может, его переживания в общении с Богом настолько отличаются от моих всего лишь потому, что он жил в другую эпоху? Может быть, это я какой-то странный человек, если я не могу выразить в письменной форме такие чувства по отношению к Богу, как Брейнерд?

---

160   Эдвардс, 287–288.

Я считаю, что каждое Божье дитя может переживать больше таких чувств, которые здесь описывает Брейнерд, а ведение дневника может помочь нам в этом. Морис Робертс поясняет эту мысль:

>> *Духовный дневник имеет свойство углублять и освящать эмоциональную жизнь Божьего чада. Для нас очень полезно учиться быть более эмоциональными по поводу главных истин нашей веры. В наше время не принято испытывать глубокие чувства. Библия часто изображает Божьих людей плачущими и рыдающими, воздыхающими и стонущими, а также иногда сияющими от радости. Сама мысль о Боге приводила их в восторг. Они страстно желали познавать Христа — Его личность, служение, имена, титулы, слова и дела. Нам должно быть стыдно за то, что мы такие холодные, бесчувственные и неэмоциональные, несмотря на все то, что сделал Бог для нас во Христе <...>*

> *Поэтому ведение дневника может помочь нам измениться в этом отношении* [161].

Как правило, мы испытываем более глубокие чувства в отношении того, о чем мы думаем наиболее глубоко. Замедляя нас и побуждая нас более глубоко размышлять о Божьих делах, ведение дневника помогает нам испытывать более глубокие чувства по отношению к ним. Когда мы ведем дневник, это окрашивает наши «серые» мысли и чувства в черно-белые тона на бумаге.

Это помогает нам лучше выражать свои мысли и чувства перед Господом.

---

[161]   Робертс, 6.

Напоминание о Божьих делах

Многие люди думают, что Бог не благословил их многим, пока они не переезжают в новое место. Точно также мы очень часто забываем о том, как Бог отвечал на конкретные наши молитвы, в нужное время посылал нам все необходимое, творил дивные и чудные дела в нашей жизни. Но если мы записываем все эти Божьи дела, мы не будем забывать о них.

Ведение дневника помогает нам делать то, что делал Асаф в Псалме 76:12–13: «Буду вспоминать о делах Господа; буду вспоминать о чудесах Твоих древних. Буду вникать во все дела Твои, размышлять о великих Твоих деяниях». По повелению Господа, израильские цари должны были собственноручно переписать закон Моисея, чтобы помнить все то, что Бог сказал и сделал в жизни патриархов (Втор. 17:18) [162].

Свидетельство Люси Шо, вдовы христианского писателя Хэрольда Шо, показывает, что ведение дневника не только очень полезно, но и важно для того, чтобы помнить дела Божьего провидения в вашей жизни:

> *Всю свою жизнь я считала, что мне нужно вести дневник. Но я начала вести его только несколько лет назад, когда узнала, что мой муж болен раком. Это было нелегкое время, на протяжении которого мы много чему научились и пережили много того, чего мы раньше не переживали. Когда мы сталкивались с мучительным выбором, мы вопияли к Господу: «Боже, где же Ты посреди всех этих испытаний?» Вдруг я подумала, что*

---

[162] Вспомните, что израильские цари должны были переписывать Писание от руки. Подобным образом, вы можете дословно переписывать в свой дневник целые главы или книги Библии. Применяя это метод, вы сможете неспешно «смаковать» тексты Писания.

мне нужно записывать все, что происходит, иначе я просто многое забуду. У меня могут остаться лишь смутные воспоминания обо всех подробностях тех дней, всех событиях и всех людях, с которыми мы встречались. Поэтому я стала все это записывать [163].

Фрэнсис Бэкон выразил эту мысль очень просто: «Если человек мало записывает, то у него, должно быть, прекрасная память» [164].

Когда мы ведем записи о Божьих делах в дневнике, главная польза от этого в том, что это побуждает нас к молитве и укрепляет нашу веру. Чарльз Сперджен, неустрашимый баптистский проповедник второй половины XIX века, писал: «Иногда, когда меня одолевали сомнения, я говорил себе: "Вот теперь я даже не смею сомневаться в существовании Бога, потому что я могу открыть свой дневник и сказать, что в такой-то день, переживая великую скорбь, я преклонил колени перед Богом и, когда я встал с колен, я получил ответ на свою молитву"» [165].

Стивен Чарнок, автор классического труда «Существование и качества Бога», говорил: «Как полезно вспоминать прежние Божьи благодеяния, когда мы просим Его ниспослать нам новые» [166]. Ведение дневника — один из лучших способов обновлять в памяти «прежние Божьи благодеяния».

[163]   LaVonne Neff, et al., ed., *Practical Christianity* (Wheaton, IL: Tyndale, 1987), 310.

[164]   Ralph L. Woods, ed., *A Treasury of the Familiar* (Chicago, IL: Peoples Book Club, 1945), 14.

[165]   C. H. Spurgeon, *Autobiography, Volume 1: The Early Years, 1834–1859*, rev. ed. in 2 vols., comp. Susannah Spurgeon and Joseph Harrald (Edinburgh, Scotland: The Banner of Truth Trust, 1962), 122.

[166]   Stephen Charnock, *The Existence and Attributes of God* (Robert Carter and

Средство запечатления и хранения духовного наследия

При помощи духовного дневника мы можем научить наших детей и внуков истина о Боге и передать это знание будущим поколениям (Втор. 6:4–7; 2 Тим. 1:5). Мы даже не можем себе представить, какое духовное влияние могут оказать наши записи на других людей в будущем. Мой отец умер неожиданно 20 августа 1985 года. Он был директором радиостанции в одном маленьком городке. Каждое утро он вел популярную тридцатиминутную программу, в которой звучала музыка и местные новости. На его столе я обнаружил духовные материалы, которые он использовал в подготовке к своему последнему эфиру. Он прочитал слова гимна Уильяма Купера «Бог действует таинственным образом». Рядом с этими словами, исполненными веры, я увидел инициалы своего отца и дату — 19 августа 1985 года. Это утешило и духовно укрепило меня больше, чем все, что мне говорили другие. После смерти отца его старая гитара стала для меня одним из самых дорогих предметов, которые у меня были. Он начал выступать по радио в то время, когда большая часть радиопередач выходила в прямом эфире. Мой отец вел популярную передачу, в которой он играл на гитаре и пел. В первый День Благодарения после смерти отца я просматривал футляр гитары и нашел там немало старых писем, датированных несколькими днями после моего рождения. Это были письма от радиослушателей, которые радовались вместе с моими родителями, что моя мать и я выжили после трудных родов. В своих письмах радиослушатели писали, что для них было очевидно, что отец гордился мной. Многие упоминали о том, что мой отец,

Brothers, 1853; reprint, Grand Rapids, MI: Baker, 1979), vol. 1, 277.

выступая в эфире, поблагодарил Господа за то, что я благополучно появился на свет. Я сидел на полу у открытого футляра, держа в руках фрагменты моего наследия. Из моих глаз текли слезы благодарности Господу за то, что осталось мне от отца. Было бы так чудесно, если бы сохранилось еще больше информации о духовном хождении моего отца перед Богом в виде подобных записей.

Кто из вас знает имена всех своих прадедушек и прабабушек? Я задавал этот вопрос нескольким сотням людей и обнаружил, что только один человек из десяти знает имена трех своих прадедушек и прабабушек. Сто лет назад, то есть всего лишь 1200 месяцев назад, эти люди, вероятно, вели такую же активную жизнь, как и вы сейчас. Всю свою жизнь эти люди трудились, приобретали имущество, но даже их прямые потомки, которые, казалось бы, должны интересоваться их жизнью, не знают их имен, не говоря уже о других сведениях о них. Вы будете на их месте лет через сто. Какой след вы оставите после себя? Кроме фотографий, которые вы делаете, и ваших записей, не останется ничего, помимо юридических документов и тому подобного, что бы напоминало о вашей жизни на этой земле. А поскольку технологии быстро устаревают, не факт, что ваши потомки когда-нибудь смогут получить доступ к вашим фотографиям. Поэтому записи, которые вы делаете, к примеру, в своем дневнике, могут быть самой долговечной частью того наследия, которое вы оставите после себя на земле.

Более того, вы можете оказать наибольшее влияние на своих детей и будущие поколения в духовном плане при помощи таких средств, как духовный дневник. Например, записали ли вы историю своего обращения к Богу?

Записываете ли вы самые яркие ответы Бога на ваши молитвы или переломные моменты вашей духовной жизни? Эти истории о действии Божьей благодати в жизни вашей семьи стоит сохранить. Возможно, у вас есть дети или внуки, которые сейчас далеки от Бога и не интересуются вашим свидетельством, но когда-нибудь могут обратиться к Господу, прочитав ваш дневник. Богу может быть угодно использовать ваше христоцентричное свидетельство о спасении или ваши размышления об Иисусе Христе и Писании, чтобы привлечь к Себе ваших внуков или правнуков, которых вы можете не застать или родители которых не будут учить их Божьим истинам. Это может произойти благодаря тому, что они заинтересуются чтением семейной хроники. Мне известны такие случаи.

Мы должны понимать, что письменное свидетельство о вере может стать капсулой с духовным посланием из прошлого для потомков. В Псалме 101:19 псалмопевец признает это, говоря о своем опыте хождения перед Богом: «Напишется о сем для рода последующего, и поколение грядущее восхвалит Господа».

Способ четко сформулировать уроки из Писания

Есть старая пословица: мысли сами распутываются, когда мы произносим их своими устами или записываем их на бумаге. Как выразился Фрэнсис Бэкон, чтение делает человека знающим, беседа — находчивым, а привычка записывать — точным. Я обнаружил, что, когда я записываю свои размышления о Господе, я помню их гораздо дольше. А если я ничего не записываю, к концу дня я мало что помню из своего общения с Богом.

Джордж Мюллер, великий молитвенник и муж веры, записывал в своем дневнике уроки, полученные в процессе чтения Писания, а также свои мысли о Боге:

> *22 июля 1838 г. В этот вечер я гулял по нашему садику, размышляя над Посланием к Евреям 13:8: «Иисус Христос вчера и сегодня и во веки Тот же». Когда я размышлял над Его неизменной любовью, силой и мудростью, молился о себе в свете этих истин и применял неизменную любовь, силу и мудрость Христа к моим духовным и физическим обстоятельствам, вдруг я вспомнил о такой насущной нужде, как создание приюта для сирот. Сразу же после этого я сказал себе: «По Своей любви и силе Христос обеспечил меня всем необходимым для содержания сирот, и в этой же неизменной любви и силе Он обеспечит меня всем необходимым и в будущем». Когда я осознал неизменность нашего дорогого Господа, моя душа наполнилась Божьей радостью. Где-то через минуту после этого мне принесли письмо, в котором был чек на двадцать фунтов стерлингов. В письме было написано: «Употребите эти деньги либо на нужды вашего общества по изучению Писания, либо на нужды вашего приюта для сирот, либо на любое другое предприятие во славу нашего Господа, на которое Он Сам вам укажет. Конечно, это небольшая сумма, но ее достаточно для того, чтобы восполнить нужды сегодняшнего дня, а Господь обычно посылает нам достаточно средств на каждый день. Завтрашний день сам позаботится о себе»* [167].

---

[167] Roger Steer, ed., *The George Müller Treasury* (Westchester, IL: Crossway, 1987), 55–56.

Я обнаружил, что, когда записываю в своем дневнике уроки, которые я получаю во время личного общения с Богом, они откладываются у меня в памяти и я могу использовать их позже в беседах, душепопечении, ободрении и свидетельстве (1 Пет. 3:15).

Способ следовать намеченным целям и приоритетам

Ведение записей — это хороший способ зафиксировать то, что мы хотим осуществить или на чем мы хотим сосредоточиться. Некоторые вкладывают в свой дневник список целей и приоритетов и просматривают его каждый день. Долгое время (пока не начал пользоваться электронными напоминаниями) я рисовал небольшой прямоугольник на каждой странице, на которой я начинал новую запись. Затем я разделял его на шесть маленьких квадратиков одной горизонтальной и двумя вертикальными чертами. Каждый квадратик представлял собой определенную духовную цель, которую я хотел достигать каждый день, например, ободрить в чем-то хотя бы одного человека. Перед тем, как сделать запись в дневнике о сегодняшнем дне, я открывал запись за предыдущий день и закрашивал те квадратики, которые соответствовали достигнутым духовным целям. Это не законничество, потому что меня к этому не вынуждали внутренние или внешние требования. Я хотел воспитать в себе эти привычки и черты характера, потому что я стремлюсь к цели — уподоблению Христу (Флп. 3:12–16).

Многие христиане сегодня знают о духовных целях, которые некогда поставил перед собой молодой Джонатан Эдвардс. Эти цели были основаны на решениях его души относительно распоряжения временем, умеренности в пище, возрастания в благодати, самоотречения и других семидесяти качествах, которые он стремился воспитать в себе [168]. Цели Эдвардса были гораздо серьезнее обещаний, которые люди дают себе на Новый год. Это были цели и приоритеты, к которым Эдвардс стремился всю свою жизнь. Однако немногие знают, что он оценивал свою жизнь в свете этих решений каждый день и записывал результаты в дневник. В канун Рождества 1722 года он написал: «У меня были особенно возвышенные мысли о превосходстве Христа и Его Царства. Сегодня я решил, что в конце каждого месяца буду считать, сколько раз я нарушил принятые решения, чтобы понять, возрастает ли количество нарушений или, наоборот, уменьшается. Я начну с сегодняшнего дня и буду оценивать свой еженедельный, ежемесячный, а затем и ежегодный прирост, начиная с первого дня года» [169]. Еще один пример, в котором Эдвардс оценивает свой рост, мы находим в записи от пятого января следующего года: «5 января. Почувствовал небольшое облегчения после долгого и страшного периода нежелания читать Писание. Результаты этой недели, к сожалению, были очень низкими, по сравнению с другими неделями. Почему же так? Из-за полного безразличия и лени. Если так будет продолжаться и дальше, я чувствую, что во мне начнут проявляться и другие грехи» [170]. Много лет спустя Эдвардс пришел к выводу, что он стал слишком сильно полагаться на себя в достижении поставленных целей. Однако он не передумал и не перестал выполнять Упражнения, связанные с его целями, особенно те,

---

[168] Jonathan Edwards, "Resolutions," in *Letters and Personal Writings*, vol. 16 of *The Works of Jonathan Edwards*, ed. George S. Claghorn (New Haven, Conn.: Yale University Press, 1998), 753–759. Available at Edwards.yale.edu.

[169] Edwards, "Resolutions," 760.

[170] Edwards, "Resolutions," 760.

которые предполагали ведение записей. В своей биографии Джонатана Эдвардса, которая была удостоена многих наград, Джордж Марсден писал: «В зрелом возрасте Эдвардс объяснял свою категоричность в молодости следующим образом: "Я слишком сильно надеялся на собственные силы, что, как выяснилось впоследствии, нанесло мне большой ущерб". Тем не менее он никогда не отказывался от своей веры в ценность строгого следования духовным упражнениям, что стало очевидным из книги "Жизнь Брейнерда", которую он написал позже»[171]. Тем не менее, выполняя Духовные Упражнения, Эдвардс стал больше искать силы Святого Духа и больше полагаться на нее, чтобы больше возрастать в уподоблении Христу.

Евангелист Джордж Уитфилд, стал одним из лидеров Первого Великого Пробуждения в Новом Свете, стал известен прежде всего своими неподражаемыми, пылкими проповедями. Как и дневник его современника Эдвардса, «Дневник» Уитфилда свидетельствует о том, что его духовная жизнь была не менее сильной, чем его влияние на мир. В начале книги Уитфилд приводит список критериев, по которым он каждый вечер оценивал свое состояние:

1. Была ли моя молитва пламенной?
2. Молился ли я в течение тех часов, которые я определил для молитвы?
3. Молился ли я с восклицанием каждый час?
4. Думал ли я о том, как мои разговоры или действия могут послужить к Божьей славе?
5. Благодарил ли я Бога каждый раз, когда получал удовольствие от чего-либо?

---

[171] George M. Marsden, *Jonathan Edwards: A Life* (New Haven and London: Yale University Press, 2003), 53.

6. Планировал ли я какие-нибудь дела на сегодня?

7. Проявлял ли я простоту и собранность во всем?

8. Был ли я ревностным к добрым делам и стремился ли совершать их при любом удобном случае?

9. Был ли я кротким, радостным и приветливым во всех своих словах и делах?

10. Был ли я гордым, надменным, нецеломудренным или завистливым по отношению к другим?

11. Проявлял ли я умеренность в питье и пище? Проявлял ли я благодарность? Проявлял ли я умеренность во сне?

12. Уделял ли я время, чтобы поблагодарить так, как сказано в правилах Уильяма?

13. Был ли усердным в учении?

14. Подумал ли я или сказал что-нибудь недоброе о ком-то?

15. Исповедал ли я все грехи? [172]

Каждая запись за определенный день в дневнике Уитфилда разделена на две части, и на каждую часть отведено по странице. На первой странице он перечисляет дела, которыми он занимался в течение дня, а затем оценивает их по приведенным выше пятнадцати вопросам. На второй странице, как утверждает Арнольд Дэллимор, «он записывал необычные дела, которыми он занимался в течение дня, но прежде всего он давал волю своему внутреннему человеку. Без всякого стеснения он описывал порывы своей души, исследовал свои мотивы, строго упрекал себя за

---

[172] Arnold Dallimore, George Whitefield: *The Life and Times of the Great Evangelist of the Eighteenth-Century Revival*, vol. 1 (Westchester, IL: Cornerstone, 1979), 80.

малейший проступок, а также внезапно начинал славить Господа»[173].

Как же такие люди, как Эдвардс и Уитфилд, достигли такого необычного преображения в образ Христа? Отчасти их секрет кроется в том, что они упражняли себя в ведении духовного дневника, чтобы оценивать свой прогресс в достижении поставленных целей и следовании установленным приоритетам. Не спешите оправдываться и говорить, что вы не сможете стать такими благочестивыми, как эти люди. Давайте сначала попробуем делать так, как они.

Вспомогательное средство для выполнения других Духовных Упражнений

В своем дневнике я описываю свой прогресс в выполнении всех Духовных Упражнений. К примеру, я рисовали закрашивал маленькие квадратики, чтобы следить за тем, как я упражняюсь в заучивании Писания наизусть. Я очень легко могу облениться и начать избегать заучивания Божьего Слова, что абсолютно необходимо для возрастания в святости (Пс. 118:11). Как только я возвращаюсь к привычке не заучивать Писание, мне становится трудно избавиться от нее. Однако, когда у меня есть ежедневный стимул в виде моего дневника, который напоминает мне, чтобы я «упражнял себя в благочестии», мне намного легче избавиться от этой привычки.

Плоть, наша естественная склонность ко греху, не содействует нашему духовному росту. Если «Духом» мы не стараемся умерщвлять дела плоти (Рим. 8:13), мы будем возрастать в благочестии очень медленно. Если мы не будем

---

173   Дэллимор, 80–81.

искать практических способов бороться со свойственной нам духовной ленью и молиться о силе Святого Духа в этой борьбе, мы не сможем назидать себя в вере (Иуд. 20), но вместо этого будем стремиться к духовной энтропии.

Морис Робертс подчеркнул эту мысль в статье «Куда исчезли святые?»

> *Мы не достигнем заметного роста в христианской святости, если не будем бороться с нашей естественной нерасположенностью к тайным духовным упражнениям. Наши праотцы вели искренние дневники, в которых они описывали борения своей души, Томас Шеперд, отец-пилигрим и основатель Гарварда, писал в своих личных записях: «Иногда я нахожусь в таком состоянии, что я скорее готов умереть, чем молиться…». Так происходит со всеми нами. Но не всем присуща такая искренность. Такие люди достигали высот духовности только благодаря тому, что трудились в поту и слезах, развивая в себе определенные душевные качества. Мы также должны упражнять «себя в благочестии» (1 Тим. 4:7) [174].*

Миссионер Джим Эллиот обращался к своему дневнику, ныне ставшему известным, чтобы подпитывать своё желание выполнять Духовные Упражнения, когда оно угасало. 20 ноября 1955 года, меньше чем за два месяца до того, как его убили индейцы в Эквадоре, он написал:

> *Еще сегодня я выборочно читал книгу «За пределами» и считаю необходимым осуществить кое-что из прочитанного*

---

[174] Maurice Roberts, "Where Have the Saints Gone?" *The Banner of Truth*, October 1988, 4.

в моем личном общении с Богом и молитвенной жизни. Когда я начал изучать испанский, я оставил чтение английской Библии, тем самым нарушив свой принцип чтения Библии, и я почему-то никак не могу восстановить его. Переводов и ежедневной подготовки к библейским занятиям недостаточно для укрепления моей души. Когда я был не женат, я помню, что мне было трудно молиться, потому что мои мысли все время переключались на Бэтти. А сейчас мне очень трудно вставать с кровати по утрам. Я уже ставил перед собой конкретные цели в этой области раньше, но никогда не придерживался их. Моя цель на завтра: в 6 утра я должен быть одет и перед завтраком изучать Послания. Помоги мне в этом, Господь [175].

Очевидно, мысли о том, что необходимо возродить свое общение с Богом, посещали Эллиота до этого не раз. Но когда он изложил эти мысли на бумаге, он направил их в нужное русло, как воду в турбину. Его желание, которое раньше было переменчивым, с Божьей помощью обрело силу.

Когда я описываю чувство радости и свободы, которое я переживаю во время выполнения Духовных Упражнений, мои записи также помогают мне продолжать выполнять их. Просматривая свой дневник, я перечитываю свои записи. К примеру, я испытывал невыразимый восторг от того, что я имел возможность проповедовать Евангелие старикам в кенийской саванне, которые никогда не слышали о Христе. Я проповедовал бразильским подросткам, которые под влиянием моей проповеди отрекались от спиритизма.

---

[175]   Elisabeth Elliot, ed., *The Journals of Jim Elliot* (Old Tappan, NJ: Fleming H. Revell, 1978), 474.

Когда я читаю об этом, я еще больше укрепляюсь в решении всячески участвовать в благовестии в рамках международных миссионерских проектов. Когда я читаю о чувстве победы, которое я испытал в день поста, во мне возникает непреодолимое желание провести еще один день в посте, чтобы испытать такое духовное насыщение.

Христианскую жизнь можно сравнить с живым существом. Можно сказать, что упражнение в чтении Библии — это его пища, а молитва — это его дыхание. А ведение духовного дневника многие христиане сравнили бы с сердцем этого организма. Оно выполняет жизненно важную функцию — обеспечивает ток крови по кровеносным сосудам, то есть помогает нам выполнять все другие Духовные Упражнения, которые с ним связаны.

Способы ведения записей

Как же вести дневник? «То, как вы ведете свой дневник, — это правильно <...> Не существует правил ведения дневника!»[176] Иначе говоря, ведите дневник таким способом, который приносит вам больше всего назидания и пользы для возрастания в благочестии. Вы сами определяете, какую информацию и в каком виде вы будете записывать в свой дневник, а также насколько подробно и часто вы будете его вести. Кто-то ведет свой дневник на компьютере и делает записи два или три раза в неделю, лишь кратко описывая свои размышления над Писанием, а другой ученик Христа записывает длинные молитвы авторучкой в блокноте с кожаным переплетом почти каждый день. Оба способа

---

[176] Ronald Klug, *How to Keep a Spiritual Journal* (Nashville, TN: Thomas Nelson, 1982), 58.

хороши, если они помогают человеку приблизиться к Богу и по-библейски возрастать в уподоблении Христу.

Сегодня я зашел в местный магазин христианской литературы и заметил там с десяток книг, в которых можно вести дневник. Это были книги в тканевом и мягком переплете. В некоторых из них на каждой странице были записаны мысли о Боге и вдохновляющие цитаты. А в других были просто чистые страницы с заголовками — «Молитвенные нужды», «Уроки из Писания» и так далее. В больших книжных магазинах продается много разных ежедневников в красивом переплете с позолоченными краями и пустыми страницами, а также нетрадиционные ежедневники в современном стиле. Все эти ежедневники прекрасно подходят для того, чтобы вести в них дневник.

Для многих верующих практичнее всего использовать простые блокноты или обычные листы офисной бумаги. Некоторые предпочитают вести дневник в тетрадях со спиральным переплетом, но я считаю, что удобнее использовать отдельные листы бумаги. Во-первых, обычная бумага дешевле, а во-вторых, вы не ограничены пространством, которое отводится для записей в ежедневниках с готовым переплетом. Тем не менее некоторым приятнее вести дневник в красивом ежедневнике: это побуждает их регулярно выполнять это Упражнение. (Есть люди, которые, наоборот, утрачивают интерес к такому дневнику: они начинают чувствовать, что их записи выглядят весьма буднично в таком прекрасном обрамлении. Они начинают делать записи все реже и вскоре перестают это делать вообще.)

Я также предпочитаю делать записи на отдельных листах, потому что это удобнее. Несмотря на то, что носить с собой книгу или тетрадь со спиралью удобно, еще удобнее носить с собой всего лишь пару листов бумаги. Я веду свой дневник на листах бумаги размером примерно 20 х 15 см[177]. Они легко помещаются в Библию, любой портфель, книгу и почти все, что я ношу с собой. Благодаря тому, что эти листы бумаги у меня всегда под рукой, я могу записать любое наблюдение, важную мысль, разговор, цитату и так далее. Есть еще одно преимущество простой бумаги по сравнению с ежедневником в переплете или блокнотом на спирали: я могу в любом месте вставить в свой дневник новые страницы, копии фотографий, распечатки и многое другое. Кроме того, используя этот метод, я могу печатать свои записи на компьютере и распечатывать отдельные страницы, если это необходимо. Но несмотря на все сказанное, я еще раз хочу повторить высказывание, которое я приводил выше: «То, как вы ведете свой дневник, — это правильно». Делайте так, как вам удобно.

Формат ведения дневника зависит от выбора средств, при помощи которых вы излагаете свои мысли на бумаге. Мне нравится печатать свои записи в текстовом редакторе, потому что я печатаю быстрее, чем пишу, и потому, что такой текст легче читать. Однако мне часто приходиться вести записи в ситуациях, когда я не могу печатать на электронном устройстве или предпочитаю этого не делать. В таких случаях мне нравится писать хорошей перьевой ручкой и чернилами из бутылки[178]. Некоторые серьезно считают, что дневник нужно вести только от руки, потому это более непринужденный

---

[177] Это половина стандартного листа бумаги размером 20 х 30 см. Таким образом, мне не нужно покупать специальную бумагу для дневника.

[178] См. главу «Ведение дневника перьевой ручкой» в моей книге: Дональд Уитни. *Живите в простоте. Духовная практика для людей, страдающих от чрезмерных нагрузок.* Киев: Книгоноша, 2009.

и экспрессивный способ изложения мыслей. Хотя я очень люблю писать перьевыми ручками и делаю это каждый день, я считаю, что печатать текст в электронном виде гораздо быстрее и во многом удобнее, чем писать от руки, поэтому я чаще всего склоняюсь именно к такому способу ведения дневника.

Несомненно, с развитием технологий расширяются и возможности ведения записей. Даже сейчас Интернет и персональные электронные устройства предоставляют нам огромное количество возможностей для ведения дневника. Если некоторые из них помогают вам возрастать в благодати и благочестии, используйте их. А если они вам не подходят, вы не должны использовать их только потому, что их используют все остальные. Несмотря на стремительное развитие технологий и появление новых возможностей, всегда будет уместно вести дневник при помощи простейших инструментов — ручки и бумаги.

Начинайте каждую запись с одного стиха или идеи, которые вам больше всего запомнились во время чтения Библии. Поразмышляйте над этим стихом или идеей несколько минут, а затем запишите свои мысли и наблюдения. После этого вы можете описать недавние события вашей жизни, а также ваши чувства по поводу их и реакцию на них. Вы также можете кратко записать свою молитву, описать свою радость, успехи и неудачи, цитаты и так далее.

Не думайте, что, если вы ведете «официальный дневник» (такого понятия не существует!), вам нужно писать определенное количество строк каждый день или определенное количество дней в неделю. Когда я без особой на то причины перестаю регулярно вести свой дневник, я приучаю себя записывать хотя бы одно предложение в день. Но это одно предложение почему-то всегда перерастает в целый абзац или страницу, потому что труднее всего для меня начать. Но когда я начинаю писать, я рад, что это сделал, и обычно мне нетрудно написать несколько дополнительных строк или даже намного больше.

Не стремитесь наверстать упущенное. Зачастую нам требуется слишком много времени для того, чтобы описать важные события нашей жизни — все то, о чем мы бы хотели написать в своем дневнике. Эти события длятся настолько долго и содержат в себе столько деталей, что описать их в дневнике кажется обременительным занятием. Такое Духовное Упражнение, как ведение дневника, — это не бремя от Бога, Который требует, чтобы мы описывали всю свою жизнь. Это средство, при помощи которого Бог желает благословить вас, даровать вам радость и возрастить вас в благочестии.

ДОПОЛНИТЕЛЬНОЕ ПРИМЕНЕНИЕ

Как и любое другое Упражнение, ведение дневника может приносить плоды на любом уровне

Ведение дневника будет приносить вам пользу, как бы вы ни писали, ни изъяснялись и ни излагали свои мысли. Независимо от того, делаете ли вы записи каждый день или нет, пишете ли вы много или мало, парит ли ваша душа также, как душа псалмопевца, или вы с трудом переходите от мысли к мысли, ведение дневника в любом случае поможет вам возрастать в благодати.

*Как и в случае с другими Духовными Упражнениями,
ведение дневника требует настойчивости, когда
мы проходим период «духовной пустыни»*

Оченьскороисчезнетэффектновизныи веведниедневника станетдлянасобыденным.Будутдни,когдавыбудетепереживать«творческийкризис»в духовнойсфере.Иногдавы небудетеизвлекатьникакихпримечательныхуроковизчтения Писания или личного общения с Богом. С одной стороны,вполненормально,что некоторыедниывыбудетеписатьмалоиливообщенебудетеписатьничегодолгоевремя, но, с другой стороны, мы должны помнить, что рано или поздновамнужнобудетпреодолетьэтопрепятствие,чтобы ощутитьвседолгосрочныепреимущества,связанныес ведениемдневника.Иначеговоря,нестоитбросатьэтозанятие толькопотому,чтопрошелпервоначальныйэнтузиазм.Так и должно было случиться. Будьте к этому готовы. Но при этом также будьте готовы проявить настойчивость[179].

*Как и в случае со всеми Духовными Упражнениями, сначала
вы должны начать вести дневник, чтобы ощутить
всю ценность этого занятия на личном опыте.*

В XIX веке жил ирландец по имени Томас Хьюстон, который былпасторомпресвитерианскойцерквив городе Нокбрекен в графстве Даун (недалеко от современного Белфаста) на протяжении 54 лет. В начале своего служенияв этойцерквионначалвестидневник,которыйназвал «ДневникБожьегодействияи провиденияв жизнисамого

---

[179] Примерный список тем для дневника можно найти в главе «Простота и ваш дневник» следующей книги: Дональд Уитни. Живите в простоте. Духовная практика для людей, страдающих от чрезмерных нагрузок. Киев: Книгоноша, 2009.

недостойногогрешника».8апреля1828годаХьюстонна-
писалв дневникео том,чтопереживалвнутреннююборьбу,
котораяв конечномитогеподтолкнулаегок тому,чтобы
начать упражняться в ведении дневника:

>> *Долгое время у меня было желание записывать все случаи про-
видения и все дела небесного Отца в моей жизни, но я пренебре-
гал этим из-за того, что у меня не было для этого подходящей
возможности, а также (боюсь, это была главная причина) из-за
духовной лени. Когда я впервые начал задумываться об этом,
я начал представлять всевозможные ложные причины, чтобы
перестать вести дневник. Мне казалось, что это приведет
к духовной гордости, ведь это заставляет человека мерить
себя собственными стандартами. Поскольку очень трудно отличить действие Духа от естественных проявлений
нашей необновленной совести или уловок обольстителя,
мы можем выносить неправильные суждения. Эти и другие
причины долгое время не давали мне твердо решить вести
дневник. Со временем мне удалось полностью преодолеть
эти препятствия, и сейчас я убежден, что подобные записи
могут быть очень полезными для верующего: это повод для
молитвы и исследования самих себя, а также напоминание
о Божьей верности [180].*

Возможно,читаяо внутреннихборенияхХьюстона,выви-
дите в этой истории себя. Подобно тому, как миллионы
людейхотятначатьгулять,бегать,кататьсянавелосипеде
илизаниматьсядругимифизическимиупражнениями,но

---

[180]   Edward Donnelly, ed., "The Diary of Thomas Houston of Knockbracken," *The
Banner of Truth*, август-сентябрь 1989 г., 11–12.

так и не начинают этого делать, есть много людей, которые хотят начать упражнять себя в ведении духовного дневника, но не решаются это сделать. Эта идея вас привлекает, и вы убеждены в том, что это полезное занятие, но вы не доходите до того, чтобы начать излагать свои мысли на бумаге или печатать их на компьютере. Нам всегда не хватает на это времени, и нам не представляется «подходящая возможность», как выразился Хьюстон. Однако в глубине души мы знаем, что главной причиной этого, похоже, является та самая «духовная лень», которая так сильно досаждала ирландскому пастору Хьюстону. Рассматривайте духовный дневник не только как «напоминание о Божьей верности» в вашей жизни, но прежде всего, как средство «упражнения в благочестии».

ГЛАВА 12

Возрастание в учении для укрепления в благочестии

Мы не должны отрицать тот факт, что многие люди сегодня совершенно безразличны к тому, как они проводят свою жизнь. Такое отношение проникает и в церковь. У нас есть свобода и деньги, мы живем в относительной роскоши. В результате мы разучились дисциплинировать себя. Как бы звучало соло на скрипке, если бы струны на ней болтались и не были туго натянуты, то есть не были «дисциплинированы»?

Эйден Тозер

Околодесятилетназадя совершалпасторскоеслужение в церквиблизгородка, в котором было два небольших университета. Один из них был главным образовательным учреждением самой крупной евангелической деноминации в этом штате. Среди выпускников этого университета, который был известен тем, что готовил ревностных служителей для Царства Христа, было больше всего тех, кто трудился на миссионерском поприще, по сравнению с другими учебными заведениями этой деноминации. Однако от студентов, которые изучали религию, я часто слышал недовольные отзывы о некоторых преподавателях этого факультета, которым недоставало духовной ревности. С точки зрения большинства студентов, это были люди, у которых великий богословский ум сочетался с очень скромным и слабым рвением в служении Богу. Мы все слышали учителей и проповедников, которые могли основать даже богословский клуб для высокоинтеллектуальных людей «Менса», но у которых было мало ревности в служении, поэтому их вера казалась такой же сухой и безжизненной, как воздух внутри баскетбольного мяча. Но вера Господа Иисуса Христа и даже апостола Павла была не такой, не правда ли?

В той церкви, в которой я был пастором, был один дьякон, который мне как-то сказал: «Мне никогда не нравилось учиться, и я не хочу учиться, когда прихожу в церковь». Но ведь это не похоже на Христа, не так ли?

Почему мы думаем, что нам нужно выбирать одно или другое? Почему многие христиане живут так, будто им говорят: «Изберите себе ныне, кому служить — учености или преданному служению Богу»? Я считаю, что, чем более мы будем уподобляться Христу, тем более мы будем наполнять как свой разум, так и свое сердце, излучая как свет, так и тепло.

Однако, если нам все-таки придется выбирать между одним и вторым, мы должны выбрать пламенное сердце. Если истина только в уме человека, но не в его сердце (то есть он знает истину, но не верит в нее и не пережил на себе ее силу), то он не прав перед Богом. Как и фарисеи, мы будем еще более виновными перед Богом, если мы знаем истину, но при этом остаемся неверующими. Но если мы поняли Евангелие и правильно отреагировали на него в сердце, в конце концов мы обретем спасение, даже если наши доктринальные взгляды по другим вопросам являются поверхностными или неточными. Я бы не только выбрал этот вариант для себя, но и предпочел бы, чтобы такими были те, кому я служу. Гораздо труднее вывести корабль из гавани, чем направить сбившийся с курса корабль в море.

Но я желаю, чтобы у нас было и то, и другое — чтобы мы вышли из гавани и плыли в правильном направлении. Христиане должны осознать, что как огонь не может пылать без топлива, так и сердца не могут пылать при пустой голове. Мы не должны уподобляться тем, кого Библия осуждает, говоря, что они «имеют ревность по Боге, но не по рассуждению».

Неужели это значит, что мы должны быть очень умными, чтобы стать христианами? Конечно, нет. Это значит, что, если мы хотим быть такими, как Христос, мы должны хотеть учиться. Когда Ему было всего двенадцать лет, Его нашли в храме «сидящего посреди учителей, слушающего их и спрашивающего их; все слушавшие Его дивились разуму и ответам Его» (Лк. 2:46—47). Неужели это значит, что, если мы хотим быть первоклассными христианами, у нас дома на стене обязательно должно висеть несколько дипломов? Конечно же, нет. Это значит, что мы должны упражнять себя в том, чтобы целенаправленно учиться, как Христос. Он настолько хорошо выучил Писание самостоятельно, помимо формального обучения у раввинов, что Он приводил противников в изумление: «Как Он знает Писания, не учившись?» (Ин. 7:15).

Итак, исследование новозаветного термина «ученик» показывает, что оно означает не только «последователь Христа», но и «тот, кто обучается у Христа». А вы обучаетесь у Христа? Чтобы следовать за Христом и все больше уподобляться Ему, мы должны упражнять себя в том, чтобы учиться у Него.

ЖЕЛАНИЕ ОБУЧАТЬСЯ — ЭТО ПРИЗНАК МУДРОСТИ

Как говорится в книге Библии, которая была написана специально для того, чтобы дать нам мудрость, одной из характеристик мудрого человека является желание обучаться. В Притчах 9:9 мы читаем: «Дай наставление мудрому, и он будет еще мудрее; научи правдивого, и он приумножит знание». Мудрые и правдивые люди всегда стремятся обрести больше мудрости и знания. А те, кто не способен к обучению или гордится своим знанием, только показывают узость своих взглядов. Поистине мудрые люди всегда смиренны, потому что они осознают, что они еще многого не знают. Этот стих говорит, что мудрые и правдивые люди открыты к научению. Они могут учиться у кого угодно, независимо от возраста или происхождения человека. Дайте такому человеку наставление, «и он будет еще мудрее… и приумножит знание». Мудрые с библейской точки зрения люди постоянно стремятся к познанию.

В Притчах 10:14 говорится: «Мудрые сберегают знание». Здесь употребляется еврейское слово, которое означает «сберегать, как сокровище». Мудрые люди любят учиться, потому что понимают, что знание подобно драгоценному сокровищу.

Я познакомился с человеком, который сберегал знание, несмотря на то, что в его окружении знание было такой же редкостью, как бриллианты. Во время миссионерской поездки в Кению, о которой я упомянул во второй главе, моим переводчиком был школьный преподаватель по имени Бернард, которому было чуть больше тридцати лет. Он жил на складе магазина, который находился в одном из четырех зданий в местности Килема. Каждый день Бернарду приходилось идти еще глубже в саванну и проходить около десяти километров, чтобы добраться до глинобитного здания начальной школы, в которой он преподавал. Затем он возвращался домой в свою «комнатушку» кубической формы размером 2,5 х 2,5 х 2,5 метра, в которой жил со своей женой и грудным ребенком. Возле одной стены стояла односпальная кровать. Перед ней посреди комнаты была натянута простынь, которая отделяла «спальню» от остальной части комнаты. Во второй части комнаты стоял только маленький стол с одним стулом. Но больше всего меня заинтересовало то, что я увидел на цементных стенах комнаты. На каждой стене висели страницы из старых журналов или картинки из старых календарей. У Бернарда не было ничего, кроме этого, что бы он мог читать. Хотя он был христианином уже многие годы, он был слишком беден, чтобы купить Библию. Единственные книги, которые когда-нибудь попадали в его руки, — это несколько старых подержанных учебников, которые оставались в школе. Когда Бернард ходил по комнате, держа своего сына на руках и укачивая его, он в очередной раз прочитывал текст из этих журналов. Когда он ел за столом или лежал на кровати, он смотрел на фотографии, на которых были изображены люди из других стран и далекие места, и размышлял о них.

Стоя в этой бетонной комнате и глядя на эти выцветшие фотографии и пожелтевшие журнальные страницы, я понял, что передо мной стоит мудрый человек. Бернард понимает, что знание действительно подобно редкому сокровищу. Хотя найти его труднее, чем золото, этот человек сберег столько, сколько смог. Такое отношение к знанию будет у всех, кто поистине мудр, ибо «мудрые сберегают знание». (Между прочим, позже некоторые члены нашей церкви посылали Бернарду коробки книг и начали выписывать для него журналы.)

Обратите внимание на то, что говорится в Притчах 18:15: «Сердце разумного приобретает знание, и ухо мудрых ищет знания». Мудрые люди не только «приобретают» знание, но и «ищут» его. Они желают учиться и упражняются в том, чтобы не упускать любую возможность приобрести знание.

В Притчах есть еще один стих, который заслуживает нашего внимания. В стихе 12 главы 23 мы находим повеление: «Приложи сердце твое к учению и уши твои — к умным словам». Независимо от того, насколько вы уже наставлены, сколько вы уже знаете, особенно о Боге, Христе, Библии, христианской жизни, и насколько вы умны, вам все равно нужно приложить свое сердце к учению, потому что вы знаете далеко не все.

Учение — это Упражнение всей вашей жизни; это Духовное Упражнение, которое характеризует мудрого человека. Сэмюэл Хопкинс, один из ранних биографов Джонатана Эдвардса, сказал, что, когда он познакомился с Эдвардсом, он был глубоко впечатлен тем, что человек, который был уже двадцать лет в служении, сохранил «редкую жажду знаний, которые он готов был приобретать любой ценой и любым трудом. Он прочитывал все книги, которые попадались ему под руку, особенно богословские труды, из которых он надеялся почерпнуть новые знания»[181]. Несомненно, у Эдвардса был превосходный ум, но он никогда не переставал прилагать его к учению. Именно благодаря этому качеству в сочетании с огромной ревностностью в поклонении Богу он стал мудрым и великим в Божьем Царстве.

Постоянное стремление к тому, чтобы учиться, — это признак всех истинно мудрых людей.

ИСПОЛНЕНИЕ НАИБОЛЬШЕЙ ЗАПОВЕДИ

В Евангелии от Марка 12:29–30, где говорится о наибольшей Божьей заповеди, Иисус учит нас: «Возлюби Господа Бога твоего... всем разумением твоим». Прежде всего Бог ожидает от вас любви. И Он хочет, чтобы, среди всего прочего, мы проявляли Свою любовь к Нему и послушание Ему в благочестивом стремлении к познанию. Мы прославляем Бога, когда применяем ум, который Он нам дал, чтобы познавать Его Самого, Его пути, Его Слово и Его мир.

К сожалению, у многих христиан учение не ассоциируется с любовью к Богу. И вообще мы живем в весьма антиинтеллектуальную эпоху. Возможно, это прозвучит странно, ведь сегодня нам доступен неограниченный объем информации из Интернета, у нас появляется все больше и больше

---

[181] Samuel Hopkins, "The Life and Character of the Late Reverend Mr. Jonathan Edwards," in *Jonathan Edwards: A Profile*, ed. David Levin (New York: Hill and Wang, 1969), 40.

возможностей для дистанционного обучения, практически каждый день возникают новые технологии и присуждается больше ученых степеней, чем когда-либо ранее. Возможно, именно поэтому многие люди (в том числе и христиане) отвергают все, что связано с интеллектуальным развитием. Умных детей могут презирать только потому, что они умные. Их принято называть «заучками» и уделять все внимание «слабеньким ученикам». В нашем обществе физическое развитие ценится гораздо больше, чем умственное. Никто не продает плакаты с фотографиями выдающихся инженеров-программистов или архитекторов, а тем более ведущих богословов. Зато мы продаем плакаты с футболистами, среди которых есть те, кто может вытворять чудеса с мячом, но при этом не может оставить на нем свой автограф или прочитать надпись на нем. Некоторых современных политиков считают слишком умными, чтобы избирать их на руководящие должности, как будто мы не хотим, чтобы страной управляли мыслящие люди. Мы хотим, чтобы в церкви все было «к месту», а доктринальное учение и богословие нам кажется неуместным.

Безусловно, есть нездоровый интеллектуализм, но выступать против интеллектуализма в принципе неправильно. Мы должны любить Бога своим разумением не меньше, чем своим сердцем, душой и силой. Как все это увязать вместе? Современный христианский мыслитель Роберт Спрол писал: «Бог сотворил нас в гармонии сердца и разума, мыслей и действий <...> Чем больше мы познаем Его, тем сильнее мы можем любить Его. А чем больше мы любим Его, тем больше мы стремимся познавать Его. Если мы хотим, чтобы Он занимал главное место в нашем сердце, Он должен быть на первом месте в нашем разуме. Религиозное мышление — это основа религиозных чувств и послушания в действии»[182].

Если мы не будем любить Бога и при этом возрастать в познании Его, мы будем, как самаряне, о которых Христос сказал: «Вы не знаете, чему кланяетесь» (Ин. 4:22).

НАМ НЕОБХОДИМО УЧИТЬСЯ ДЛЯ ВОЗРАСТАНИЯ В БЛАГОЧЕСТИИ

Христианская жизнь начинается с познания — познания Евангелия. Невозможно примириться с Богом, о Котором вы ничего не знаете. Невозможно примириться с Богом, если вы не узнаете о Нем и о Его вести этому миру, то есть Евангелии. Чтобы познать Бога, люди должны узнать, что существует Бог (см. Евр. 11:6), что они нарушили Его закон и что им нужно примириться с Ним. Они должны узнать, что Божий Сын Иисус Христос пришел для того, чтобы совершить это примирение посредством Своей безгрешной жизни и Своей смерти на кресте вместо грешников. Они должны узнать о том, что Он воскрес в теле, а также о том, что им нужно покаяться в своих грехах и поверить в Христа и принять Его жертву. Ведь, если они не узнают об этом, «как веровать в Того, о Ком не слыхали?» (Рим. 10:14).

Вы не сможете поверить в Христа, если вы не слышали историю о Нем и вообще не понимаете, в чем ее смысл. Вы не сможете любить Христа, если вы не знаете о Нем. Подобно тому, как невозможно верить в Того и любить Того, о Ком

---

[182]   R. C. Sproul, "Burning Hearts Are Not Nourished by Empty Heads," *Christianity Today*, September 3, 1982, 100.

мы ничего не знаем, невозможно возрастать в вере в Него и любви к Нему, пока мы не узнаем о Нем больше. Мы не сильно возрастем в благочестии, если не будем достаточно знать о том, что значит быть благочестивым. Мы не будем уподобляться Христу, если не будем больше познавать Его.

Британский проповедник Мартин Ллойд-Джонс напоминает нам: «Не стоит забывать, что библейская весть главным образом взывает к нашему разуму, то есть разумению»[183]. Нам необходимо сначала понять Божью истину, чтобы применять ее. Божье Слово должно сначала пройти через наш разум, если мы хотим, чтобы оно изменило наше сердце и жизнь. Именно поэтому апостол Павел говорил: «Не сообразуйтесь с веком сим, но преобразуйтесь обновлением ума вашего» (Рим. 12:2, курсив автора). Преображение сердца и жизни, то есть возрастание в благочестии, благодаря которому мы уподобляемся Христу, требует обновления ума, которое невозможно без познания.

Представьте, что кто-то дал вам книгу о молитве и сказал: «Эта книга изменит вашу жизнь!» Но когда вы открыли книгу, вы поняли, что не можете прочитать ее, потому что она написана на незнакомом языке. Возможно, вы держите в руках лучшую книгу о молитве из всех когда-либо написанных, но, если вы не понимаете ее содержания, она не принесет вам пользы. Без знания этого языка вы не сможете прочитать о молитве и узнать из этой книги то, что поможет вам возрасти в уподоблении Христу. Однако не важно, по какой причине вы не возрастаете в благочестии — из-за того, что не можете прочитать книгу о молитве, или из-за

183   John Blanchard, comp., *Gathered Gold: A Treasury of Quotations for Christians* (Welwyn, Hertfordshire, England: Evangelical Press, 1984), 203.

того, что вы ее просто не читаете. Если вы не упражняете себя в том, чтобы постоянно учиться, вы не будете возрастать в благочестии в обоих случаях.

Мы не можем возрастать в познании какой-либо библейской доктрины и испытывать благословения от этого, если мы не знаем этой доктрины. Джонатан Эдвардс сказал об этом прямо: «Невозможно осознать истинность или достоинство какого-либо евангельского учения, не зная, что это за учение. Человек не может осознать чудное совершенство и любовь Христа в том, что Он совершил ради грешников, если его разум сначала не узнает об этом»[184].

Кто-то может регулярно посещать церковные богослужения, ревностно служить Господу в церкви и за ее пределами, щедро жертвовать на нужды Царства Христова и стремится поступать по-христиански во всех сферах своей жизни, но при этом на протяжении долгих лет лишь незначительно возрастает в благочестии. Как же такое может быть в жизни тех, кто любит Иисуса Христа и в ком обитает Святой Божий Дух? Чаще всего это происходит потому, что эти люди тратят слишком мало умственных сил на то, чтобы приобрести самое важное знание — знание о Боге и Его делах. Невозможно возрасти в уподоблении Христу, не узнав о том, что это такое, как это культивировать, зачем это нужно, к чему это приводит и тому подобное. Невозможно испытать наслаждение от приближения ко Христу и уподобления Ему, не познакомившись прежде с этими истинами. Эдвардс выразился по этому поводу кратко и ясно: «Никто не может ощутить

---

[184] Jonathan Edwards, "The Importance and Advantage of a Thorough Knowledge of Divine Truth" in *Sermons and Discourses, 1739–1742*, vol. 22 of *The Works of Jonathan Edwards*, ed. Harry S. Stout (New Haven, Conn.: Yale University Press, 2003), 789. Доступно на сайте: Edwards.yale.edu.

сладостность и совершенство истин о Боге, если он сначала не узнает, что такие истины существуют»[185]. Если вы мало знаете о благочестии, вы мало будете в нем возрастать. А чтобы узнать о благочестии больше, мы должны упражняться в учении.

УЧИТЬСЯ НУЖНО ПОСТОЯННО, А НЕ ОТ СЛУЧАЯ К СЛУЧАЮ

Как комок пыли становится больше, когда он долго катается по полу под кроватью, так и ум человека приобретает хотя бы немного знания за то время, пока человек живет на этой земле. Но мы не должны делать вывод, что мы стали поистине мудрыми и только потому, что мы состарились. В Книге Иова 32:9 сказано: «Немноголетние только мудры». Наверняка вы слышали и выражение «старый дурак». Возраст и опыт не влияют на вашу духовную зрелость. Возрастание в уподоблении Христу не происходит случайно или автоматически по мере того, как мы взрослеем. Как говорится в 1 Тимофею 4:7, благочестие требует целенаправленного труда.

Те, кто не стремится учиться, приобретают духовное и библейское знание только от случая к случаю или при удобной возможности. Иногда они слышат какой-нибудь библейский факт или принцип от других людей и применяют его с пользой для себя. Иногда у них ненадолго возникает интерес к какой-нибудь теме. Но это не приводит к благочестию. Если мы упражняемся в учении, мы начинаем учиться не от случая к случаю, а целенаправленно.

---

[185]   Edwards, "The Importance and Advantage of a Thorough Knowledge of Divine Truth," 789.

Конечно, учиться от случая к случаю и при удобной возможности легче, чем учиться целенаправленно. Мы рождаемся с такой склонностью. А телевидение значительно способствует развитию этой склонности в нас. Сесть и посмотреть телевизор или видеоролик намного легче, чем выбрать хорошую книгу, прочитать текст, представить прочитанное в своем воображении и связать это со своей жизнью. Телевидение решает за вас, что именно вам преподнести, что вам услышать, какие образы вам представить и как оно должно влиять на вашу жизнь, если об этом вообще уместно говорить. По сравнению с телевидением, чтение книг требует больших умственных усилий от современного человека. Увы, для того, чтобы целенаправленно учиться, требуется дисциплина.

Без дисциплины, которая помогает нам учиться целенаправленно, мы не только не сможем научиться тому, что поможет нам возрастать в благочестии, но и усвоим то, что принесет нам мало пользы или вообще окажется бесполезным. Например, невозможно выучить названия книг Библии, не прилагая к этому усилий. Конечно, большинство из тех, кто посещает церковь уже некоторое время, могут назвать много книг Библии, но в произвольном порядке. Все-таки большинство членов церкви не может даже перечислить названия богодухновенных книг, не говоря уже о том, чтобы рассказать об их содержании. Однако, они и их дети наверняка могли бы назвать столько марок пива, вина и виски, сколько они могут назвать книг из Библии. Разве они целенаправленно запоминали все эти названия? Вряд ли. Многие христиане, которые ни разу не пробовали ни одного из этих напитков, могут не только назвать многие из них, но и вспомнить, где их производят или другие подробности о них. Почему? Они запомнили эти названия чисто случайно, потому что им было легко запомнить это из рекламы. Если вы сомневаетесь в этом, проделайте этот эксперимент среди членов вашей церковной малой группы. Спросите об этом своих маленьких детей, которые предположительно никогда не пробовали алкогольные напитки. А вы сами бы вспомнили эти названия? Если мы запоминаем что-либо случайно, такое знание не приводит к благочестию. Мы должны прилагать сознательные и целенаправленные усилия для того, чтобы познавать Бога, если мы хотим уподобляться Христу.

Говоря о детях, хотелось бы отметить, что в книге «Это должен знать каждый христианин: как бороться с дефицитом христианских знаний в нашем поколении» Джо Льюис и Гордон Палмер показывают, что дети не умеют целенаправленно усваивать информацию потому, что этого не делали их родители:

> *Нынешняя молодежь не любит читать. Это неудивительно, потому что их родители не говорят о том, как это важно. В одном христианском университете около двадцати процентов опрошенных студентов сказали, что их родители никогда не читали им книги. Американцы мало читают отчасти потому, что они сильно ориентированы на приобретение профессиональных навыков: их родители не читают, потому что чтение им кажется непрактичным. Их больше волнует вопрос: «Сможет ли мой ребенок научиться работать на компьютере и устроиться на работу?» Это показывает, насколько американцы одержимы идеей добиваться практического результата во всем. Такие родители никогда не учились ради самой учебы, поэтому их дети также не считают*

это нужным. Именно поэтому под влиянием тенденций на рынке труда обесценивается образование. Следовательно, те, кто читает мало или вообще не читает, скорее всего, не читают и Библию. Один исследователь обнаружил, что «в наиболее динамичных евангельских церквях люди убеждены в том, что Библию нужно читать каждый день, но только пятнадцать процентов из них делают это». Кроме того, следует отметить, что на взрослых также влияют многие из тех факторов, которые влияют на молодежь. Если они смотрят телевидение, слушают популярную музыку и смотрят популярное кино, они впитывают те же ценности, которые общество навязывает подросткам. В результате многие двадцати- и тридцатилетние взрослые, как и подростки с похожими интересами, в некоторой степени утрачивают способность читать и понимать Библию [186].

В Библии написано: «Братия! не будьте дети умом: на зло будьте младенцы, а по уму будьте совершеннолетни» (1 Кор. 14:20). Чтобы мы так поступали, нам следует перестать учиться от случая к случаю, когда это удобно, и начать прилагать к этому целенаправленные усилия.

МОЖНО УЧИТЬСЯ ПО-РАЗНОМУ

Поскольку некоторым действительно трудно читать книги, стоит привести примеры других методов обучения, которые понравятся и тем, кто любит читать. Во-первых,

---

[186]   Jo H. Lewis and Gordon A. Palmer, *What Every Christian Should Know* (Wheaton, IL: Victor, 1990), 80, 82.

я настоятельно рекомендую слушать книги в аудиозаписи. Мы легко можем это делать, когда собираемся по утрам, едем на работу, ездим по городу, путешествуем на длинные расстояния, занимаемся спортом или выполняем работу по дому. То же самое касается и аудио- и видеозаписей в Интернете, а также библейских уроков по христианскому радио. Главное — убедиться в том, что вы слушаете передачи из авторитетного источника, а не просто проповедника, стиль которого вам нравится. Не забывайте пользоваться учебными пособиями. Вы можете приобрести их в христианских книжных магазинах. Они помогут вам в углубленном изучении всех книг Библии, различных доктринальных и практических тем, а также книг христианских авторов.

Я люблю учиться у духовно зрелых людей: я встречаюсь с ними, чтобы обсуждать с ними серьезные темы и задавать им заранее подготовленные вопросы. За последних несколько недель мне два раза представилась честь весь день ехать в машине с благочестивыми и опытными людьми, которыми я восхищаюсь. Перед поездкой я готовил список вопросов, которые я хотел бы обсудить с ними. За эти две поездки я усвоил ценные уроки и был вполне уверен, что провел время с огромной пользой, «дорожа временем», как говорится в Послании к Ефесянам 5:16. У меня всегда с собой несколько списков вопросов, которые я постоянно пополняю новыми вопросами. Это вопросы, которые я задаю людям, с которыми я знакомлюсь, а также вопросы, которые я применяю в разговоре с другими членами церкви, детьми, молодежью, пожилыми людьми, студентами и так далее. Эти вопросы всегда помогают мне вести как запланированные, так и случайные разговоры, а также в большинстве случаев позволяют мне эффективно использовать время, отведенное на разговор [187].

Хотя эта книга посвящена индивидуальным Духовным Упражнениям, я не могу не упомянуть о множестве возможностей для обучения, которые вы можете получить, участвуя в коллективных Духовных Упражнениях в своей поместной церкви, особенно в библейских занятиях и собраниях малых групп. Если эта книга побудила вас к тому, чтобы упражняться в целенаправленном обучении, обязательно поговорите с вашим пастором о том, как ваша церковь может помочь вам учиться для возрастания в благочестии.

Однако, несмотря на все сказанное, я хочу подчеркнуть важность такого метода обучения, как чтение. Я всегда убеждался и убеждаюсь, что духовно возрастают именно те христиане, которые любят читать. Некоторым трудно выработать эту привычку. Другие любят читать, но часто просто не находят для этого времени из-за загруженности на работе или потому, что у них есть маленькие дети, которые постоянно крутятся возле них. Тем не менее я советую вам выкроить время для чтения, даже если вы будете читать всего лишь по странице в день [188]. Джин Флеминг, автор книги «Как найти ориентир в этом сумасшедшем мире», у которой трое взрослых детей и несколько внуков, рассказала мне, что, по ее наблюдениям, у женщин, которые не уделяют времени Духовным Упражнениям, в том числе и чтению, пока у них маленькие дети, редко

---

[187] Больше информации на эту тему вы найдете в разделе «Коллекционируйте мудрые вопросы» в моей книге: Дональд Уитни. Живите в простоте. Духовная практика для людей, страдающих от чрезмерных нагрузок. Киев: Книгоноша, 2009. С. 83.
[188] Я развиваю эту мысль более подробно в разделе «Читайте по одной странице в день» моей книги «Живите в простоте». С. 82.

возникает желание заниматься этим, когда у них появляется время [189]. Я вспоминаю четырех женщин из моей церкви, у которых было не меньше четырех детей, но все из которых уделяли время чтению. Одна из них приняла решение читать как минимум по странице в день. Несмотря на то, что у нее это заняло несколько недель, она прочитала одну важную книгу об уподоблении Христу в своей жизни, и это очень сильно помогло ей возрасти в благочестии. Другая прочитала христианскую биографию объемом девятьсот страниц в двух томах всего лишь за несколько месяцев. Третья каждый год читала очень много хороших книг и даже написала методическое руководство для сотрудников нашей летней библейской школы о том, как проповедовать богоцентричное Евангелие детям. Если учесть, что все эти женщины также обучали своих детей на дому (а это занимает очень много времени), можно прийти к выводу, что практически любой человек может возрастать духовно через чтение.

Тем не менее с распространением различных видов развлечений и видео все меньше людей стало читать книги, независимо от формата. У меня есть теория, которая объясняет, почему так происходит со многими людьми. Когда они слышат слово «чтение», они вспоминают, что когда-то их заставляли читать плохо написанные учебники по предметам, которые их не интересовали. Другими словами, для них «читать» значит заставлять себя корпеть над нудным или трудным материалом, который их совсем не привлекает. Если люди именно так представляют себе «чтение», то неудивительно,

---

[189]   Я привожу свидетельство Джин о том, как она боролась за свое тихое время с Богом, когда у нее было трое маленьких детей в главе «Делайте то, что можете» моей книги «Живите в простоте». С. 115.

что у многих нет к этому никакого интереса. Хотели бы вы еще раз перечитать свой учебник седьмого класса по естествознанию? У многих в голове возникает именно такой образ, когда они слышат слово «чтение». Такие люди думают, что есть те, кому нравится это занятие, и те, кому оно не нравится, к которым они причисляют себя. Безусловно, это означает, что им никогда не попадала в руки увлекательная книга, от которой им бы сложно было оторваться. Они никогда не читали книг, которые (1) хорошо написаны и (2) посвящены интересующим их темам. Такие люди могут начать с того, что найдут для себя увлекательную книгу на интересующую их тему, например, спорт, хобби или что-либо еще. Когда они начнут получать удовольствие от чтения, сразу же посоветуйте им хорошие книги, которые непосредственно посвящены изучению Божьего Слова и христианской жизни. Чтобы привить людям интерес к чтению, можно воспользоваться еще одним действенным методом. Я наблюдал, как этот метод применялся в одной церкви, в которой чтением христианских книг заинтересовались сотни людей. Они собираются в малых группах и вместе читают книги вслух. После прочтения каждого абзаца они останавливаются, чтобы обсудить его. Вы слишком много теряете, если не читаете, и слишком много приобретаете, если упражняете себя в чтении.

Упражняйте себя в учении посредством чтения и выбирайте правильные книги. За свою жизнь вы сможете прочитать относительно немного книг, поэтому старайтесь читать самые лучшие книги. Предположим, вы будете прочитывать по десять книг за год, начиная с сегодняшнего дня и до конца вашей жизни. Если вы доживете до восьмидесяти лет, сколько книг вы прочитаете? Даже если вы прочитаете на несколько книг больше или меньше, все равно это будет не очень много, особенно если учесть, что в США каждый день издается несколько сотен книг. Иначе говоря, в этой стране каждый день издается больше книг, чем вы способны прочитать за всю свою жизнь. Не тратьте время на чтение книг, если вы будете сожалеть об этом в последствии, глядя на прожитую жизнь с точки зрения вечности. Я думаю, что мы имеем право читать в свое удовольствие. Я не считаю, что каждая книга, которую вы прочитываете, должна иметь дидактическую или богословскую ценность. Есть книги, которые просто помогают нам расслабиться и отдохнуть. Но даже эти книги должны быть назидательными и в некотором смысле помогать вам любить Бога своим разумением.

ДОПОЛНИТЕЛЬНОЕ ПРИМЕНЕНИЕ

Готовы ли вы упражняться в том, чтобы целенаправленно учиться?

Я читал одну историю о знаменитом греческом математике Евклиде, который написал огромный труд по геометрии, состоящий из тринадцати томов. «Но египетский царь Птолемей I желал выучить этот предмет, не утруждая себя чтением стольких книг. Он был царем и привык к тому, что слуги делали многое за него. Поэтому он спросил, есть ли ускоренный метод, чтобы выучить геометрию. Евклид дал царю лаконичный ответ: "Нет царского пути к учению"»[190].

---

[190] Paul Thigpen, "No Royal Road to Wisdom," *Discipleship Journal*, issue 29 (1984), 7.

То же самое касается и благочестия. Оно требует дисциплины и готовности обучаться целенаправленно. Готовы ли вы просить у Бога благодати в том, чтобы сознательно избавляться от привычки учиться только, когда это удобно, от случая к случаю?

С чего вы начнете?

Как вы начнете «прилагать свое сердце к наставлению» и сберегать знание? От каких привычек вы откажетесь и какие постараетесь выработать в себе? Можете ли вы начать применять в своей жизни методы обучения, которые вы раньше никогда не пробовали? А как насчет чтения? Может быть, вам стоит перестать читать какую-либо книгу, потому что она не назидает вас и недостойна быть в списке книг, которые вы собираетесь прочитать? Может, вам стоит принять решение читать хотя бы по страниц в день, чтобы не потерять навык упражнения в учении?

Когда вы начнете?

Когда вы начнете реализовывать свой план? Здесь будет уместным напомнить принцип из Притчей 13:4: «Душа ленивого желает, но тщетно; а душа прилежных насытится». Речь идет о том, что все люди желают чего-то, но насытится только душа прилежных, потому что они приучают себя к тому, от чего ленивые отказываются. В некотором смысле все «желают» научиться чему-то, и каждый христианин хочет больше уподобляться Христу. Но это желание удовлетворят только те, кто прилежно упражняет себя в том, чтобы учиться.

Прежде всего помните, что мы учимся с определенной целью. Эта цель — уподобление Христу. В Евангелии от

Матфея 11:28–29 Христос сказал: «Придите ко Мне, все труждающиеся и обремененные, и Я успокою вас; возьмите иго Мое на себя и научитесь от Меня...» (курсив автора). Есть ложное и поверхностное знание, которое «надмевает» (1 Кор. 8:1), а благочестивое познание ведет к благочестивой жизни. Известный английский поэт Джон Мильтон, который написал классическую поэму «Потерянный рай», сказал: «Конечная цель обучения — познать Бога и, на основании этого познания, любить Его и подражать Ему»[191]. Да даст нам Бог неугасимое желание к познанию, которое побуждает нас любить Его еще больше и еще больше уподобляет нас Иисусу Христу.

---

[191] Цитата из следующего источника: Discipleship Journal, issue 23 (1984), 16.

ГЛАВА 13

Постоянство в Духовных Упражнениях для укрепления в благочестии

> Мы должны дисциплинировать свою жизнь, и делать это нужно в течении всего года, а не просто в определенные периоды. Я должен дисциплинировать себя постоянно.
>
> Мартин Ллойд-Джонс

Обычно ваша рабочая неделя начинается на рассвете в понедельник. Как правило, в начале дня в одно и тоже время вы принимаете душ, одеваетесь, едите, собираете детей в школу и выходите из дома. И в таком темпе проходит почти весь ваш день. Вы отвозите детей в школу, затем делаете свои дела и выполняете работу по хозяйству до тех пор, пока не приходит время забирать детей из школы. Или вы прорываетесь сквозь «пробки» по пути на работу, приезжаете как раз к началу рабочего дня и из овсесил «вкалываете» до тех пор, пока не приходит время опять возвращаться домой по «пробкам».

По пути домой вы быстро заезжаете в одно-два места, а затем приезжаете домой. Все чаще и чаще вы просто разогреваете еду в микроволновой печи, пока вы в спешке переодеваетесь в вечернюю одежду. Пару вечеров в неделю вы посещаете внеклассные мероприятия с участием ваших детей. Еще один вечер посреди недели вся семья может провести на собрании в церкви. Следующий вечер вы уделяете тому, чтобы помочь членам церкви, которые нуждаются в помощи. Вечером следующего дня вы можете задержаться на работе, работать из дома, поехать в командировку или делать дела по хозяйству. Также не забывайте, что по вечерам мы помогаем детям с домашним заданием, налаживаем связи с соседями, проходим обучение, ходим по магазинам и общаемся с друзьями.

Ситуация усложняется, если у вас неполная семья, вы переживаете конфликт в семье, имеете вторую работу, испытываете финансовые трудности и тому подобное.

Звучит знакомо? Подтверждает ли ваша жизнь результаты исследований, которые показывают, что, несмотря на все трудосберегающие устройства и технические достижения, у нынешнего поколения людей гораздо меньше свободного времени?

Затем вы читаете эту книгу, которая призывает вас выполнять все эти Духовные Упражнения. И вы начинаете чувствовать себя, как уставший, шатающийся жонглер, который ходит по канату, пытаясь удержать в воздухе набор семейных хрустальных бокалов, а кто-то норовит подбросить вам еще парочку.

Для начала хотелось бы сказать вам кое-что, что развеет некоторые ваши опасения: большую часть Духовных Упражнений, описанных здесь, можно выполнять в рамках вашего личного общения с Богом. К примеру, когда вы находитесь наедине с Богом (упражняетесь в безмолвии и уединении), вы можете изучать Библию одним или несколькими способами, а также молиться и поклоняться Ему. Во время этого общения с Богом вы можете сделать записи в своем дневнике и почитать христианскую книгу. Все это вы можете делать во время поста и тем самым проявлять мудрость в распоряжении временем. Единственные два Упражнения из рассмотренных нами, которые невозможно совмещать с другими, — это благовестие и служение.

Я пришел к заключению, что за редким исключением благочестивый человек всегда занят. Благочестивый человек посвящает себя Богу и людям, а это означает, что у него насыщенная жизнь. Хотя Иисус никогда не спешил, Он был занятым человеком. Читая Евангелие от Марка, мы часто встречаем слово «тотчас», которое указывает на то, что одно событие в жизни Иисуса быстро сменяется другим. Мы читаем о том, что иногда Он служил людям целый день до позднего вечера, а затем просыпался до рассвета, чтобы помолиться и пойти в другое место для служения. В Евангелиях мы находим упоминание о том, что иногда Иисус вообще не спал всю ночь. Мы читаем, что однажды Он так устал, что заснул в лодке во время бури. Почти каждый день Иисуса теснили толпы людей. Все хотели пообщаться с Иисусом и добивались Его внимания. Никто из нас и представить себе не может, с каким стрессом было связано служение Иисуса. Если бы мы сравнили жизнь Иисуса или апостола Павла со «сбалансированной жизнью», которую многие христиане ведут сегодня, то их посчитали бы «трудоголиками», которые совершают грех против своего тела. Писание подтверждает наше житейское наблюдение: лень никогда не приводит к благочестию.

Я говорю это для того, чтобы показать, что Бог делает благочестивыми тех, кто занят. Он делает это посредством Духовных Упражнений. Эти Духовные Упражнения предназначаются не только для верующих, у которых куча свободного времени (вы знаете таких?). Это средства, при помощи которых Бог уподобляет занятых верующих людей Христу. Через Духовные Упражнения Бог предлагает Свою преображающую благодать разъезжающим по городу и постоянно бегающим по делам мамам, перегруженным и трудящимся папам, занятым учебой и другими мероприятиями студентам, незамужним и неженатым людям с очень плотным графиком, загруженным под завязку родителям-одиночкам — одним словом, всем верующим.

Но как нам выдерживать такой темп жизни? Во-первых, когда мы выполняем Духовные Упражнения, у нас часто возникают другие срочные дела, которые мы должны сделать за это время. Чем старше вы становитесь, тем больше обязанностей у вас накапливается. Когда у вас появляются дети и когда они растут, вы должны уделять много внимания их нуждам: вы возите их в церковь, в школу, на тренировки, на дополнительные занятия и в другие места. Когда вы получаете повышение по работе, у вас появляется много новых возможностей и обязанностей. За долгие годы у нас накапливается много имущества, и мы тратим уйму времени на то, чтобы поддерживать его в хорошем состоянии. Именно поэтому мы должны периодически пересматривать свои жизненные приоритеты. Возможно, через такие Духовные Упражнения, как насыщение Божьим Словом, молитва, поклонение, безмолвие и уединение или ведение дневника, Бог может показать вам, от какого «балласта» нам следует избавиться. Духовные

Упражнения не являются дополнительным бременем в нашей жизни. Наоборот, это одно из средств, при помощи которых Бог облегчает нашу ношу и дает нашему кораблю плавный ход.

Даже если благочестивый человек будет постоянно пересматривать свои приоритеты, он всегда будет занят. А занятой человек испытывает самое большое искушение перестать выполнять Духовные Упражнения, которые приводят к благочестию. Без выполнения Духовных Упражнений невозможно быть благочестивым. Однако мы не будем благочестивыми, если не будем проявлять постоянство в выполнении Духовных Упражнений. Даже если мы будем продвигаться вперед медленно, черепашьим шагом, но делать это постоянно, это лучше, чем демонстрировать быстрые, впечатляющие результаты, но не упражняться в благочестии постоянно.

Как же нам проявлять больше постоянства в Духовных Упражнениях для возрастания в благочестии? Как нам оставаться верными, когда проходят восторженные чувства, которые обычно возникают у нас, когда мы только начинаем выполнять Духовные Упражнения? До этого мы лишь вскользь касались трех истин, которые нам необходимо понимать для того, чтобы проявлять постоянство в выполнении Духовных Упражнений. Речь идет о роли Святого Духа, общения и борьбы в христианской жизни.

РОЛЬ СВЯТОГО ДУХА

Мы всегда должны напоминать себе, что, как бы усердно мы ни старались упражнять себя в благочестии, мы не сможем уподобить себя самих Христу. Это делает Святой Дух,

Который посредством Духовных Упражнений приближает нас к Христу и уподобляет нас Ему. Если мы слишком сильно концентрируемся на Духовных Упражнениях, мы рискуем упустить из виду этот важный факт. Дональд Карсон предупреждает нас: «Когда мы употребляем выражение «духовные упражнения», мы обычно подразумеваем, что эти упражнения направлены на то, чтобы сделать нас более духовными. Однако, с христианской точки зрения, просто невозможно стать более духовным, не обладая даром Святого Духа и не подчиняясь Его преображающим наставлению и действию»[192].

В книге «Дисциплина благодати» Джерри Бриджес делает такое же наблюдение:

> *Тем не менее главное искушение подхода к святости, основанного на самодисциплине, — это упование не на Святого Духа, а на строгое исполнение духовных дисциплин. Я верю в необходимость духовных дисциплин. Я стараюсь практиковать их <…> Однако эти дисциплины не являются источником нашей духовной силы. Этот источник — Господь Иисус Христос, и служение Святого Духа использует Его силу в нашей жизни[193].*

Там, где пребывает Святой Дух, Его присутствие пробуждает жажду святости. Его главная задача — возвеличивать Христа (см. Ин. 16:14—15), и именно Он дает верующему желание уподобляться Христу. В своем естественном состоянии

---

[192] D. A. Carson, "Spiritual Disciplines," Themelios 26, no. 3 (November 2011): 5. http://thegospelcoalition.org/themelios/article/spiritual_disciplines (доступ от 27 ноября 2013 г.).

[193] Джерри Бриджес. Дисциплина благодати: Божья и наша роль в стремлении к святости. Киев: Нард, 2010. С. 175—176.

мынеиспытываемтакогожелания.Однаков верующемче-
ловекеБожийДухначинает совершать Божью волю,чтобы
сделать Божьедитя похожим на Божьего Сына(Рим. 8:29).
А Начавший доброе дел жизни верующего «будет совершать его даже до дня Иисуса Христа» (Флп. 1:6).

Итак, роль Святого Духа заключается в том, чтобы произ-
водить в нас желание и силу выполнять Упражнения, которые
ведут к благочестию. Из 2 Тимофею 1:7 ясно следует, что Бог
действует таким образом в каждом верующем: «Ибо Бог
даровал нам не духа боязни, а духа силы, любви и самообладания» (Совр. пер. — прим. пер.). Таким образом, независимо от того, склонны ли вы от природы к упорядоченности
и дисциплине, Святой Дух, Который обитает внутри вас,
дарует вам достаточно сверхъестественного «духа ... самообладания», чтобы вы могли исполнять повеление «упражняй
себя в благочестии».

Именно поэтому в моменты, когда вы испытываете искушение полностью уйти из христианства, прекратить общение с Божьим народом или перестать выполнять Духовные
Упражнения, считая это пустой тратой времени, вы просто не
можете позволить себе сделать это. Это происходит не потому, что у вас достаточно духовной выдержки или решимости,
а потому что в вас действует Святой Дух, Который помогает
вам сохранять постоянство в этом деле. Когда вас охватывает
духовная лень, у вас нет абсолютно никакого энтузиазма
заниматься Духовными Упражнениями или вы забросили
какое-либо Упражнение, которое раньше выполняли регулярно, именно Святой Дух побуждает вас возвращаться
к Духовным Упражнениям вопреки своим чувствам. Если
бы вы были предоставлены самим себе, вы бы давным-давно

оставили это средство Божьей живительной благодати, но именно Святой Дух помогает вам оставаться верными, даруя вам благодать для того, чтобы постоянно упражнять себя в благочестии.

Согласно Посланию к Галатам 5:2, воздержание — это непосредственный результат, или «плод», подчинения жизни верующего Святому Духу. И когда верующий проявляет это воздержание, которое производит в нем Святой Дух, в том, что выполняет Духовные Упражнения, это приводит к возрастанию в благочестии.

Истину о том, что Святой Дух помогает Божьим детям постоянно упражнять себя в благочестии, удачно иллюстрирует один современный автор, который описывает свои трудности и успехи в упражнении в молитве:

> Недавно я опять прочитал о том, как одна женщина однажды просто приняла решение регулярно молиться, и почувствовал угрызения совести. Однако, зная себя, я прекрасно понимал, что для меня будет недостаточно просто принять решение. Я начал молиться Богу о молитве. Я рассказал Богу о своем разочаровании, о том, что боюсь начинать все сначала, а также о неудачных попытках упражнять себя в регулярной молитве. После того, как я помолился этой простой молитвой, произошло нечто удивительное: я ощутил присутствие Того, Кто обладает гораздо большей силой, чем я, чтобы приблизить меня к Себе. Я обнаружил, что мое внимание постепенно переключается с моих собственных усилий на силу Бога, с изнуряющего труда на благодать, с жестких правил на взаимоотношения. Вскоре я осознал, что это происходит регулярно. Я стал намного больше молиться. Я стал меньше думать о приемах

и методах молитвы и почувствовал большую мотивацию к молитве. Я вновь осознал, что Бог настолько заботится о нас, что Сам помогает нам молиться. Когда мы «не знаем, о чем молиться, как должно ... Сам Дух ходатайствует за нас воздыханиями неизреченными» (Рим. 8:26) [194].

Библия не объясняет, как именно Святой Дух совершает Свое таинственное служение ходатайства за нас в молитве. Для нас непостижимо, как может быть так, что, с одной стороны, Святой Дух побуждает нас к молитве (как и к любому другому Духовному Упражнению) и дает нам силу молиться, а с другой, это наша задача. Но мы точно знаем две истины: (1) Святой Дух всегда будет помогать Божьим избранным постоянно упражняться в уподоблении Христу до самого конца; (2) вместо того, чтобы ожесточать свое сердце, мы должны делать то, к чему Он побуждает нас, если мы хотим быть благочестивыми.

РОЛЬ ОБЩЕНИЯ

Когда мы читаем об этих Упражнениях, мы не должны думать, что, если мы будем выполнять их в изоляции от других верующих, мы сможем так же уподобляться Христу, как и активные члены поместной христианской церкви, а может, даже и больше. Если мы думаем, что Духовные Упражнения — это часть христианской жизни, которая не связана с общением с другими верующими, это противоречит Библии.

---

[194] Timothy K. Jones, "What Can I Say?" *Christianity Today*, November 5, 1990, 28.

Тот, кто оценивает свой успех в уподоблении Христу только исходя из роста в личном общении с Богом, производит неполную оценку своего духовного роста. Духовная зрелость также предполагает возрастание в общении с Божьими детьми. Апостол Иоанн ясно высказывает эти две мысли в 1 Иоанна 1:3: «О том, что мы видели и слышали, возвещаем вам, чтобы вы имели общение с нами, а наше общение — с Отцом и Сыном Его Иисусом Христом». В Новом Завете каждый верующий имеет общение как с триединым Богом, так и с Его народом. Подобно тому, как Иисус становился более зрелым с человеческой точки зрения, возрастая в благоволении у Бога и людей (Лк. 2:52), мы также должны становиться более зрелыми духовно, если мы хотим уподобляться Иисусу Христу.

Есть одна очевидная причина, по которой мы не должны выполнять Духовные Упражнения в затворничестве: некоторые Упражнения невозможно выполнять без участия других верующих: например, публичное поклонение, совместная молитва, участие в Вечере Господней, служение другим ученикам и так далее. К тому же, Бог призывает нас к общению, потому что оно дополняет индивидуальные Духовные Упражнения и побуждает нас возрастать в благочестии через них. К примеру, Бог дарует нам благодать через упражнение как в личном изучении Божьего Слова, так и в изучении Слова вместе с другими верующими. Несомненно, иногда мы выполняем Духовные Упражнения в непубличных ситуациях, но Бог не предназначил их для того, чтобы мы выполняли вне общения [195] с новозаветной церковью.

---

[195] Несмотря на то, что следующий раздел посвящен главным образом *разговорному* общению, на протяжении всего этого раздела термин «общение» описывает активное участие верующих во всех аспектах жизни поместной церкви, особенно в совместных богослужениях, главными элементами

Мы часто вырываем Духовные Упражнения из контекста жизни поместной церкви, потому что христиане не умеют различать неформальное и христианское общение. Неформальное общение — это неотъемлемая часть общения членов церкви, которая создает контекст для христианского общения. Однако можно общаться с другими верующими, не пребывая с ними в христианском общении. В процессе неформального общения мы делимся друг с другом событиями нашей земной, человеческой жизни. Однако христианское общение, которое в Новом Завете описывается греческим словом «койнония»[196], предполагает разговор о Боге, о Его делах и о жизни исключительно с христианской точки зрения. Поймите меня правильно: неформальное общение — это Божий дар, который имеет большую ценность для церкви и является необходимым для полноценной духовной жизни. Но я пришел к выводу, что мы уделяем христианскому общению гораздо меньше времени, чем мы думаем, даже в церкви. Зачастую мы замещаем христианское общение светскими разговорами. От этого страдает качество выполнения Духовных Упражнений, и мы недостаточно возрастаем в благодати.

Вот как это выглядит: двое или более верующих собираются вместе и часами обсуждают только новости, погоду,

которых являются библейские проповеди, молитвы, прославление и таинства. Я также имею в виду другие аспекты полноценной церковной жизни вне контекста богослужения, например, служение, благовестие, учение и многое другое. Все это дополняет индивидуальные Духовные Упражнения в нашей жизни и способствует нашему возрастанию в благочестии. Я рассматриваю роль этих коллективных Духовных Упражнений в нашем возрастании в благочестии более подробно в своей книге: Donald Whitney, *Spiritual Disciplines Within the Church: Participating Fully in the Body of Christ* (Chicago: Moody, 1996).

[196] Изначально Новый Завет писался на греческом языке, поэтому термин «койнониа» — это греческое слово, которое принято переводить словом «общение».

спорт, работу и семью (то есть общаются на светские темы), но при этом совершенно не касаясь духовных тем. Я вовсе не говорю, что в каждом разговоре верующие должны цитировать Писание, рассказывать, как Бог недавно отвечал на их, или делиться уроками, которые они извлекли для себя во время личного общения с Богом сегодня. Но я заметил, что многие христиане, которые посвящены Богу в других сферах, настолько независимы в выполнении Духовных Упражнений, что они почти никогда не говорят на такие темы с другими верующими. Проблема в том, что мы обедняем свою духовную жизнь, если не общаемся с другими верующими о наших общих интересах, проблемах и устремлениях, связанных с ученичеством. Затем после такого разговора на общие темы мы говорим, что мы хорошо пообщались. Только те, в ком обитает Святой Дух, могут наслаждаться обильным духовным пиром «койнонии», но зачастую мы довольствуемся дешевыми полуфабрикатами светского общения, которые доступны даже этому миру.

Подобно тому, как мы упражняемся в том, чтобы являть Христа и рассказывать о Нем неверующим, мы должны учиться общаться на эти темы и с верующими. Когда мы упражняемся в благовестии, мы рассказываем о жизни Христа другим в одностороннем порядке, а когда мы упражняемся в общении, это предполагает взаимный обмен информацией о духовной жизни. По мнению Джеймса Пакера, общение — это «стремление узнать, как Бог открывает Себя другим людям, ради того, чтобы обрести силу, укрепление и наставление для души»[197]. Мы можем наслаждаться этими плодами духовного общения

---

[197]   J. I. Packer, *God's Words: Studies of Key Bible Themes* (Downers Grove, IL: InterVarsity, 1981), 195.

каждый раз, когда мы собираемся с другими верующими, то есть, когда мы вместе поклоняемся Богу, служим Ему, разделяем трапезу, отдыхаем, совершаем покупки, едем на работу, молимся и так далее. Когда мы живем так, как Христос, мы поощряем друг друга к христианской жизни. Когда мы говорим так, как Христос, и общаемся на духовные темы, мы также побуждаем друг друга к благочестию.

Этот процесс взаимного назидания описывается в Послании к Ефесянам 4:16, где говорится о теле, составляемом и совокупляемом «посредством всяких взаимно скрепляющих связей», которое «при действии в свою меру каждого члена, получает приращение для созидания самого себя в любви». Возрастая в благодати, мы способствуем тому, чтобы каждый член тела действовал «в свою меру». Когда тело верующих созидает «самого себя в любви», каждый отдельный христианин, в свою очередь, получает назидание в благочестии. Говоря в общем, когда каждый верующий упражняет себя в благочестии, его личный духовный рост способствует созиданию тела, то есть поместной церкви, если, конечно, этот верующий находится в общении с церковью. Таким образом, когда тело созидается совместными усилиями членов церкви, возрастающая сила общения способствует духовному росту каждого отдельного верующего и побуждает его стремиться к благочестию посредством Духовных Упражнений. Если мы упражняем себя в благочестии так, как говорит Библия, мы тем самым способствуем укреплению общения среди верующих. А библейское общение укрепляет верующих в Духовных Упражнениях.

Но без истинного общения даже тот, кто усердно выполняет Духовные Упражнения, не сможет полноценно развиваться духовно. Автор Послания к Евреям предупреждает: «Наставляйте друг друга каждый день, доколе можно говорить "ныне", чтобы кто из вас не ожесточился, обольстившись грехом» (3:13). Цель общения — наставлять друг друга. Когда мы выходим из-под духовной защиты, которую Бог дает нам через общение церкви, мы легче поддаемся обольщению грехом. Многие из тех, кого обольстил грех, усердно выполняли Духовные Упражнения. Я знал людей, которые изучали Библию и настолько много молились, что они были убеждены в том, что им не нужны «недуховные» верующие из их церкви. Отвергнув назидательное общение с верующими с другими дарами, познаниями и духовным опытом, они убежденно отстаивали свое искаженное понимание Писания, провозглашали «слово от Бога» всем подряд и оправдывали даже очевидный грех своей мнимой духовностью. Очевидно, это редкие случаи, но они показывают, что даже самые опытные христиане, которые усердно упражняются в благочестии, нуждаются в Божьей благодати, которую можно обрести только через общение в поместной церкви.

Пуританин Томас Ватсон советовал: «Сообщайтесь с освященными людьми. Своим советом, молитвой и святым примером они могут освятить и вас»[198].

РОЛЬ ЛИЧНОЙ БОРЬБЫ

Основные понятия христианской жизни — это не только «вера» и «покой», но и «упражнение» и «борьба». Есть

---

[198] Thomas Watson, *A Body of Divinity* (1692; reprint, Edinburgh, Scotland: The Banner of Truth Trust, 1970), 249.

многосил, которые препятствуют духовному росту тех, кто находится по эту сторону небес. Конечно, следование за Христом — это не только внутренняя борьба и не ежеминутные борения. Однако следует признать, что верующие сталкиваются с сопротивлением на протяжении всей своей жизни. Поэтому не обольщайтесь и не думайте, что, если вы насыщаетесь благодатью, которую Бог дарует вам через Духовные Упражнения, вам будет легко жить христианской жизнью.

Возможно, это покажется вам странным, но я посчитал нужным напомнить вам о реальности борьбы в жизни христианина, чтобы ободрить вас следовать за Христом, особенно если вам трудно выполнять Духовные Упражнения. Когда я писал предыдущий абзац, мне позвонила одна молодая женщина, которая была верующей уже три года. Она поделилась со мной своими переживаниями по поводу своего недавнего духовного падения и поинтересовалась, переживают ли другие члены церкви, которые кажутся такими духовно зрелыми, мучительную внутреннюю борьбу. В этот момент ей важно было услышать напоминание о том, что все христиане переживают такую борьбу, как и она. Эти слова даровали ей утешение и надежду. Пусть эта глава утешит и ободрит и вас.

Остерегайтесь тех, кто учит, что, если вы будете выполнять определенные действия и испытывать особые переживания, вы избавитесь от борьбы с грехами, которые мешают нам возрастать в святости. Такие обещания — это всего лишь духовная «приманка», за которой вы гонитесь, но которую вы никак не можете поймать.

Напротив, библейский стих, который мы цитируем в названии настоящей книги, подтверждает, что выполнение

ДуховныхУпражненийи укреплениев благочестиивсегдабудет сопровождаться борьбой. Говоряо благочестии, упомянутом в 1 Тимофею 4:7–8, апостол Павел пишет в стихе 10: «Ибо мы для того и трудимся и поношения терпим...» Слова «трудимся и поношения терпим» указывают на то, что для того, чтобы уподобляться Христу, мы не должны пускать все на самотек, как утверждают некоторые. Греческое слово, переведенное словом «трудиться», означает «работать до изнеможения». А выражение «терпимпоношение» —это перевод греческого слова, от которого образовано слово «агония». Буквально это слово переводится как «бороться». Но разве это не спасение по делам, а не по благодати? Имею ли я в виду, что, хотя мы начинаемхристианскуюжизньДухом,мыстановимсясвятыми по делам плоти (см. Гал. 3:3)? Абсурд! Я говорю об истине, которую можно проследить во всем учении Нового Завета о духовном росте. Мы возрастаем в христианской жизни не только благодаря действию Святого Духа и не благодаря нашим делам, но в результате нашего отклика на благодать, которую Святой Дух зарождает и поддерживает в нас. Как мы уже упоминали в главе 1, мы возрастаем в уподоблении Христу только так, как это было в жизни Павла, который сказал: «Я и тружусь, и подвизаюсь силою Его, действующею во мне могущественно» (Кол. 1:29). Заметьте, что трудился сам Павел, но «подвизался» он силой Святого Духа, которая действовала (буквально «мучительно боролась») в нем могущественно. В первой части главы мы говорили о том, что Святой Дух помогает нам верно выполнять Духовные Упражнения и через эти Упражнения производит в нас характер Христа. Однако, несмотря на это, мы также должны осознавать реальность борьбы в жизни каждого грешника, испытавшего Божье прощение, но все еще склонного ко греху, который хочет стать таким, как Иисус Христос.

Это ясное учение Нового Завета. Оно предупреждает нас о том, что наши враги — это мир, плоть, дьявол и что они восстают против нас. Библия говорит, что, поскольку со всех сторон мы сталкиваемся с сопротивлением, мы будем бороться с грехом, пока живем в этом теле.

Пока мы живем в этом мире, он всегда будет оказывать сильное давление на нас. Иисус напоминает нам, что мир возненавидел Его, поэтому он возненавидит и нас, если мы будем упражняться в следовании за Ним (Ин. 15:18—19). Иоанн увещевает нас: «Не любите мира» (1 Ин. 2:15). Далее он предупреждает нас, что все, что в мире — это похоть плоти, похоть очей и гордость житейская. Поэтому мы не сможем полностью оградить себя от всех мирских искушений, пока мы не оставим этот мир.

В Писании есть еще один отрывок о реальности духовной борьбы, в котором говорится о нашей вражде с плотью, то есть о нашей постоянной склонности ко греху. Послание к Галатам 5:17 изображает суровую реальность: «Ибо плоть желает противного духу, а дух — противного плоти: они друг другу противятся, так что вы не то делаете, что хотели бы». Иногда вам совсем нетрудно повиноваться Богу. Есть моменты, когда ваша самая большая радость — это изучать Божье Слово. Случается так, что вы испытываете такое удовлетворение во время молитвы, что хотите, чтобы ваша молитва никогда не заканчивалась. Тем не менее очень часто нам трудно начать выполнять какое-либо Духовное Упражнение. Дух будет побуждать вас к благочестию и к Духовным Упражнениям, но ваша плоть будет восставать против этого.

Так происходит потому, что «они друг другу противятся». Однако, хотя иногда нам трудно упражнять себя и мы испытываем борьбу, самодисциплина — это не самонаказание. На самом деле это попытка сделать то, к чему вас побуждает Дух и чего вы действительно хотите. Мы испытываем борьбу, потому что «плоть желает противного духу <...> так что вы не то делаете, что хотели бы». Однако мы не должны считать, что этой борьбой мы наказываем самих себя: с точки зрения Библии, мы должны рассматривать Духовные Упражнения как средство «сеять в дух», о чем говорится в Послании к Галатам 6:8. Тем не менее библейское учение о том, что плоть желает противного духу, подтверждает, что, пока вы находитесь в этом теле, никакое духовное переживание не может навсегда освободить вас от борьбы плоти и Духа.

Помимо мира и плоти, у вас есть личный враг — дьявол, который хочет сделать так, чтобы вы терпели неудачу в Духовных Упражнениях. Апостол Петр напоминает нам: «Трезвитесь, бодрствуйте, потому что противник ваш диавол ходит, как рыкающий лев, ища кого поглотить» (1 Пет. 5:8). Если существует некое особое духовное переживание, которое навсегда может избавить нас от духовной брани, то почему же апостол не говорит о нем, а всего лишь призывает бодрствовать? Почему апостол Павел повелевает нам в главе 6 Послания к Ефесянам облечься в Божье всеоружие? Да потому, что мы ведем войну, сражаемся, боремся. И эта борьба никогда не прекращается.

Но где же тогда победа? Вечную победу над миром, плотью и дьяволом давным-давно раз и на всегда одержал Иисус Христос. Эту победу применяет к нам Святой Дух. Со своей стороны, Он сохраняет нас в Божьей благодати. Однако, как мы отмечали ранее, это проявляется отчасти в том, что Дух дарует нам благодать оставаться верными. А мы, со своей стороны, берем на себя свой крест, вступаем в борьбу и следуем за Христом, выполняя Духовные Упражнения. В своей повседневной жизни мы одерживаем победу над силами, которые противятся нашему возрастанию в Духовных Упражнениях, именно благодаря этим самым Упражнениям. Другими словами, если мы выполняем Духовные Упражнения постоянно, мы будем регулярно одерживаем победу над врагами, которые противятся тому, чтобы мы выполняли эти Упражнения. Если мы сдаемся этим врагам наших душ и перестаем выполнять Духовные Упражнения, мы никогда не одержим победы. Но если мы применяем это духовное оружие, Бог дарует нам благодать и силу, чтобы побеждать еще больше. Однажды эта борьба закончится, исполнятся все обетования, и Духовные Упражнения больше не будут нужны, потому что наконец мы «будем подобны Ему, потому что увидим Его, как Он есть» (1 Ин. 3:2). Поэтому давайте вести эту борьбу с дерзновением от Духа, потому что в нашей жизни будет то, что было в жизни пуритан, у которых был девиз: «Viricit qui patitur», что в переводе с латыни означает «побеждает упорствующий» [199].

Джеймс Пакер дает нам совет: «Итак, мы должны помнить, что любая мысль о том, чтобы избежать внутреннего или внешнего конфликта в стремлении к святости в этом мире, — это попытка уйти от действительности. Такие мысли могут сильно разочаровать и деморализовать нас, когда мы проснемся на

---

[199] John Geree, The Character of an Old English Puritane or Nonconformist (1646). Эта цитата приводится в следующем источнике: J. I. Packer, A Quest for Godliness: The Puritan Vision of the Christian Life (Wheaton, IL: Crossway, 1990), 23.

следующий день и поймем, что это неправда. Мы должны осознавать, что, если мы стремимся к истинной святости, мы постоянно будем мишенью вражеских нападок, как и наш Господь»[200].

Святой Дух, истинное общение и осознание постоянной борьбы в христианской жизни помогут вам проявлять постоянство в выполнении Духовных Упражнений. Если мы не будем проявлять постоянства в этом деле, наше упражнение в благочестии будет неполным и не принесет нам большой пользы. Обратите внимание на то, что в 2 Петра 1:6 «терпение» — это связующее звено между дисциплиной («воздержанием») и благочестием: «... в воздержании терпение, в терпении благочестие...» Если у нас нет «терпения», связь между воздержанием в Духовных Упражнениях и нашим благочестием можно проиллюстрировать на примере полностью заряженной батареи, которая плохо присоединена к электрической лампочке. Свет прерывисто мигает и не дает хорошего освещения. Но когда эти два качества связаны между собой «терпением», тогда свет горит ярко. Подобным образом, чем больше «терпения» вы будете проявлять в Духовных Упражнениях, тем ярче свет жизни Христа будет сиять через вас.

ДОПОЛНИТЕЛЬНОЕ ПРИМЕНЕНИЕ

Хотите ли вы стать благочестивыми? Тогда выполняйте Духовные Упражнения, помня о вечности.

Я читал о том, что один человек молился такой молитвой: «Боже! Поставь отпечаток вечности на моих глазах!»

---

[200]   J. I. Packer, *Keep in Step with the Spirit* (Old Tappan, NJ: Fleming H. Revell, 1984), 111.

Вероятно, мы бы совсем по-другому распоряжались своим временем и принимали совершенно другие решения в жизни, если бы смотрели на все с точки зрения вечности. Многое из того, что сейчас кажется нам важным, стало бы для нас несущественным. А многое из того, что за неимением времени мы откладываем на потом, вдруг стало бы для нас чрезвычайно важным. Если мы смотрим на Духовные Упражнения глазами, на которых стоит отпечаток вечности, они станут для нас неоспоримым приоритетом, потому что мы увидим, насколько тесно они связаны с благочестием.

Согласно изначальному замыслу Бога, мы должны выполнять Духовные Упражнения, помня о том, что ожидает нас в вечности. За стихом «Упражняй себя в благочестии» из 1 Тимофею 4:7, который является темой настоящей книги, следует стих 8: «Ибо телесное упражнение мало полезно, а благочестие на все полезно, имея обетование жизни настоящей и будущей». Если мы рассматриваем Духовные Упражнения только с прагматической точки зрения, оценивая их актуальность в настоящем, это недальновидный подход. Нам нужно рассматривать библейские Упражнения в более широком контексте, а не просто спрашивать себя, какую пользу мы можем извлечь из них сегодня или даже в этой жизни. Нет никаких сомнений в том, что благочестие, которое проистекает из выполнения Духовных Упражнений, содержит в себе обетование в отношении настоящей жизни. Но ценность благочестия и сопутствующих ему Духовных Упражнений лучше всего можно понять в свете вечности.

Осознаете ли вы это или нет, все, что вы делаете, имеет отношение к вечности. Абсолютно все, что происходит, имеет отношение не только к нашей земной жизни, но и к вечности. Эта мысль ясно следует из учения Писания о том, что нам в конечном итоге придется дать отчет Богу о том, как мы провели свою земную жизнь (см. Рим. 14:12), в результате чего мы либо получим награду, либо потерпим урон, и это зависит от того, что мы делали, живя в теле (см. 1 Кор. 3:10–15). Поскольку весь груз вечности (согласно словам Томаса Брукса) висит на тоненькой нити под названием «время», давайте распоряжаться своим временем так, чтобы не только извлекать из этого пользу в настоящей жизни, но и лучше подготовиться к вечности. Ничто нас не подготовит так к жизни на этой земле и к жизни грядущей, как выполнение Духовных Упражнений.

Стремитесь ли вы к благочестию? Этого можно достичь только посредством Духовных Упражнений.

В Писании мы ясно видим путь к укреплению в благочестии. Стремитесь ли вы к благочестию? Тогда Господь говорит вам через 1 Тимофею 4:7: «Упражняй себя в благочестии». Это единственный путь к благочестию.

Не существует окольных путей, ведущих к благочестию. Но плоть пытается найти более легкий путь в обход Духовных Упражнений. Она протестует: «Почему в христианской жизни нельзя действовать более естественно и непринужденно? Все эти разговоры о том, что нам нужно упражнять себя, — это не более чем законничество и жесткие рамки. У меня складывается впечатление, что уподобляться Христу тяжелее, чем я думал. А я просто хочу делать это спонтанно!»

Евангелист Джон Гест предлагает хороший ответ на это искушение:

,, Слово «дисциплина» стало оскорбительным в нашем обществе <...> Я знаю, что во многих кругах мои слова сочтут за ересь, но мы придаем слишком большое значение «спонтанности». Тот, кто привык действовать «спонтанно» и отказывается от дисциплины, подобен фермеру, который пошел собирать яйца. Когда он шел к курятнику, он заметил, что протекает насос. Он остановился, чтобы починить его. В насосе нужно было заменить прокладку, поэтому фермер пошел в сарай за новой прокладкой. Пока он шел в сарай, он заметил, что нужно поправить копну сена на сеновале, поэтому он пошел за вилами. Рядом с вилами висела метла со сломанной ручкой. Фермер подумал: «Надо бы записать себе, что я должен купить ручку для метлы, когда поеду в город» <...>

К этому моменту нам становится ясно, что фермер так и не соберет яйца и что он вряд ли закончит какое-либо из тех дел, которые он задумал. Он действует совершенно спонтанно, но это совсем не делает его свободным. Напротив, он становится заложником своей безудержной спонтанности.

Дело в том, что единственный путь к свободе — это дисциплина; это необходимое условие для достижения спонтанности [201].

Не напоминает ли вам день из жизни этого фермера вашу собственную духовную жизнь своей спонтанностью, но при этом спорадичностью? Может, вы переключаетесь с одного занятия на другое, не получая от этого большой пользы и не возрастая в благодати? Несомненно, мы должны стремиться к спонтанности, но спонтанность без дисциплины является поверхностной. У меня есть несколько друзей,

201   John Guest, "Wrong-Headed Spontaneity," *Christianity Today*, April 23, 1990, 33.

которыемогутпрекрасноимпровизироватьнафортепьяно или на гитаре. Они могут играть «спонтанно» потому, что ониусерднозанималисьмузыкойдолгиегоды,проигрывая гаммыи выполняядругиебазовыеупражнения.Иисуспроявлял такую духовную «спонтанность» в Своей жизни потому,чтоОнбылсамымдисциплинированнымчеловеком из всех, кто когда-либо жил на земле. Ничего не делайте, и выбудетежить спонтанно.Ноесливыхотитепроявлять в своейхристианскойжизни«спонтанность»,котораябудет приносить плод, вы должны укреплять свою веру посредством Духовных Упражнений.

Многие верующие не выполняют Духовные Упражнения не потому, что они хотят жить спонтанно, а потому, что никак не могут найти для этого время. Но если вы желаете быть благочестивым, вы должны смириться с тем, что вы всегда будете заняты. Невозможно делать то, чего от нас ожидает Бог прежде всего, то есть любить Его всем сердцем, всей душой, всем разумением и всей крепостью, а также любить ближнего, как самого себя (Мк. 12:29—31), в наше свободное время. Если вы будете любить Бога и других словом и делом, у вас будет насыщенная жизнь! Я не хочу тем самым сказать, что Бог хочет, чтобы мы были полностью загружены. Я всего лишь хочу показать, что в жизни благочестивых людей нет места для лени.

Поэтому, если вы обещаете себе, что начнете выполнять ДуховныеУпражнения,когдау вас появится больше времени, вы так и не начнете этого делать. В открытке, адресованной мне и моей жене, Джин Флеминг написала: «Иногда я думаю, что, когда моя жизнь станет спокойнее, я… Но мне пора уже понять, что жизнь никогда не становится спокойной надолго.

Поэтому все, что я хочу сделать, надо делать сейчас, когда у меня нет спокойствия в жизни». Нам всем нужно усвоить эту важную истину в отношении нашей земной жизни. Наша жизнь никогда не станет спокойнее, и у нас никогда не будет хватать на все времени. Именно поэтому мы должны выполнять Духовные Упражнения даже тогда, когда наша жизнь неспокойна, если мы хотим укрепляться в благочестии.

Когда я учился в средних и старших классах школы, все, кто интересовался баскетболом, хотели быть похожими на Пита Маравича. «Пистолет Пит», как его называли, набрал больше всего очков в баскетбольных матчах за всю историю студенческого баскетбола, а также был известен своим захватывающим стилем игры. До Пита Маравича перевод мяча под ногой и пасс за спиной считались всего лишь показными трюками. Но благодаря Маравичу эти баскетбольные приемы стали общепринятыми. После окончания его профессиональной карьеры в баскетболе Маравича включили в список лучших игроков Зала славы баскетбола имени Нейсмита, где его назвали «пожалуй, самым креативным нападающим игроком в истории баскетбола» [202]. Когда Питу было чуть больше тридцати лет, он обратился к Богу, а в 1988 году он внезапно скончался от сердечного приступа, когда ему было всего лишь сорок лет.

За год до своей смерти Маравич сказал в интервью:

>> *Секрет моего успеха — это тщательная отработка приемов. Я тренировался и тренировался каждый день. Я полностью посвятил себя спорту. Я старался сделать все возможное,*

---

[202] http://www.hoophall.com/hall-of-famers/tag/peter-p-pete-maravich (доступ от 4 октября 2013 г.).

чтобы оттачивать свои навыки. Это было похоже на одержимость. Это помогло мне стать хорошим игроком. Но что касается моей жизни, я не настолько уверен в себе. Если бы я был настолько посвящен христианской вере, что я стараюсь делать сейчас, в результате я был стал намного лучшим человеком [203].

ПитМаравичусерднотренировался,чтобыотрабатывать броски,переводмячаподногойи передачузаспиной,благодарячемуонсталоднимизсамыхлучшихигроковв историибаскетбола.Несмотрянато,чтоонзаработалбольшие деньгии завоевалславув спорте,позжеПитначалсожалеть о том, что посвящал столько времени и сил спорту, а не возрастанию в вере. Готовы ли вы упражнять себя в том, в чем бы хотел упражняться Пит Маравич? Готовы ли вы «упражнятьсебяв благочестии»в такойже степени,в которойПитупражнялсебяв баскетболе?Значитлиблагочестиедлявасстолькоже,сколькобаскетболзначилкогда-то для Пита Маравича?

Благодарядисциплине Маравичаегоимявошлов список лучшихбаскетболистовв ЗалеСлавы,но никакая дисциплина не поможет вам войти в Божье Царство. Христос был единственным, кто своей жизнью заслужил это право. Благодаря тому,чтоОндобровольнопонеснакрестенаказание,которое мы заслужили своей жизнью,то есть Божьеосуждениезагрех, мы получаем место в раю, которое Он заслужил Своей жизнью.Богобещаетдароватьвсякую радость,всякое прощение,

203 Эту цитату приводит Лэрри Кинг в следующем источнике: "A Brilliant Baseball Mind That Deserves Recognition; Big Bucks by the Book," *USA Today*, January 18, 1988, 2D.

всякую свободу, всякий свет, всякую любовь и всего Себя на небесах тем, кто отказывается от попыток заслужить место в раю самодисциплиной и с верой льнет ко Христу.

Один из самых верных признаков того, что человек действительно льнет ко Христу, — это постоянно возрастающее желание познавать Его глубже и все больше уподобляться Ему. В этом суть благочестия, к которому всеми силами стремятся истинные ученики Христа. Подобно тому, как единственный путь к Богу — это Христос, единственный путь к благочестию — это выполнение Духовных Упражнений с сосредоточением внимания на Христе. Желаете ли вы «упражнять себя в благочестии»? С чего и когда вы начнете это делать?

ОБ АВТОРЕ

Дональд Уитни с 2005 года преподает курс «Библейская духовность» и является заместителем декана в Южной баптистской богословской семинарии в Луисвилле, штате Кентукки. До этого он занимал похожую должность (первую такую должность среди шести семинарий Южной баптистской конвенции) в Среднезападной баптистской семинарии в Канзас-сити, штат Миссури, на протяжении десяти лет. Дон является основателем и руководителем Центра библейской духовности. Он часто выступает с лекциями в церквях, на выездных мероприятиях и конференциях.

Дон родом из города Осеола, штат Арканзас, где он уверовал в Иисуса Христа как своего Господа и Спасителя. Он активно занимался спортом в школьные и университетские годы, а также работал на радиостанции, которую возглавлял его отец.

После окончания Арканзасского университета Дон планировал завершить учебу на юридическом факультете университета и заняться спортивным радиовещанием. Во время учебы на юридическом факультете Арканзасского университета он почувствовал Божий призыв проповедовать Евангелие Иисуса Христа. После этого он поступил в Юго-западную баптистскую богословскую семинарию в Форт-Уорте, штат Техас, и окончил ее со степенью магистра богословия в 1979 году. В 1987 году Дон получил степень доктора служения в Евангелической богословской семинарии «Тринити» в Дирфилде, штат Иллинойс. Он также получил докторскую степень в Университете Свободного государства в Южно-Африканской республике в 2013 году.

До того, как Дон занялся преподавательской деятельностью, он совершал пасторское служение в Гленфилдской баптистской церкви в городе Глен Эллин, штат Иллинойс (пригород Чикаго) на протяжении почти пятнадцати лет. В целом, он нес пасторское служение в разных поместных церквях на протяжении двадцати четырех лет.

Он является автором книги «Духовные упражнения для жизни христианина», к которой прилагается рабочая тетрадь. Дон также написал такие книги, как «Как мне убедиться, что я христианин?», «Духовные дисциплины внутри церкви». «Десять вопросов для проверки своего духовного здоровья», «Живите в простоте» и «Поклонение в семье». Его хобби — восстанавливать старые перьевые ручки и писать ими.

Дон и его жена Кэффи живут недалеко от Луисвилля. Кэффи часто ведет занятия для жен семинаристов. Она работает художником, специалистом по стенной росписи и иллюстратором из дома. В свободное время она занимается садоводством и разведением пчел. У Дона и Кэффи есть дочь Лорелен Кристиана. У Дона есть сайт — www.BiblicalSpirituality.org. Вы можете найти его в Твиттере (@DonWhitney).

Издательство «Благая весть»

Любовь к чтению Слова Божьего и полезной духовной литературы — добрая традиция нашего братства с первого дня его основания. Мы молимся и трудимся для того, чтобы верующие церквей бывшего Советского Союза имели желание и возможность регулярно читать полезные христианские книги наряду с изучением Библии, чтобы они имели доступ как к богатому духовному наследию мужей веры минувших веков, так и к трудам современных христианских авторов.

 Канал издательства

Чтобы вы через чтение книг больше познавали Бога, мы:

■ подбираем лучшие книги, доступные на русском языке;

■ переводим новые книги по еще мало освещенным вопросам;

■ помогаем издавать книги местных авторов со здравым богословием.

Printed in Russia

Религиозное издание

ISBN 978-5-7454-1821-1

формат 60x84 1/16, объём 28 п. л., тираж 2000 экз.,
подписано в печать 14.09.2023, заказ #1213.

Издание местной религиозной организации
евангельских христиан-баптистов
(195009, С.-Петербург, ул. Лебедева, 31 пом. 9Н).
Санкт-Петербургский филиал ФГБУ
«Издательство «Наука»
199034, Санкт-Петербург, 9-я линия, д. 12/28

The Master's Academy International
www.tmai.org
publishing@tmai.org